Die Interregionale Assoziierung zwischen der Europäischen Union und dem Mercosur

Europäische Hochschulschriften
Publications Universitaires Européennes
European University Studies

Reihe II
Rechtswissenschaft

Série II Series II
Droit
Law

Bd./Vol. 3990

PETER LANG
Frankfurt am Main · Berlin · Bern · Bruxelles · New York · Oxford · Wien

Walter Greiner

Die Interregionale Assoziierung zwischen der Europäischen Union und dem Mercosur

Ein Modell für die Kooperation zwischen mehreren Freihandelszonen im Rahmen der Welthandelsordnung

PETER LANG
Europäischer Verlag der Wissenschaften

Bibliografische Information Der Deutschen Bibliothek
Die Deutsche Bibliothek verzeichnet diese Publikation in der Deutschen Nationalbibliografie; detaillierte bibliografische Daten sind im Internet über <http://dnb.ddb.de> abrufbar.

Zugl.: Augsburg, Univ., Diss., 2004

D 384
ISSN 0531-7312
ISBN 3-631-52315-7

www.peterlang.de

Vorwort

Die vorliegende Untersuchung wurde im Wintersemester 2003/2004 von der Juristischen Fakultät der Universität Augsburg als Dissertation angenommen. Für die Drucklegung konnte Literatur bis einschließlich März 2004 eingearbeitet werden.

An erster Stelle bin ich meinem Doktorvater, Herrn Prof. Dr. Christoph Vedder, für die fachliche Betreuung der Arbeit zu großem Dank verpflichtet.
In gleicher Weise möchte ich Herrn Prof. Dr. Ulrich Gassner für die rasche Erstellung des Zweitgutachtens Dank aussprechen.

Darüber hinaus danke ich meinen Eltern Walter und Marianne Greiner für die vielfältige und stets unermüdliche Unterstützung auf dem von mir eingeschlagenen Weg.
Mein besonderer Dank gilt Frau Sabrina Götz für die liebevolle und geduldige Unterstützung während der Vorbereitung auf das Rigorosum und der Herstellung der Druckfassung.

Nördlingen, im Mai 2004 Walter Greiner

Inhaltsverzeichnis

Abkürzungsverzeichnis

(Es sind nur weniger geläufige Abkürzungen aufgeführt. Die sonstigen im Text verwendeten Abkürzungen entsprechen den von *H. Kirchner*, Abkürzungen für Juristen, 2. Aufl., Berlin und New York 1993, vorgeschlagenen oder sind aus sich heraus verständlich. Hinsichtlich des Europäischen Gemeinschaftsrechts orientiert sich die Arbeit an der neuen Zitierweise des *EuGH*, vgl. NJW 2000, S. 52.)

ACE	Acuerdo de alcance parcial
ALADI	Asociación Latinoamericana de Integración
ALALC	Asociación Latinoamericana de Libre Comercio
ALCA	Area de Libre Comercio de las Américas
APEC	Asia-Pacific Ecomomic Cooperation
AKP	Afrika – Karibik - Pazifik
BfAI	Bundesstelle für Außenhandelsinformation
BID	Banco Interamericano de Desarrollo
BILA	Boletím de Integração Latino-Americana
BOM	Boletín Oficial del Mercosur
CARICOM	Carribean Community
CAUCE	Convenio Argentino-Uruguayo de Cooperación Económica
CDE	Cahiers de Droit Européen
CMLR	Common Market Law Review
EFAR	European Foreign Affairs Review
EG	Europäische Gemeinschaft(en)
EG	EG-Vertrag in der nach dem 1. Mai 1999 geltenden Fassung
EGV	EG-Vertrag in der vor dem 1. Mai 1999 geltenden Fassung
EPIL	Encyclopedia of Public International Law
EU	Europäische Union
EuGH	Europäischer Gerichtshof
EuR	Europarecht
EuZW	Europäische Zeitschrift für Wirtschaftsrecht
FTAA	Free Trade Area of the Americas
GATS	General Agreement in Trade in Services
GATT	General Agreement on Tariffs and Trade
IAA	Ibero-Amerikanisches Archiv
ICE	Información Comercial Española
ILM	International Legal Materials
IRELA	Instituto de Relaciones Euro-Latinoamericanas

JWTL	Journal of World Trade Law
KAS-AI	Konrad-Adenauer-Stiftung - Auslandsinformationen
KOM	Dokumente der Kommission der Europäischen Gemeinschaften
LADD	Lateinamerika. Analysen-Daten-Dokumentation
MCCA	Mercado Común Centroamericano
Mercosur	Mercado Común del Sur
Mercosul	Mercado Comum do Sul
NAFTA	North American Free Trade Agreement
PB	Protokoll von Brasilia
PC	Protokoll von Colonia
PM	Protokoll von Montevideo
POP	Protokoll von Ouro Preto
RDM	Revista de Derecho del Mercosur
RIW	Recht der Internationalen Wirtschaft
RMC	Revue du Marché Commun et de l'Union Européenne
Slg.	Sammlung
UEBL	Union Economique Belge-Luxembourgeoise
UNTS	United Nations Treaty Series
VRÜ	Verfassung und Recht in Übersee
WM	Wertpapier-Mitteilungen
WP	Protokoll zum Schutz des Wettbewerbs im Mercosur
WTO	World Trade Organization
ZaöRV	Zeitschrift für ausländisches öffentliches Recht und Völkerrecht

Einführung: Regionale Integrationsprojekte und die Weltwirtschaft

Der Welthandel war in den ersten Jahrzehnten nach dem Zweiten Weltkrieg geprägt durch eine multilaterale Handelsordnung und regionale Integrationsprojekte, die jedoch sowohl rechtlich als auch faktisch in dieser multilateralen Handelsordnung eine Ausnahme darstellten. Angesichts der erheblichen Zunahme solcher regionaler Integrationsprojekte in jüngster Zeit und deren Auswirkungen stellt sich die Frage nach einer bereits stattfindenden grundlegenden Veränderung dieses Zwei-Ebenen-Welthandelssystems.

I. Begriffe

Zur Beschreibung des Rahmens der wirtschaftlichen Aktivitäten auf globaler Ebene existieren verschiedene Begriffe, die voneinander abzugrenzen sind. Als Weltwirtschaftsordnung[1] läßt sich das Zusammenwirken der Normen des internationalen Wirtschaftsrechts, deren Gesamtheit als Wirtschaftsrechtsordnung bezeichnet werden kann[2], und der ökonomischen Realitäten auf globaler Ebene bezeichnen[3]. Für die Untersuchung im Rahmen dieser Arbeit soll wegen des beträchtlichen Einflusses nichtjuristischer Faktoren auf den Begriff der Weltwirtschaftsordnung[4] maßgeblich auf den Begriff der Wirtschaftsrechtsordnung abgestellt werden. Teil dieser Rechtsordnung ist die Welthandelsordnung, welche wiederum im wesentlichen durch die GATT/WTO-Normen gekennzeichnet ist[5]. Einer der Grundgedanken dieses Normenkomplexes ist der Grundsatz der Meistbegünstigung, der eine Diskrimierung eines oder mehrerer Mitgliedstaaten im Verhältnis zu einem oder mehreren anderen Mitgliedstaaten durch Einräumung von Handelspräferenzen verbietet[6]. Von der Anwendung dieses Grundsatzes soll jedoch aus noch zu untersuchenden Gründen dann eine Ausnahme gemacht werden, wenn sich mehrere Mitgliedstaaten zu einer Freihandelszone oder einer Zollunion zusammenschließen[7].

---

[1] Hierzu ausführlich: Ipsen/Haltern, S. I ff.; Schwarzenberger, S. 4 f.; Nguyen Quoc/Dallier/Pellet, S. 935 ff.

[2] Nguyen Quoc/Dallier/Pellet, S. 949 f.

[3] Ipsen/Haltern, S. I, sprechen von einer *de facto*- und einer *de jure*-Ordnung; Schwarzenberger, S. 4, von der zusätzlichen Existenz einer Internationalen Wirtschafts-quasi-ordnung und einer Internationalen Wirtschafts-pseudo-ordnung; Nguyen Quoc/ Dallier/ Pellet, S. 938, unterscheiden zwischen Rechtsnormen und den „réalités économiques".

[4] vgl. Ipsen, S. 589 f.; Nguyen Quoc/Dallier/Pellet, S. 950.

[5] vgl. hierzu Nguyen Quoc/Dallier/Pellet, S. 989; Ipsen, S. 590.

[6] Art. I GATT.

[7] Art. XXIV GATT.

II. Zunehmende weltweite Integration

In jüngster Zeit sind in der Weltwirtschaft zwei gegenläufige Tendenzen zu beobachten, nämlich zunehmende Globalisierung einerseits und verstärkte Regionalisierung andererseits.

1. Verschärfter internationaler Wettbewerb durch Globalisierung

Seit Anfang der neunziger Jahre ist eine verstärkte Globalisierung der Wirtschaft zu beobachten, die sich hauptsächlich durch die Internationalisierung der Produktion mit internationaler Arbeitsteilung, durch einen immer stärker wachsenden internationalen Kapitalverkehr sowie durch ein stetiges Anwachsen des internationalen Handels charakterisiert[8]. Dies führt zu einem verstärkten Druck zu einer Weltmarktintegration[9] auch von bisher relativ protektionistischen Volkswirtschaften. Es findet ein technologischer und sozialer Wandel „von fordistischer Massenproduktion zu neuen Produktionskonzepten" statt[10]. Ein immer anspruchsvollerer, immer mehr auf Qualität, Schnelligkeit, Zuverlässigkeit und Flexibilität basierender globaler Wettbewerb übt einen erheblichen Anpassungsdruck auf alle Länder aus[11].

2. Verstärkte Tendenz zur Regionalisierung

In den vergangenen Jahrzehnten stieg die Bedeutung des im Rahmen regionaler Präferenzabkommen stattfindenden Handels kontinuierlich an[12].
Im Rahmen der Verhandlungen der Uruguay-Runde wurde bezüglich der Vereinbarungen zur Auslegung von Art. XXIV GATT 1994 bereits als Erwägung vorangestellt, „*that customs unions and free trade areas have greatly increased in number and importance since the establishment of the GATT 1947 and today cover a significant proportion of world trade*"[13].
Tatsächlich gehörten bereits 1988 zwei Drittel aller GATT-Staaten Freihandelszonen und Zollunionen an[14]. Auch in jüngster Zeit ist die Tendenz zur Gründung immer neuer Freihandelszonen ungebrochen, wie etwa die Bildung der NAFTA, der APEC oder eben des Mercosur als neuestes lateinamerikanisches Integrati-

---

[8] Zamora, ICE Nr. 725 (1994), S. 3; EP-Vergleichsstudie, S. 8; Sangmeister, LADD 16 (1999), S. 78.
[9] zum Begriff der wirtschaftlichen Integration ausführlich: Krämer, S. 1 ff.
[10] Klein, S.10.
[11] Sangmeister, LADD 16 (1999), S. 78.
[12] EP-Vergleichsstudie, S. 8; Gibb, in: Gibb/Michalak, S. 1.
[13] 33 ILM (1994), S. 34.
[14] Hailbronner/Bierwagen, JA 1988, S. 322.

onsprojekt zeigen[15]. Entgegen zahlreicher Befürchtungen hat dies jedoch nicht zu einer aggressiven Blockbildung mit abgeschotteten, gegenüber der Weltwirtschaft protektionistisch auftretenden Systemen geführt. So stieg etwa das Handelsvolumen zwischen den drei großen Blöcken EU, NAFTA und Japan-Ostasien (Yen-Block) ähnlich stark an wie das Handelsvolumen innerhalb dieser Blöcke[16]. Weiterhin zu berücksichtigen ist die Tatsache, daß neben der Regionalisierung gleichzeitig eine weltweite Liberalisierung stattfindet, wie die GATT-Abkommen und die Gründung der WTO belegen. Daraus ergibt sich, daß regionale Integration nicht im Gegensatz zu weltwirtschaftlicher Integration und Liberalisierung („Multilateralismus") stehen muß, sondern diese unterstützen und ergänzen kann[17]. Regionale Integrationssysteme sind durch eine geringere Zahl beteiligter Länder und der damit verbundenen stärkeren Flexibilität und einfacheren Konsensfindung in der Lage, die Auswirkungen der Globalisierung für die einzelnen Mitglieder zu dämpfen bzw. zu kanalisieren und die geeigneten politischen Reaktionen auf Tendenzen in der Weltwirtschaft zu finden. Dadurch stellen diese Systeme im Vergleich zu einer völligen und direkten Weltmarktöffnung eine effiziente Alternative dar[18].

III. Motivation der wirtschaftlichen Integration im südlichen Südamerika (*Cono Sur*)

Vor der Gründung des Mercosur waren im Gegensatz zu anderen Regionen Lateinamerikas im „Südlichen Kegel" keine Integrationsbemühungen auf subregionaler Ebene zu beobachten. Die Änderung dieser Haltung, die in der Gründung des Mercosur 1991 gipfelte, hat verschiedene Ursachen.

1. Redemokratisierung

In einer jeweils von nationaler Sicherheit beherrschten Doktrin in praktisch allen Diktaturen Südamerikas war eine stärkere Integration und damit eine teilweise Aufgabe von nationaler Souveränität schwer vorstellbar. Die nach der Rückkehr Argentiniens zur Demokratie 1983 in Südamerika einsetzende „Redemokratisierungswelle" bildete somit das Fundament für eine stärkere Öffnung von Wirtschaft und Gesellschaft gegenüber den Nachbarn und für eine verstärkte Bereitschaft zur Kooperation[19]. Des weiteren wurde die Integrationsbereitschaft und -

---

[15] Sangmeister, LADD 16 (1999), S. 78.
[16] Klein, S. 12.
[17] Gibb, in: Gibb/Michalak, S. 32.
[18] vgl. Stahringer de Caramuti, S. 40; Klein, S. 12; Müller-Brandeck-Bouquet, EFAR 5 (2000), S. 564.
[19] Garré Copello, S. 513.

fähigkeit erhöht durch eine dementsprechende Politik der 1989/90 neu gewählten Präsidenten Brasiliens, Argentiniens und Uruguays. Die wirt- schaftspolitischen Vorstellungen dieser Präsidenten lagen eher auf einer Liberalisierung und Öffnung der Wirtschaft und waren daher einer verstärkten wirtschaftlichen Integration in der Region zugänglich[20].

2. Resultate der vorhergehenden regionalen Integrationsversuche

In Lateinamerika gab es bereits in früherer Zeit Versuche einer Integration, sowohl auf einer Ebene des gesamten Kontinents mit Ausnahme des nördlichen Nordamerika („regionale Integration") als auch auf niedrigerer Stufe („subregionale Integration"). Diese älteren Integrationsversuche können als gescheitert oder zumindest stagnierend bezeichnet werden[21]. Worauf dies beruht, soll der im Anschluß folgenden Untersuchung der wichtigsten Vorgängerprojekte des Mercosur vorbehalten bleiben. Aufgrund der Erfahrungen fand jedoch eine Umorientierung aller beteiligten Akteure zu der Suche nach einem neuen Entwicklungsmodell statt[22].

3. Erfolge der Europäischen Gemeinschaft

Die trotz aller Vorbehalte als gut funktionierendes Integrationsmodell zu bezeichnende Europäische Gemeinschaft übte auf zahlreiche andere integrationswillige Regionen Vorbildfunktion aus, insbesondere weil die Integration trotz großer Unterschiede zwischen den Mitgliedstaaten hinsichtlich Größe, Wohlstand, Wettbewerbsfähigkeit der Wirtschaft, Entwicklungsstand, Protektion u.ä. gelang[23]. Im Hinblick auf den Mercosur wird diese Vorbildfunktion besonders deutlich in den Vereinbarungen zur Zusammenarbeit zwischen den Organen und darin, daß der Transfer von Integrations-Know-How einen wichtigen Platz in den zwischen beiden Organisationen geschlossenen Abkommen einnimmt.

4. Zunehmende Bedeutung des Handels mit den Nachbarstaaten

In den 80er Jahren entwickelten sich die Handelsbilanzen der lateinamerikanischen Länder positiv, was einerseits durch stark sinkende Importe, andererseits durch steigende Exporte erreicht wurde[24]. Nach einem Einbruch Anfang der

---

[20] Klein, S.15; Garré Copello, S. 494.

[21] vgl. Niess, in: LADD 16 (1999) 41, S. 18; vgl. Alves Soares, Afers Internacionals 1992, S. 257; Barrios, IAA 24 (1998), S. 167; Gwynne, in: Gibb/Michalak, S. 192.

[22] Stahringer de Caramuti, S. 37; Menem, S.19; Barrios, IAA 24 (1998), S. 167.

[23] Gibb/Michalak, S. 254; Klein, S. 13; Loschky, S. 1; Müller-Brandeck-Bouquet, EFAR 5 (2000), S. 561 f.

[24] Klein, S.17; Sangmeister, in: Junker/Nohlen/Sangmeister, S. 202.

80er Jahre erholte sich der Handel innerhalb Lateinamerikas wieder und stieg innerhalb der jetzigen Mercosur-Staaten überproportional an[25]. Bemerkenswert ist, auch in Bezug speziell auf Industriegüter, daß sich in Zeiten sinkender Nachfrage nach solchen Gütern innerhalb Lateinamerikas diese hinsichtlich der Güter der Nachbarstaaten wesentlich weniger negativ entwickelte und insgesamt weniger krisenanfällig als die Gesamtwirtschaft war[26]. So war schon damals deutlich zu erkennen, daß die Wirtschaftsbeziehungen in der Teilregion von stabilisierendem Einfluß auf die jeweiligen Volkswirtschaften waren.

IV. Ziel der Arbeit und Gang der Untersuchung

Wie gezeigt, besteht weltweit eine starke Tendenz zur Schaffung von Freihandelszonen und Zollunionen. Bislang einmalig ist jedoch die angestrebte Schaffung einer interkontinentalen zwei Freihandelszonen überwölbenden Freihandelszone, die als Resultat der Kooperation zwischen der Europäischen Union und dem Mercosur in Betracht kommt[27]. Angesichts einer immer stärker werdenden Globalisierung des Welthandels und der stetigen Zunahme regionaler Freihandelszonen stellt sich die Frage, ob die von der Europäischen Gemeinschaft und dem Mercosur gewählte Kooperationsform ein Modell für die zukünftige Ausgestaltung der Zusammenarbeit zwischen verschiedenen Freihandelszonen bieten könnte.

Im ersten Teil der Arbeit soll zunächst ein Überblick über die rechtliche Gestalt sowie die Ergebnisse früherer und noch existierender lateinamerikanischer Integrationsprojekte den historischen und rechtlichen Hintergrund der Entstehung und der konkreten Ausformung des Mercosur liefern[28]. Daran anschließend erfolgt eine intensive Darstellung des Entstehungs- und Entwicklungsprozesses der Freihandelsorganisation im „südlichen Kegel".

Für die Untersuchung der interkontinentalen Kooperation erscheint es zunächst erforderlich, die rechtliche Gestalt der Kooperationspartner eingehend darzustellen, insbesondere deshalb, weil dies für das Verständnis der Zusammenarbeit eine unerläßliche Grundlage bildet. Des weiteren ist im Hinblick auf die ange-

---

[25] Sangmeister, in: LADD 16 (1999), S. 85; Eichengreen, S. 2 f.

[26] Klein, S.17.

[27] vgl. Bericht über die Gespräche EG-Mercosur v. 24.11.1994, Bull. EU 11-1994, Nr. 1.3.60; IRELA, Dossier 1997, S. 38

[28] Außer Betracht bleiben soll jedoch die APEC, die mit mehreren lateinamerikanischen Mitgliedern ebenfalls als zumindest teilweises lateinamerikanisches Integrationsprojekt bezeichnet werden könnte. Für eine ausführliche Darstellung der APEC sei verwiesen auf die demnächst erscheinende Arbeit von *Christoph Broich*.

strebte gemeinsame Freihandelszone eine detaillierte Kenntnis der einschlägigen Regelungen beider Organisationen angebracht, da für die Festlegung der in der gemeinsamen Freihandelszone geltenden Regeln die jetzt innerhalb der beiden Zonen geltenden Regeln einen wichtigen Bezugspunkt darstellen. Essentielle Vorschriften stellen hierbei die Ursprungsregeln und die Wettbewerbsregeln dar, die aus diesem Grund einer besonders intensiven Betrachtung unterworfen werden. Die Arbeit konzentriert sich dabei im wesentlichen auf die Bestimmungen im Bereich des Rechts des Mercosur. Eine darüber hinausgehende Darstellung der entsprechenden Regelungen im Bereich des Europäischen Gemeinschaftsrechts würde den Rahmen der Arbeit sprengen. Den Abschluß des ersten Teils bildet eine Darstellung der bisherigen Entwicklung und des aktuellen Stands der Beziehungen zwischen Mercosur und Europäischer Union.

Im zweiten Teil der Arbeit erfolgt die dogmatische Einordnung dieser Beziehungen in das rechtliche Gefüge der internationalen Wirtschaftsrechtsordnung. Schließlich soll anhand von Beispielen für eine Integration auf verschiedenen Ebenen erläutert werden, welche rechtliche Gestalt die weitere Kooperation konkret annehmen könnte und müsste, welchen Stand die bisherigen Verhandlungen diesbezüglich erreicht haben und welche Perspektiven sich für die Zukunft eröffnen.

Den dritten Teil bildet schließlich ein Ausblick auf einen möglichen Brückenschlag zwischen dem amerikanischen und dem europäischen Kontinent vor dem Hintergrund der geplanten Schaffung einer gesamtamerikanischen Freihandelszone und einer dadurch möglichen „Triangulisierung“ der Beziehungen zwischen Nordamerika, Südamerika und Europa.

Kapitel 1:

Entwicklung und gegenwärtiger Stand der Beziehungen zwischen Mercosur und Europäischer Union

Zunächst erfolgt eine Darstellung des gegenwärtigen Standes der Beziehungen zwischen den beiden Freihandelsorganisationen. In diesem Rahmen soll auch die Entwicklung und derzeitige Gestalt des Mercosur im Vergleich zu anderen lateinamerikanischen Integrationsprojekten untersucht werden.

A. Motivation und Anfangsphase der Kooperation zwischen Mercosur und Europäischer Gemeinschaft

Zwischen den Mitgliedstaaten der Europäischen Union[29] und denen des Mercosur bestanden bereits vor Gründung des Mercosur aus den im folgenden dargestellten Gründen vielfältige Beziehungen, sowohl bilateral zwischen den einzelnen Staaten als auch zwischen den Mercosur-Staaten und der Europäischen Gemeinschaft als solche[30].

Aufgrund der geschichtlichenVerbindungen Europas, vor allem der iberischen Halbinsel, aber auch anderer Länder, mit Lateinamerika und auch aufgrund der starken europäischen Zuwanderung und des Einflusses der europäischen Geisteswissenschaften kann von einem gemeinsamen kulturellen Erbe gesprochen werden[31]. Auch bestehen gemeinsame politische und juristische Werte. Die Rede ist hier von rechtsstaatlichen Prinzipien, in denen die Verfassung respektiert

---

[29] Ob die Europäische Union als solche bereits Rechtspersönlichkeit hat, ist umstritten. Bejaht wird dies etwa von Seidl-Hohenveldern/Loibl, S. 12; Wessel, EFAR 5(2000), S. 508; Dashwood, CMLR 35 (1998), S. 1040, jedenfalls im Bereich der GASP. Verneint wird eine eigene Rechtspersönlichkeit etwa von Neuwahl, EFAR 3 (1998), S. 177; Pechstein, EuR 1996, S. 144; Tiilikainen, EFAR 6 (2001), S. 223; Bundesverfassungsgericht, BVerfGE 89, S. 195 (*Maastricht-Urteil*). Die Europäische Union soll im Bereich der GASP jedenfalls eine eigene Vertragsschließungskompetenz haben. So Seidl-Hohenveldern/Loibl, S. 11; Wessel, EFAR 5 (2000), S. 534; Müller-Brandeck-Bouquet, EFAR 5 (2000), S. 562.
Zur Unterscheidung von Unionsrecht und Gemeinschaftsrecht nach dem Vertrag von Amsterdam ausführlich: Vedder, EuR-Beiheft 1/99, S. 1 ff. Nachdem die Beziehungen zum Mercosur sowohl eine handelspolitische als auch eine allgemein außenpolitische Komponente aufweisen, soll daher in der vorliegenden Arbeit die Bezeichnung Europäische Union (EU) verwendet werden, wenn von dem abgestimmten und einheitlichen Auftreten der Europäischen Union, der Europäischen Gemeinschaft als auch der Mitgliedstaaten zur Erreichung der gemeinsamen Ziele unter Einsatz der jeweiligen Kompetenzen die Rede ist.

[30] hierzu ausführlich: Dromi/Molina del Pozo, S. 14 ff., S. 40.

[31] Dromi/Molina del Pozo, S. 35.

wird und die Rechte des Individuums geschützt werden. Was das politische System angeht, so soll hier die Demokratie Grundlage für das gesellschaftliche Zusammenleben und den Schutz der Menschenrechte sein[32]. Die Mitgliedstaaten der Europäischen Union und des Mercosur wählten ein gemeinsames Integrationsmodell. Auffällig ist die Parallelität in den institutionellen Strukturen der Europäischen Gemeinschaft und des Mercosur. Ebenso gleichen sich die Instrumente, die zur Weiterentwicklung der Integration zur Verfügung stehen[33]. Eine Rolle spielte ebenfalls die gemeinsame Überzeugung, daß Freihandel und verstärkter wirtschaftlicher Austausch den allgemeinen Wohlstand erhöhen[34]. Sowohl die Europäische Union als auch die Mercosur-Staaten haben sich wiederholt zu einer Politik des internationalen Freihandels als Voraussetzung für nachhaltiges Wirtschaftswachstum und Wohlstand der Gesellschaft bekannt[35]. Gemeinsam ist zudem beiden Organisationen, daß mit dem Integrationsprozess nicht nur ein rein wirtschaftliches Ziel, sondern vielmehr auch eine sozial ausgewogene nachhaltige Entwicklung erreicht werden soll[36]. Ein weiterer Gesichtspunkt sind bereits bestehende Wirtschaftsbeziehungen. Im Unterschied zu den meisten lateinamerikanischen Staaten ist für die Mercosur-Staaten wichtigster Handelspartner nicht die USA, sondern die EU[37]. So war 1997 die EU Empfänger von 23% der Exporte des Mercosur und Ursprungsregion für 26% seiner Importe. Demgegenüber waren die USA Empfänger von lediglich 14% der Exporte und Ursprung von 22% der Importe. Der Mercosur-Anteil an den Exporten und Importen der EU in Lateinamerika betrug ungefähr 50%[38]. Während der 90er Jahre nahm der Umfang der Handels- und Kapitalströme zwischen der EU und dem Mercosur stetig zu. In gleicher Weise vergrösserte sich stetig der Einfluss des privaten Sektors als Akteur in den Wirtschaftsbeziehungen zwischen beiden Regionen. Der Mercosur ist die primäre Empfängerregion für Direktinvestitionen aus der EU. So gingen während der 90er Jahre 53% der gesamten Direktinvestionen der EU in Lateinamerika in die Mercosur-Staaten. Zwischen 1990 und 1997 verneunfachten sich die EU-Direktinvestitionen im Mercosur[39].

Vor diesem Hintergrund überrascht es nicht, daß auf internationaler Ebene das erste Signal der Unterstützung des neuen Integrationsprojektes von Seiten der Europäischen Union kam. Zu berücksichtigen ist hierbei auch die von den Mercosur-Mitgliedern vorgetragene Bitte um technische Unterstützung bei dem

---

32 Benítez, S. 53; Dromi/Molina del Pozo, S. 36.
33 Benítez, S. 50; Dromi/Molina del Pozo, S. 38.
34 Benítez, S. 50.
35 Dromi/Molina del Pozo, S. 39; vgl. Sangmeister, in: LADD 16 (1999), S. 87.
36 Vertrag von Asunción, Präambel, Abs. 2 und 7.
37 Dromi/Molina del Pozo, S. 20; Beniítez, S. 53; Sangmeister, in: LADD 16 (1999), S. 86.
38 IRELA, Informe 1999, S. 1.
39 IRELA, Informe 1999, S. 2.

Aufbau der erforderlichen Organisationsstruktur[40]. Die bisherigen Höhepunkte der Beziehungen sind die Abkommen vom 29. Mai 1992 und vom 15. Dezember 1995. Hier ist vorab darauf hinzuweisen, daß beide Abkommen lediglich eine Grundlage für den Abschluß zukünftiger weiterer Abkommen bilden[41] und deshalb eher von Grundsatzfragen und Absichtserklärungen als von detaillierten Festlegungen geprägt sind.

B. Freihandelsorganisationen in Lateinamerika

Um den juristischen, aber auch den wirtschaftlichen, historischen, geographischen und kulturellen Hintergrund des Mercosur und seine Wechselwirkung mit anderen Organisationen auf dem amerikanischen Kontinent zu verstehen, erscheint eine zusammenfassende Darstellung der Vorläufer- und der Parallelorganisationen angebracht. Angesichts der Vielzahl von Integrationsprojekten, von denen viele schon nach kurzer Zeit scheiterten, soll die Darstellung auf Organisationen beschränkt bleiben, die Relevanz im Hinblick auf den Mercosur aufweisen.

I. Regionale Integration

Mit regionaler Integration wird in Bezug auf Lateinamerika der Versuch einer Integration aller lateinamerikanischen Staaten durch die Schaffung von gesamtlateinamerikanischen Organisationen bezeichnet.

1. Die ALALC[42]

Dieses erste moderne Integrationsprojekt in Lateinamerika entstand 1960 durch Unterzeichnung des Vertrages von Montevideo[43]. Die ALALC bestand zunächst aus sieben Mitgliedern[44], später traten ihr vier weitere Staaten[45] bei, so daß schließlich alle lateinamerikanischen Staaten mit Ausnahme der mittelamerika-

[40] Benítez, S. 50.
[41] vgl. Anacoreta Correia, S. 744.
[42] Asociación Latinoamericana de Libre Comercio, übersetzt: Lateinamerikanische Freihandelsassoziation; in der englischsprachigen Literatur: LAFTA (Latin American Free Trade Association), im folgenden wird das spanische Kürzel verwendet.
[43] Tratado que establece una Zona de Libre Comercio e Instituye la Asociación Latinoamericana de Libre Comercio, unterzeichnet am 18.02.1960, in Kraft getreten am 01.07.1961; englische Übersetzung abgedruckt in: Amos J. Peaske, International Governmental Organisations, 1974, S.1090 (hier bezeichnet als Vertrag von Montevideo).
[44] Argentinien, Brasilien, Chile, Mexiko, Paraguay, Peru, Uruguay.
[45] Kolumbien (1961), Ecuador (1961), Venezuela (1966), Bolivien (1967).

nischen teilnahmen. Ziel der ALALC war die Schaffung einer den Regeln des Welthandels entsprechende[46] Freihandelszone innerhalb von 12 Jahren nach Gründung und anschließend sogar die Errichtung eines gemeinsamen lateinamerikanischen Marktes[47]. Nach dem Vertrag von Montevideo sollten sämtliche Handelsbeschränkungen für Waren mit Ursprung in den Mitgliedstaaten schrittweise beseitigt werden[48]. Die Organe sollten lediglich beratend und unterstützend tätig werden[49], da die Entscheidungen dem völkerrechtlichen Handeln der Vertragsstaaten vorbehalten bleiben sollten. Ein Souveränitätstransfer auf die Gemeinschaftsorgane fand mithin nicht statt, die ALALC blieb eine strikt zwischenstaatliche Organisation[50].

Im Gegensatz zu verschiedenen Integrationsprojekten sollte in der ALALC die Handelsliberalisierung nicht durch einen schon vorab festgelegten Zollabbaumechanismus erfolgen, sondern durch ein System von Verhandlungen, in dessen Rahmen Zölle und Handelshindernisse Produkt für Produkt beseitigt werden sollten. Hierzu wurden Listen geschaffen, in die Produkte aufgenommen wurden, bei denen eine schrittweise Reduzierung der Zölle oder ein vollständiger Wegfall erfolgen sollte[51].
Eine Zollvereinheitlichung gegenüber dritten Staaten in Form eines gemeinsamen Außenzolls war nicht beabsichtigt[52]. Anfänglich war zwar eine Steigerung der in die Liste von Produkten mit progressiver Zollsenkung aufgenommenen Produkte festzustellen, was jedoch zusehends stagnierte. In die Liste mit vollständig zollfreien Produkten wurden überhaupt keine Waren aufgenommen[53]. Obwohl angesichts dieser bescheidenen Erfolge die anfängliche Frist zur Schaffung einer Freihandelszone bis zum Jahr 1980 ausgedehnt wurde[54], kam es auch im weiteren Verlauf nicht zur Schaffung einer solchen Freihandelszone.

---

[46] Haller, S. 9.
[47] vgl. Präambel des Vertrages von Montevideo.
[48] Art. 2 des Vertrages von Montevideo; vgl. Haller, S. 9.
[49] Zusammenfassung der Funktionen bei: Abreu Bonilla, S. 21 sowie ausführlich bei Haller, S. 10 ff.
[50] vgl. Arnaud, S. 99; Wehner, S. 31.
[51] Haller, S. 9 f; Arnaud, S. 99; Wehner, S.30; Johnson, International Trade and Investment 1965, S. 718.
[52] Wehner, S. 31.
[53] Edwards, The World Economy 1993, S. 320.
[54] Mayr, VRÜ 1993, S. 259; Haller, S. 13.

2. Die ALADI

Die ALADI[55] stellt die Nachfolgeorganisation der ALALC dar[56] und wurde 1980 nach deren Scheitern gegründet[57]. Gründungsmitglieder waren die elf ALALC-Mitgliedstaaten[58].

a. Zielsetzung und Instrumente

Im Gegensatz zur gescheiterten ALALC war als Endziel der ALADI zwar ebenfalls die Schaffung eines gemeinsamen Marktes vorgesehen[59], jedoch wurden hierfür weder konkrete Schritte oder Maßnahmen noch ein konkreter Zeitplan vereinbart. Vielmehr sollte zunächst der Handel zwischen den Mitgliedstaaten ausgeweitet und Mechanismen zur wirtschaftlichen Kooperation geschaffen werden[60]. Erster Schritt hierfür war die Schaffung einer Präferenzzone, wobei kein sofortiger Beitrittszwang für alle Mitgliedstaaten bestand, sondern vielmehr diese Zone zunächst auf einzelne Staaten oder Staatengruppen beschränkt bleiben konnte[61]. Ebensowenig wie bei der ALALC erfolgte eine generelle Zollreduzierung in Bezug auf die Binnenzölle sowie die Einführung eines gemeinsamen Außenzolls. Lediglich für bestimmte Produkte oder Produktgruppen war ein Zollabbau im Rahmen der Präferenzzone vorgesehen. Letzlich stellte die ALADI also lediglich eine gemeinsame Plattform für eine Integration mit Tolerierung verschiedener Geschwindigkeiten und Modelle dar. Hierfür bürgerte sich der Begriff *regionalismo abierto* („offener Regionalismus") ein[62].

Hinsichtlich der Mittel und Instrumente zur Zielerreichung ist zu differenzieren zwischen Mitteln, die für alle Mitgliedstaaten gelten oder solche, die zunächst nur von einigen untereinander angewendet werden.
Damit werden zwei Ebenen geschaffen. Einerseits sollen *acuerdos de alcance regional* (Abkommen mit regionaler Geltung) einen gemeinsamen Grundstan-

---

[55] Asociación Latinoamericana de Integración, übersetzt: Lateinamerikanische Integrationsorganisation; in der englischsprachigen Literatur LAIA (Latin American Integration Organisation); im folgenden wird das spanischsprachige Kürzel ALADI verwendet.
[56] hierzu: Hummer, VRÜ 1980, S. 361 ff.; Arnaud, S. 107; Haller, S. 14.
[57] Gründungsvertrag Tratado de Montevideo estableciendo la Asociación Latinoamericana de Integración vom 12.08.1980, abgedruckt in: Integración Latinoamericana Nr. 47 (1980), S. 4 ff.; englische Übersetzung in: 20 ILM (1980), S. 672 ff., im folgenden ALADI-Vertrag.
[58] Argentinien, Bolivien, Brasilien, Chile, Ecuador, Kolumbien, Mexiko, Paraguay, Peru, Uruguay und Venezuela.
[59] Präambel und Art. 1 Abs. 2 des ALADI-Vertrages; vgl. Arnaud, S. 107; Haller, S. 15.
[60] Art. 2 des ALADI-Vertrages; hierzu Haller, S. 16.
[61] Art. 4 des ALADI-Vertrages; hierzu Haller, S. 17.
[62] vgl. Haller, S. 17.

dard festlegen, andererseits *acuerdos de alcance parcial* (Abkommen mit beschränkter Reichweite) für Flexibilität sorgen und einzelnen Mitgliedstaaten oder –staatengruppen die Möglichkeit zu weitergehenden Integrationsmaßnahmen untereinander geben[63]. Die Abkommen auf der Ebene der Gesamtregion dienen der Vereinbarung einer regionalen Zollpräferenz, die schrittweise auf sämtliche Warengruppen ausgedehnt werden soll. Mindestanforderung an diese Abkommen ist ihre Kompatibilität mit den Bestimmungen und Zielen des Vertrages[64]. Für die Abkommen auf subregionaler Ebene, welche Teilabkommen mit Teilnahme lediglich einiger ALADI-Mitgliedstaaten darstellen[65], bestehen zwar einige inhaltliche Anforderungen und werden Abkommenstypen vorgegeben[66], jedoch wird größtmögliche Gestaltungsfreiheit gewährleistet. Auf der Grundlage der negativen Erfahrungen der ALALC wird berücksichtigt, daß einige Staaten untereinander leichter Interessenkonvergenzen aufweisen und daher eher zu effizienter Kooperation und Gewährung gegenseitiger Vorteile gewillt und in der Lage sind[67]. So stellt innerhalb des ALADI-Systems der Vertrag zur Gründung des Mercosur ein solches Abkommen auf subregionaler Ebene dar. Der Mercosur ist in der ALADI unter Abkommen Wirtschaftlicher Ergänzung Nr. 18 als Abkommen mit beschränkter Reichweite registriert[68]. Bezüglich der Beziehungen zu Drittstaaten gilt zwar, daß die Kooperation mit solchen bzw. mit Staatenzusammenschlüssen möglich ist, jedoch ist darauf zu achten, daß die diesen gewährten Vergünstigungen nicht umfassender sind als die den übrigen ALADI-Mitgliedstaaten gewährten[69].

b. Aufbau und Organe

Die ALADI verfügt über drei Hauptorgane. Dabei handelt es sich um den Außenministerrat (*Consejo de Ministros de Relaciones Exteriores*), das Repräsentantenkomitee (*Comité de Representantes*) sowie der Konferenz für Evaluierung und Konvergenz (*Conferencia de Evaluación y Convergencia*). Die genannten Organe setzen sich aus Bevollmächtigten der Mitgliedstaaten zusammen[70]. Ein lediglich dem Gemeinschaftsinteresse verpflichtetes Organ existiert ebensowenig wie ein Organ zur Streitbeilegung. Bei Abstimmungen in bedeutenden Fragen steht den Mitgliedstaaten ein Vetorecht zu[71].

---

63 hierzu Haller, S. 18.
64 Art. 6 des ALADI-Vertrages.
65 Art. 7 des ALADI-Vertrages.
66 Art. 8 ff. des ALADI-Vertrages.
67 Arnaud, S. 100; Abreu Bonilla, S. 26; Haller, S. 18.
68 Ramos, S. 15.
69 vgl. Art. 24 ff. des ALADI-Vertrages.
70 vgl. Art. 28, 34, 36 des ALADI-Vertrages.
71 Art. 43 des ALADI-Vertrages.

c. Ergebnisse in rechtlicher und wirtschaftlicher Hinsicht

Angesichts der dargestellten Organisationsstruktur handelt es sich bei der ALADI ebenso wie bei deren Vorgängerorganisation ALALC um eine strikt intergouvernementale Organisation[72] mit umfassender Rechtspersönlichkeit, jedoch ohne völkerrechtliche Rechtspersönlichkeit[73]. Wirtschaftlich erzielte die ALADI als solches ähnlich wie die ALALC zuvor nur sehr geringe Erfolge. Im Bereich des regionalen Handels, der Abschaffung der nichttarifären Handelshemmnisse sowie der Zollsenkung sind kaum Fortschritte erkennbar[74]. Allerdings wurde von der Möglichkeit zum Abschluß von Abkommen mit beschränkter Reichweite rege Gebrauch gemacht, was zu einer „Kaskade internationaler Abkommen"[75] führte. Die subregionale Integration wird als Zwischenschritt zur gesamtlateinamerikanischen Integration angesehen und im ALADI-Vertrag im Gegensatz zum ALALC-Vertrag ausdrücklich gefördert. So wurde durch die Ermöglichung realistischerer und flexiblerer Schritte und durch die Möglichkeit, eigene Vorstellungen stärker zur Geltung zu bringen, die Hemmschwelle der Beteiligten zur Durchführung von Integrationsmaßnahmen verringert. Entscheidende Voraussetzung hierfür war die durch den ALADI-Vertrag vorgesehene Möglichkeit des Absehens von der unbedingten Anwendung der Meistbegünstigungsklausel, da hierdurch Präferenzen, die den jeweiligen Abkommenspartnern gewährt wurden, nicht zwingend auch allen anderen ALADI-Mitgliedern zugestanden werden mussten[76].

d. Relevanz im Hinblick auf den Mercosur

Die oben dargestellte Möglichkeit zum Abschluß von Abkommen begrenzter Reichweite mit weitgehender Gestaltungsfreiheit führte letzlich auch zur Gründung des Mercosur. Diese Organisation konnte immerhin von den – überwiegend negativen – Erfahrungen der ALADI und der ALALC profitieren und sich auf bereits Erreichtes stützen[77]. Die Einbindung des Mercosur in den ALADI-Rahmen wird nicht nur durch die Registrierung des Mercosur bei der ALADI deutlich, sondern auch dadurch, daß häufig Bezug auf ALADI-Regeln genommen wird, z.B. TA Anh.I, Art.2b: Verweis auf Art.50 Vertrag von Montevideo.

---

[72] so auch Haller, S. 21.
[73] Haller, S. 21.
[74] vgl. Abreu Bonilla, S. 24.
[75] Pastori, RMC 1993, S. 778.
[76] hierzu ausführlich: Magariños, S. 169 ff.; Haller, S. 23, sieht in der Unverbindlichkeit der Regeln jedoch einen Grund für die zunehmende „Verdrängung" der ALADI durch andere Institutionen und subregionale Zusammenschlüsse.
[77] Dromi/Ekmekdjan/Rivera, S. 127.

Auch die Offenheit des Mercosur für Beitritte und Assoziierungen spiegelt dies wieder. Somit stellt die ALADI für den Mercosur Basis und Rahmen der Integration dar[78].

II. Subregionale Integration

Im Gegensatz zu regionaler Integration wird als subregionale Integration die Schaffung von Integrationsorganisationen, die sich lediglich auf einen Teil Lateinamerikas erstrecken, bezeichnet.

1. Die ANCOM

Der Andenpakt (*Pacto Andino*) wurde 1969 gegründet[79] und später[80] in Comunidad Andina (Andengemeinschaft oder abgekürtzt ANCOM) umbenannt.
Die Organisation hatte zunächst fünf Gründungsmitglieder[81] in der Andenregion, durch einen Beitritt[82] und einen Austritt[83] blieb diese Zahl konstant.
Die Mitglieder des Andenpaktes waren alle gleichzeitig Mitglieder der ALALC, die Gründung des Paktes wurde jedoch von dieser ausdrücklich begrüßt[84]. Die wohlwollende Haltung der ALALC gegenüber subregionaler Integration fand schließlich ihren Niederschlag in den dargestellten Bestimmungen des ALADI-Vertrages, in deren Rahmen auch die Mercosur-Gründung erfolgte.

Nach einer Reform durch das Protocolo de Quito[85] 1987 beschlossen die Mitgliedstaaten im Jahr 1996 durch die „Acta de Trujillo“ eine umfassende Umstrukturierung und, um die qualitative Änderung nach außen hin zu verdeutlichen, eine Umbenennung in „Andengemeinschaft“.

---

[78] hierzu ausführlich: Arnaud, S. 115 f.

[79] Acuerdo de Integración Andina – Acuerdo de Cartgena, unterzeichnet am 26.05.1969, englische Übersetzung abgedruckt in: 8 ILM (1969), S. 910 ff., im folgenden bezeichnet als Abkommen von Cartagena.

[80] Acta de Trujillo – Protocolo Modificatorio del Acuerdo de Integración Subregional Andino vom 10.03.1996, in Kraft getreten am 01.01.1998.

[81] Bolivien, Kolumbien, Chile, Ecuador und Peru.

[82] Venezuela (1973).

[83] Chile (1976).

[84] vgl. Leu, in EPIL 6 (1983), S. 13.

[85] unterzeichnet am 12.05.1987, abgedruckt in: Integración Latinoamericana Nr.134 (1988), S. 62 ff.

a. Zielsetzung im Abkommen von Cartagena

Die wesentlichen Ziele des Andenpaktes finden sich in Art. 1 des Abkommens von Cartagena. Danach soll u.a. die harmonische und ausgeglichene Entwicklung der Mitgliedstaaten gefördert und das Wachstum durch wirtschaftliche Integration beschleunigt werden. Dies soll schließlich einer dauerhaften Verbesserung des Lebensstandards der Einwohner der Subregion dienen. Im Gegensatz zu den ALALC bzw. ALADI–Verträgen werden keine konkreten Integrationsmodelle, wie die Errichtung einer Freihandelszone oder eines gemeinsamen Marktes, als Ziel formuliert[86].

b. Instrumente zur Umsetzung der gesetzten Ziele

Instrument zur Zielerreichung soll die Koordinierung der Wirtschafts- und Sozialpolitiken in den Mitgliedstaaten sowie die Angleichung der jeweiligen Rechtsordnungen in diesen Bereichen sein[87], wobei keine Konkretisierung hinsichtlich bestimmter Maßnahmen im Rahmen dieses Instruments erfolgt.

Ebenfalls wird in dem Abkommen als Instrument ein Programm zur Handelsliberalisierung aufgeführt[88]. Danach sollte eine jährliche Zollsenkung um sieben Prozent ausgehend von den ursprünglichen Zollsätzen stattfinden. Des weiteren sollten sämtliche sonstigen Handelsbeschränkungen aufgehoben werden. Somit sollte ohne weitere Vereinbarungen automatisch bis zum 31.12.1980 eine vollständige Liberalisierung der Handelsströme stattgefunden haben[89].

Weitere Grundsätze des Programms zur Handelsliberalisierung waren neben dem Reduzierungsautomatismus die Unwiderruflichkeit des Programms sowie das Prinzip der Geltung sämtlicher Maßnahmen inter alia[90]. Grundsätzlich sollten die eingegangenen Verpflichtungen für alle Mitgliedstaaten identisch sein. Ausnahmen hiervon wurden jedoch zugelassen[91].

Im Abkommen von Cartagena wurde auch die Einführung eines gemeinsamen Außenzollsatzes vereinbart[92]. Desweiteren sollte das von innerhalb und von außerhalb der Subregion stammende Kapital kanalisiert werden[93]. An zahlreichen

[86] vgl. auch Magariños, S. 179.
[87] Art. 3 lit. a CA.
[88] Art. 3 lit. c CA.
[89] Art. 41 ff. CA.
[90] Art. 3 Abs. 1 CA.
[91] Art. 3 lit. h CA.
[92] Art. 3 lit. d CA.
[93] Art. 3 lit. f CA.

Beispielen wird deutlich, daß die Regelung der extra-regionalen Handelsbeziehungen nicht einhergeht mit einer Öffnung nach außen. Vielmehr ist eine stark protektionistische Grundhaltung zu beobachten[94]. So sprach sich die Mehrzahl der Mitglieder für die Aufrechterhaltung möglichst hoher Zollsätze aus, damit die eigenen Märkte so weit wie möglich von ausländischer Konkurrenz freigehalten werden konnten[95]. Weiter zeigt sich das Mißtrauen gegenüber ausländischen Investitionen in der Vereinbarung, Auslandsinvestitionen grundsätzlich nicht zuzulassen, sofern diese in Bereichen erfolgen sollen, die bereits von existenten Unternehmen angemessen abgedeckt werden, oder die Investition zum Zwecke des vollständigen oder teilweisen Erwerbs von inländischen Investoren erfolgen soll[96]. Eine Zulassung von ausländischen Unternehmen sollte lediglich dann erfolgen, wenn das betreffenden Unternehmen spätestens nach drei Jahren mehrheitlich in das Eigentum von Angehörigen des jeweiligen Mitgliedstaates überging[97].

c. Organstruktur vor der Umgestaltung

Das institutionelle System des Andenpakts und später der Andengemeinschaft stellt sich erheblich differenzierter und umfassender dar als das des Mercosur oder das der ALALC und der ALADI. Vergleichbar ist es am ehesten mit dem der EG, was angesichts der zahlreichen Parallelen für einen gewissen Einfluß des europäischen Modells auf die institutionelle Ausgestaltung des Andenpakts spricht[98].

Der Andenpakt verfügte über vier Organe, wovon jedoch lediglich zwei im Abkommen von Cartagena selbst vorgesehen waren[99].

Die Kommission (*Comisión del Acuerdo de Cartagena*) ist das Hauptorgan des Abkommens und setzt sich aus Vertretern der einzelnen Regierungen zusammen. Ihren Entscheidungen kommt unmittelbare Wirkung zu, eine Umsetzung in nationales Recht der Mitgliedstaaten ist nicht erforderlich[100]. Hierin zeigt sich ein beträchtlicher Wille zu einem Transfer nationaler Souveränität auf die Gemeinschaft.

---

94 Grigera Naón, EPIL 6(1983), S. 244.
95 Edwards, The World Economy 1993, S. 323.
96 Entscheidung 24/1970 der Kommission; vgl. Magariños, S. 179.
97 Seidl-Hohenveldern/Loibl, Rn. 3118.
98 Wehner, S. 37.
99 Art. 5 CA.
100 Art. 2 und 3 CA.

Der Rat (*Junta del Acuerdo de Cartagena*) ist ein hauptsächlich technisches und administratives Organ. Die Mitglieder sollen nicht weisungsgebunden und vollständig unabhängig von den jeweiligen nationalen Regierungen sein sowie ihre Handlungen allein an den gemeinschaftlichen Interessen ausrichten[101]. Auch hierin wird ein umfassender Souveränitätstransfer auf die Gemeinschaft deutlich.

Das Andenparlament (*Parlamento Andino*) hat hauptsächlich beratende Funktion[102].

Seit dem Jahr 1979 existiert zur Streitschlichtung[103] innerhalb des Andenpakts der Gerichtshof (*Tribunal de Justicia*) [104]. Die Schaffung und Ausgestaltung dieses Organs ist ein weiteres Element, das den Souveränitätstransfer auf die Gemeinschaftsorganisation belegt. Der Gerichtshof ist ein von den Mitgliedstaaten unabhängiges Organ, das die Aufgabe hat, über das Gemeinschaftsrecht zu entscheiden, dieses einheitlich auszulegen und Streitfälle zu schlichten[105]. Das Verfahrensrecht weist erhebliche Parallelen zu dem des EuGH auf[106]. So sind die Entscheidungen des Gerichtshofes obligatorisch und entfalten unmittelbare Wirkung. Eine Vollstreckbarkeits- oder Unterwerfungserklärung der Mitgliedstaaten ist nicht erforderlich[107].

d. Organstruktur nach der Umgestaltung

Die institutionelle Struktur stellt sich nach der Reform durch das Protokoll von Trujillo ebenfalls verändert dar. Das *Sistema Andino de Integración* besteht danach aus sechs Hauptorganen und daneben weiteren Beratungs- und Hilfsorganen[108].

---

[101] Art. 13 und 14 CA.

[102] *Tratado Constitutivo del Parlamento Andino*, hierzu: Zelada Castedo, Integración Latinoamericana 196 (1993), S. 61.

[103] vgl. hierzu: Marwege, S. 57 ff.

[104] *Tratado de Creación del Tribunal de Justicia*, unterzeichnet am 28.05.1979, englische Übersetzung in: ILM 18(1979), S. 1203 ff.

[105] Präambel des TCTJ.

[106] vgl. hierzu: Marwege, S. 152 ff.

[107] Art. 32 TCTJ; Herdegen, § 9 Rn. 2.

[108] Art. 6 CA n.F.

(1) Präsidentialrat

Bei dem Präsidentialrat (*Consejo Presidencial Andino*) handelt es sich um das nunmehr höchste Organ, das sich aus den Staatschefs der Mitgliedstaaten zusammensetzt[109].

(2) Kommission

Die Kommission (*Comisión de la Comunidad Andina*) steht nun im Rang unter dem Präsidentialrat, behält jedoch im wesentlichen ihre Funktionen[110].

(3) Außenministerrat

Diesem neugeschaffenen Organ (*Consejo de Ministros de Relaciones Exteriores*), das aus den Außenministern der Mitgliedstaaten besteht, obliegt in Kooperation mit dem Präsidentialrat die Behandlung der Außenpolitik, soweit sie auf die Andengemeinschaft als Ganzes bezogen ist[111].

(4) Generalsekretariat

Das Generalsekretariat (*Secretaría General de la Comunidad Andina*) ersetzt die frühere Junta und ist nun als Exekutivorgan ausgestaltet. Seine Angehörigen sind nicht weisungsgebunden gegenüber den jeweiligen Regierungen, sondern ausschließlich den Interessen der Gesamtregion verpflichtet[112].

(5) Andenparlament

Das Parlament (*Parlamento Andino*) bleibt als Organ erhalten, seine Aufgaben und seine Stellung wurde jedoch neu definiert[113].

(6) Gerichtshof

Auch der Gerichtshof (*Tribunal de Justicia de la Comunidad Andina*) wurde beibehalten, jedoch nicht im Rahmen des Protokolls von Trujillo reformiert, vielmehr einer gesonderten Überarbeitung unterzogen. Diese ist allerdings bislang nicht in Kraft getreten[114].

---

[109] Art. 11-14 CA n.F.
[110] Art. 21-28 CA n.F.
[111] Art. 15-20 CA n.F.
[112] Art. 29, 38 CA n.F..
[113] Art. 42, 43 CA n.F..
[114] Wehner, S. 38.

f. Ergebnisse in rechtlicher und wirtschaftlicher Hinsicht

In rechtlicher Hinsicht erscheint das institutionelle Gefüge ausdifferenzierter als das der ALALC und der ALADI. Zusammen mit dem Souveränitätstransfer in einigen Bereichen und bezüglich einiger Organe entstand das potentiell effizienteste Integrationsprojekt in Lateinamerika. Entgegen den hochgesteckten Erwartungen stellte sich jedoch zunächst der wirtschaftliche Erfolg verbunden mit der Steigerung des Wohlstands in der Subregion, der ausdrücklich in Art. 1 des Abkommens von Cartagena anvisiert wurde, nicht ein. So wuchs der Anteil der Exporte in Mitgliedstaaten in den ersten zehn Jahren des Bestehens des Andenpakts lediglich von 1,5% auf 4,5% und stagnierte dann weitere zehn Jahre auf diesem Niveau[115]. Eine Steigerung des gegenseitigen Warenaustauschs wurde also nicht erreicht.

Ebensowenig wurde die beabsichtigte wirtschaftspolitische Koordinierung verwirklicht. So gelang es etwa in den ersten beiden Jahrzehnten des Bestehens den Mitgliedstaaten nicht, sich auf einen gemeinsamen Außenzoll zu einigen. Hierbei waren insbesondere die verschiedenen protektionistischen Wirtschaftssysteme der einzelnen Mitgliedstaaten hinderlich. Dadurch konnte eine nachhaltige Einigkeit bezüglich der Höhe des Außenzollsatzes und bezüglich des Zeitplans zur, eventuell auch nur schrittweisen Einführung eines solchen einheitlichen Satzes nicht erreicht werden[116]. Die komplexen und umfassenden Regelungen vieler Materien stellten sich oftmals als kontraproduktiv dar, da einerseits nicht immer Klarheit über die Art der praktischen Anwendung der getroffenen Regelungen herrschte, andererseits die umfassende Regelung ein flexibles Reagieren erschwerte oder sogar unmöglich machte. Hierdurch wurde schließlich die Unsicherheit in rechtlicher Hinsicht für die Produzenten der Subregion stark erhöht[117]. Zwar sah das Abkommen von Cartagena nicht wie die ALALC ein System von Verhandlungen für jeden weiteren Schritt zur Beseitigung von Handelshemmnissen vor, sondern legte ein System automatischer Reduzierung und Beseitigung solcher Handelshemmnisse fest. In der Realität wurde jedoch von der Möglichkeit zu Ausnahmeregelungen rege Gebrauch gemacht, so daß selbst zum Zeitpunkt der vorgesehenen vollständigen Liberalisierung 1980 noch die Mehrheit der betroffenen Waren von dem Programm zur Handelsliberalisierung ausgenommen blieb[118].

---

[115] Edwards, World Economy 1993, S. 323; Wehner, S. 39.
[116] Edwards, World Economy 1993, S. 323.
[117] Fischer, Außenwirtschaft 1994, S. 543.
[118] Edwards, World Economy 1993, S. 323.

Insgesamt erfuhr der Integrationsprozeß wenig tatsächliche Fortschritte und war eher durch Stagnation gekennzeichnet[119]. Eine Wiederbelebung erfuhr die Integration der Subregion erst wieder zu Beginn der neunziger Jahre[120], was schließlich in die Umgestaltung in die Andengemeinschaft mündete.
Am Anfang dieser neueren Entwicklung stand die Unterzeichnung der Acta de Barahona[121] durch die Präsidenten der Mitgliedstaaten 1991. Darin erfolgte eine Einigung einerseits über die Einführung eines gemeinsamen Außenzollsatzes, andererseits über einen Zeitplan für die vollständige Abschaffung der Binnenzölle. Obwohl dieser Zeitplan nicht von Anfang an konsequent eingehalten wurde, erfolgte schließlich bis zum Jahr 1993 eine weitgehende Liberalisierung des Binnenhandels, an der lediglich Peru nicht teilnahm[122]. Weiterhin gelang nun die Einführung eines gemeinsamen Außenzolltarifes zum 1. Februar 1995. Hiervon war ebenfalls lediglich Peru ausgenommen. Vorausgegangen war dem die Aufgabe der Abschottungspolitik gegenüber ausländischen Investoren. Dies ging einher mit einer ausdrücklichen Befürwortung steigender Auslandsinvestitionen. Zum Zweck der Begünstigung des Zuflusses von Auslandskapital wurden entsprechende Regelungen geschaffen[123].

Trotz dieser Erfolge in neuerer Zeit ist festzustellen, daß insgesamt in den drei Jahrzehnten seines Bestehens der Andenpakt, die nunmehrige Andengemeinschaft, bei der Erreichung der hochgesteckten Ziele weit hinter den Erwartungen zurückblieb. Trotz des dichten institutionellen Gefüges und zahlreicher Regelungen zu den verschiedensten Materien sowie eines relativ weitgehenden Souveränitätstransfers auf die Integrationsorganisation wurden spürbare tatsächliche Fortschritte im Integrationsprozeß kaum erzielt.
Ob sich dies in Zukunft, insbesondere aufgrund der Umgestaltung der institutionellen Struktur, ändern wird, ist ungewiß. Entscheidend wird wohl der politische Wille der Mitgliedstaaten zu weitergehender Integration sein.

---

[119] Diez de Velasco, S. 604; Fischer, Außenwirtschaft 1994, S. 542; Edwards, World Economy 1993, S. 324.

[120] Diez de Velasco, S. 604.

[121] *Acta de Barahona – Protocolo Adicional al Tratado de Cartagena*, unterzeichnet am 15.12.1991, Integración Latinoamericana 175 (1992), S. 62 ff.

[122] vgl. BfAI, Zoll- und Handelsinformation – Andenpakt, Nr. 25, August 1996, S. 10 ff.

[123] vgl. Wehner, S. 39.

2. Der MCCA

Der Gemeinsame Zentralamerikanische Markt (*Mercado Común Centroamericano*) wurde 1960 gegründet[124] und hatte zunächst vier, ab 1962 fünf[125] und seit 1991 sechs[126] Mitgliedstaaten. Ziele waren die Gründung eines gemeinsamen Marktes durch fortschreitende Handelsliberalisierung und Festsetzung von Standardzollsätzen. 1991 wurde das Protokoll von Tegucigalpa[127] unterzeichnet, mit dem die Wiederbelebung des stagnierenden Prozesses eingeleitet werden sollte[128]. Ziel war die Einführung eines Konsultation- und Entscheidungsmechanismus zur Förderung der Entwicklung und zur Umsetzung von Schritten zur Handelsliberalisierung (*Sistema de Integración Centroamericana*)[129]. Einen weiteren Schritt gingen die Mitgliedstaaten mit der Unterzeichnung des Protokolls von Guatemala. Darin wird die Schaffung einer Freihandelszone anvisiert; in seinem Rahmen wird eine Liberalisierung des Handels der Subregion verfolgt[130]. Ebenfalls ist an die Schaffung einer gemeinsamen Währung oder zumindest eines Währungssystems mit festen Wechselkursen einhergehend mit einer gemeinsamen Wirtschaftspolitik gedacht[131]. Insgesamt wird der MCCA im Vergleich zu anderen Integrationsprojekten in Lateinamerika gemessen an seinem tatsächlich erreichten Grad der Handelsliberalisierung als erfolgreiches Projekt angesehen[132].

3. Die CARICOM

Auch im karibischen Raum fanden Integrationsbemühungen statt. So wurde 1968 die karibische Freihandelsassoziation CARIFTA gegründet. Das Gründungsabkommen mit verschiedenen Zusatzabkommen[133] hatte als Ziel die Schaffung einer Freihandelszone. Die Organisation hatte zunächst elf, später zwölf Mitgliedstaaten. 1973 erfolgte die Gründung der CARICOM[134] als Nach-

---

124 Tratado General de Integración Económica Centroamericana entre las Repúblicas de Guatemala, El Salvador, Honduras y Nicaragua – Tratado de Managua, unterzeichnet am 13.12.1960, UNTS, Bd. 455, S. 3 ff.

125 Costa Rica.

126 Panamá.

127 Protocolo de Tegucigalpa a la Carta de la Organizacióonde Estados Centroamericanos, unterzeichnet am 13.12.1991, Integración Latinoamericana 179 (1992), S. 61 ff.

128 Arnaud, S. 186.

129 Art. 2 und 4 ff. des Protokolls von Tegucigalpa; Arnaud, S. 197.

130 hierzu ausführlich: Lizano, Integración Latinoamericana 181 (1994), S. 23 ff.

131 Lizano, Integración Latinoamericana 181 (1994), S. 26.

132 Arnaud, S. 184.

133 Abkommen mit Zusatzabkommen in: UNTS, Bd. 772, S. 2 ff.

134 Comunidad del Caribe, übersetzt: Karibische Gemeinschaft, Gründungsvertrag *Tratado de Chaguaramas*, englische Übersetzung abgedruckt in: 12 ILM (1973), S. 1033 ff.

folgeorganisation der CARIFTA. Ziel war hauptsächlich die Schaffung eines gemeinsamen Marktes[135]. Auch hier fand nach einer längeren Phase der Stagnation eine Wiederbelebung des Integrationsprozesses durch Umgestaltung des CARICOM-Gründungsvertrages in den neunziger Jahren statt[136].

III. Gemeinsame Merkmale der dargestellten Integrationsprojekte

Die gemeinsamen Merkmale aller Integrationsprojekte in der Region und die Einschätzung der Ergebnisse dieser Projekte bilden die Grundlage für die Betrachtung des Mercosur als jüngstem subregionalen Integrationsprojekt.

In Lateinamerika gab es bereits in früherer Zeit Versuche einer Integration, sowohl auf einer Ebene des gesamten Kontinents mit Ausnahme des nördlichen Nordamerika („regionale Integration") als auch auf niedrigerer Stufe („subregionale Integration"). Diese älteren Integrationsversuche können als gescheitert oder zumindest stagnierend bezeichnet werden. Dies liegt einerseits daran, daß eine tatsächliche wirtschaftliche Öffnung der nationalen Märkte nicht erfolgte, sondern daß man auf ein Modell „importsubstituierender Industrialisierung" setzte. Dieses Modell zeichnete sich durch starke Binnenmarktorientierung und hohe Zölle aus und förderte die Bildung oligopolistischer Strukturen in staatlichen und privaten Unternehmen[137]. Hinzu kamen ineffiziente Staatsapparate, so daß insgesamt Industriestrukturen mit starken Unternehmer- und Gewerkschaftsverbänden entstanden, welche beträchtlichen Einfluß auf die Wirtschaftspolitiken der einzelnen Länder ausübten[138].

Das ISI-Modell war letzlich der Integration nicht förderlich, da es nicht zu einem Wettbewerb in den verschiedenen Wirtschaftssektoren führte, sondern im Gegenteil die oligopolistische Struktur der einzelnen Volkswirtschaften unangetastet ließ[139]. Resultat der Wirtschaftspolitik in Lateinamerika war in den 80er Jahren eine hohe Staatsverschuldung (Verschuldungskrise) wegen der Aufnahme von Krediten in den 70er und 80er Jahren, die jedoch nicht investiert oder mit einer zu geringen Rendite angelegt worden waren. So kam es zu einem Effizienzgefälle zwischen nationalen und internationalen Industrien, wobei die heimischen Industrien kaum mehr wettbewerbsfähig waren. Aus diesem Grund zeigte sich die Notwendigkeit zu einer Strukturanpassung und einer verstärkten

---

135 Arnaud, S. 203.
136 Diez de Velasco, S. 580.
137 vgl. hierzu ausführlich: Aninat Del Solar, Integración Latinoamericana 1986, S. 10 ff.
138 Klein, S. 13.
139 Gwynne, in: Gibb/Michalak, S. 192; Stahringer de Caramuti, S. 38, bezeichnet den protektionistischen Ansatz als „paradigma anacrónico".

Außenöffnung, die allerdings zu starken Wachstumseinbußen, rückläufigen Investitionen in fast allen Bereichen, hohen Haushaltsdefiziten und Kapitaltransfers in die Industrieländer (Schuldendienst) sowie zu Arbeitslosigkeit und zunehmender Verarmung der Bevölkerung führte[140]. So fand eine Umorientierung aller beteiligten Akteure zu der Suche nach einem neuen, offeneren und zugleich sozial verträglicheren Entwicklungsmodell statt[141].

C. Entstehung und rechtliche Gestalt des Mercosur

Hintergrund der Gründung des Mercosur sind nicht nur die dargestellten Integrationsprojekte sowohl auf gesamtregionaler wie auch auf subregionaler Ebene, sondern ist insbesondere die verstärkte Annäherung zwischen den beiden größten Staaten der Region, Argentinien und Brasilien. Die dabei erzielten Ergebnisse, die ihre Verkörperung in den im Laufe des Prozesses abgeschlossenen Verträgen finden, stellen so die Grundlage der späteren rechtlichen Gestaltung des Mercosur dar.

I. Entstehungsphase des Mercosur

Zur Entstehung dieser jungen Freihandelsorganisation führte hauptsächlich die Annäherung Brasiliens und Argentiniens Mitte der 80er Jahre. Nach der fast zeitgleich erfolgten Rückkehr dieser beiden Staaten zur Demokratie wurden ab 1985 zahlreiche Integrationsschritte unternommen, denen sich im weiteren Verlauf Paraguay und Uruguay anschlossen und die das Feld für die Gründung des Mercosur bereiteten.

1. Annäherung Brasiliens und Argentiniens

Die erste Phase der Zusammenarbeit zwischen beiden Staaten (1986-1990) war gekennzeichnet von der Aufrechterhaltung des protektionistisch-etatistischen Modells der Wirtschaftspolitik und der Kooperation lediglich in bestimmten-Wirtschaftssektoren. Ökonomisch war diese Phase wenig erfolgreich, da der gegenseitige Warenaustausch nach anfänglichen Steigerungen wieder sank. Allerdings wirkte sich die Zusammenarbeit positiv auf die Vertiefung politischer Kontakte und die sicherheitspolitische Vertrauensbildung aus. Dadurch wurde schließlich das Fundament für eine weitergehende Integration geschaffen[142].

---

[140] Gwynne, in: Gibb/Michalak, S. 197 f.; Barrios, IAA 24 (1998), S. 167 f.; Klein, S. 14.
[141] Barrios, IAA 24 (1998), S. 167 f.; Klein, S. 14.
[142] Schirm, S. 82; Schvarzer, Problèmes d'Amérique Latine Nr. 33 (1999), S. 79; Levy/Sturzenegger, CE 37 Nr. 110 (2000), S. 65.

In der zweite Phase (1990-1995) änderten sich die Rahmenbedingungen stark, da nun in beiden Staaten die Wirtschaftspolitik mit der Durchführung liberaler Reformen radikal geändert wurde. Diese Reformen beinhalteten die Öffnung nach außen durch allgemeine Zollsenkungen sowie die Privatisierung von Staatsunternehmen.1991 kam es in Argentinien zu der Aufstellung des sog. *Plan de Convertibilidad*, 1994 in Brasilien zu der des *Plano Real*. Damit sollte hauptsächlich die hohe Inflation bekämpft werden. Eine Maßnahme der Pläne war, die jeweilige Währung an den US-Dollar zu koppeln. Insgesamt wurden so nachhaltige Stabilierungserfolge erzielt[143]. Durch die geänderte Wirtschaftspolitik wurde nun die Integration im Kontext marktwirtschaftlicher Öffnung gesehen und als Chance zur Steigerung der Wettbewerbsfähigkeit auf dem Weltmarkt begriffen. Damit war nun Ziel der Integration ein genereller Freihandel mit übereinstimmender liberaler Wirtschaftspolitik. Allein die unilateralen Zollsenkungen in beiden Staaten führten zu einer Steigerung des Warenaustauschs. Neu war nach der ausschließlichen Steuerung der Zusammenarbeit durch die Regierungen in den ersten Jahren eine nunmehr einsetzende Beteiligung auch der Unternehmer und der Gewerkschaften an der Diskussion um die Zukunft der regionalen Integration[144].

Weiteres Motiv für eine verstärkte Integration Brasiliens und Argentiniens wie auch Paraguays und Uruguays war die Furcht vor weltwirtschaftlicher Marginalisierung durch die bevorstehende Gründung der NAFTA sowie die bevorstehende Einführung des Europäischen Binnenmarktes und die sich dadurch abzeichnende immer stärkere Ausformung von regionalen Blöcken[145]. Dies kommt auch in der Präambel des Vertrages von Asunción zum Ausdruck, in der die Mitgliedstaaten ausdrücklich erklären, daß „dieser Integrationsprozeß" als „adäquate Antwort" auf „die internationalen Entwicklungen, insbesondere die Konsolidierung großer ökonomischer Räume" betrachtet wird.

Uruguay war zunächst von dem argentinisch-brasilianischen Integrationsprozess ausgeschlossen, obwohl bilaterale Abkommen mit beiden Staaten bestanden. Paraguay, das erst im Mai 1989 die Stroessner-Diktatur beendet hatte, zeigte im Gegensatz zu Uruguay am Anfang des Prozesses kein Interesse an einer aktiven Teilnahme. Ein Grund hierfür mag die Unsicherheit hinsichtlich der Auswirkungen einer Teilnahme am Integrationsprozeß gewesen sein[146]. Das Verhältnis

---

[143] Wehner, S. 48 m.w.N.; Levy/Sturzenegger, CE 37 Nr. 110 (2000), S. 65.

[144] Schirm, S. 83.

[145] Schirm, S. 84; vgl. auch: Levy/Sturzenegger, CE 37 Nr. 110 (2000), S. 64.

[146] vgl. hierzu Gutiérrez, JWT 30 (1996), S. 212 f., wonach die Auswirkungen der Einbindung in regionale Integration bei kleineren Volkswirtschaften erheblich größer sind als bei größeren Volkswirtschaften.

aufgrund der wirtschaftlichen Rolle der beiden Staaten zu Argentinien und Brasilien wird als das von „ökonomischen Riesen und Zwergen“ bezeichnet[147]. Maßgeblich hierfür ist nicht allein die Größe, sondern auch die weitgehende wirtschaftliche Abhängigkeit der beiden kleinen Staaten von Argentinien und Brasilien auch aufgrund der geographischen Lage[148].

In den Jahren 1985 bis 1990 wurden die ersten Schritte im Integrationsprozeß im südlichen Südamerika zwischen Argentinien und Brasilien mit der Unterzeichnung von insgesamt sechs bilateralen Abkommen und zahlreichen Protokollen hierzu eingeleitet[149].

Die späteren Mercosur-Gründungsmitglieder Paraguay und Uruguay hatten in diesem Zeitraum lediglich eine passive Rolle inne und waren bei der Unterzeichnung der genannten Abkommen nicht beteiligt. Vielmehr stellt der Vertrag von Asunción das erste Abkommen in diesem Prozeß dar, bei dem auch Paraguay und Uruguay Vertragsparteien waren.

a. Die Erklärung von Iguazú

Erster Schritt der Annäherung zwischen Argentinien und Brasilien war die Erklärung von Iguazú (*Declaración de Iguazú*) von 1985[150]. Darin wird von beiden Seiten der feste politische Wille zu bilateraler Integration zwischen Argentinien und Brasilien kundgetan[151]. Obwohl dies lediglich eine Absichtserklärung darstellt, wurde gleichzeitig eine gemischte Kommission (*Comisión Mixta*) eingesetzt, die unter Vorsitz der jeweiligen Außenminister mit der Ausarbeitung konkreter Vorschläge zur ökonomischen Integration zwischen den beiden Staaten beauftragt wurde[152].

b. Die Integrationsakte

Die Vorschläge der Gemischten Kommission führten bereits nach kurzer Zeit 1986 zur Unterzeichnung der Integrationsakte (*Acta para la Integración Argentino-Brasileña*) sowie zwölf weiterer Zusatzprotokolle[153].

---

147 Sangmeister, in: Junker/Nohlen/Sangmeister, S. 197.
148 Castro Escudero, Comercio Exterior 1994, S. 991.
149 vgl. hierzu Garré Copello, S. 494 ff.
150 unterzeichnet am 30.11.1985, abgedruckt in: Integración Latinoamericana 110 (1986), S. 64 ff.
151 Deklaration, Punkt 18.
152 vgl. Arnaud, S. 108; Haller, S. 24.
153 unterzeichnet am 29.07.1986, abgedruckt in: Integración Latinoamericana 116 (1986), S. 97ff., englische Übersetzung in: 27 ILM (1988), S. 907 ff.

Zentraler Inhalt der Integrationsakte ist die Errichtung des argentinisch-brasilianischen Integrations- und Kooperationsprogramms (Programa de Integración y Cooperación Económica entre Argentina y Brasil – PICAB)
Ziel dieses Programms war eine schrittweise Öffnung der nationalen Märkte, die jedoch sektorweise und selektiv erfolgen und eine Steigerung und Diversifizierung des beiderseitigen Handels bewirken sollte. Als übergeordnetes Ziel wird die Schaffung eines „Gemeinsamen Wirtschaftsraumes" genannt[154]. Im Gegensatz zu anderen Integrationsprojekten wurde somit keines der im internationalen Wirtschaftsrecht bekannten Modelle wie Freihandelszone, Zollunion oder Gemeinsamer Markt[155] gewählt. Aus diesem Grund erscheint eine genaue Definition dieses Ziels kaum möglich, die Zielformulierung bleibt daher ungenau.

Wie bereits bei der ALALC in den sechziger Jahren, sollte das angestrebte Ziel auch hier durch den schrittweisen Abschluß von sektoriellen Protokollen erreicht werden. Der Abbau von tarifären und nichttarifären Handelshemmnissen sollte also nicht insgesamt, sondern Sektor für Sektor erfolgen und so die wirtschaftliche Integration progressiv voranschreiten[156]. Die hierzu abgeschlossenen Protokolle[157] erfassten die verschiedensten Bereiche.

Auffällig an diesem Integrationsprogramm sind das Fehlen jeglicher Institutionen zur Überwachung und Umsetzung der beschlossenen Schritte einerseits sowie das Fehlen eines konkreten Zeitplans für die graduelle Liberalisierung andererseits. So sollte über das flexible Instrument des Abschlusses von sektoriellen Protokollen, die im jeweiligen Stadium für notwendig erachtet werden, ein an die Bedürfnisse und Möglichkeiten der beiden Vertragsstaaten angepasster Fortschritt im Integrationsprozeß erreicht werden. Die Ergebnisse der Integrationsakte sind insgesamt als positiv zu bewerten, da hiermit der Grundstein für die weitere Zusammenarbeit zwischen den Vertragsparteien gelegt wurde. Das dargestellte schrittweise Vorgehen erlaubte eine an den gemeinsamen Interessen ausgerichtete und an die jeweiligen Bedürfnisse angepasste Integration[158].

---

[154] vgl. Arnaud, S. 108; Haller, S. 25.
[155] Herdegen, § 3 Rn. 33.
[156] Arnaud, S. 108.
[157] abgedruckt in: Integración Latinoamericana, Mercado Común entre Argentina y Brasil, Tratados, Actas y Anexos, Periodo 1985-1990, S. 43 ff.
[158] Wehner, S. 52.

c. Die Freundschaftsakte

Die Freundschaftsakte (*Acta de Amistad Argentino-Brasileña*) [159] von 1986 bringt gegenüber der Integrationsakte keine wesentlichen Neuerungen in wirtschaftlicher und integrationstechnischer Hinsicht. Der Untertitel „Frieden, Demokratie und Entwicklung“ deutet bereits auf die eher politische Bedeutung der Akte hin. Jedoch wurden parallel noch fünf Protokolle zur Einbeziehung weiterer Sektoren in das PICAB unterzeichnet[160].

d. Der Vertrag zur Integration, Kooperation und Entwicklung

Zwei Jahre nach der Einleitung des Integrationsprozesses kam es 1988 zur Unterzeichnung des Vertrags zur Integration, Kooperation und Entwicklung (*Tratado de Integración, Cooperación y Desarollo*)[161].

Unverändert gegenüber den beiden Akten aus dem Jahr 1986 blieben die Mittel und Instrumente der vertraglich vereinbarten Ziele. Lediglich bezüglich der Festlegung dieser Ziele brachte der Integrationsvertrag eine Veränderung. Zwar wird auch in dem Integrationsvertrag zunächst noch die ungenaue Zielsetzung der Schaffung eines „Gemeinsamen Wirtschaftsraumes“ (*Espacio Económico Común*) der Integrationsakte wiederholt[162]. Allerdings erfolgt dann eine Präzisierung dieses Zieles dahingehend, daß innerhalb eines Zeitraums von zehn Jahren die Bildung eines Gemeinsamen Marktes zwischen Argentinien und Brasilien erfolgen soll. Die Realisierung war zunächst mittels Zolliberalisierung und anschließend mittels Koordination der Wirtschaftspolitiken der beiden Länder vorgesehen[163]. Somit wird erstmals die wirtschaftliche Integration nicht im Wege der sektoriellen Integration, sondern im Rahmen eines Gesamtkonzepts mit einer generellen Liberalisierung des Handels anvisiert.

Konkrete Maßnahmen hierzu wurden jedoch in dem Integrationsvertrag nicht vereinbart, sondern sollten im Rahmen weiterer bilateraler Verhandlungen vereinbart werden[164]. Jedoch wurden durch den Integrationsvertrag eine Durchführungskommission, spezielle technische Kommissionen sowie eine Gemeinsame

---

[159] unterzeichnet am 10.12.1986, abgedruckt in: Integración Latinoamericana 122 (1987), S. 70.

[160] abgedruckt in: Integración Latinoamericana 122 (1987), S. 70; hierzu Arnaud, S. 109; Haller, S. 25.

[161] unterzeichnet am 29.11.1988, abgedruckt in: Integración Latinoamericana 142 (1989), S. 76 f.

[162] Art. 1 des Integrationsvertrages.

[163] Art. 5 des Integrationsvertrages.

[164] Abreu Bonilla, S. 43.

Parlamentarische Kommission zur Durchführung und Lenkung des Integrationsprozesses geschaffen[165].

e. Die Akte von Buenos Aires

Durch die Akte von Buenos Aires (*Acta de Buenos Aires*) von 1990[166] wurde der mit dem Integrationsvertrag eingeschlagene Weg fortgesetzt. So erfolgte eine endgültige Festlegung[167] auf das Ziel der Bildung eines Gemeinsamen Marktes zwischen Argentinien und Brasilien; der im Integrationsvertrag vereinbarte Zeitraum von zehn Jahren wurde jedoch auf fünf Jahre verkürzt[168]. Wie bereits im Integrationsvertrag angedeutet, wurde nun ein Mechanismus allgemeiner und linearer Zollsenkungen eingeführt und von dem Modell der sektoriellen Integration endgültig Abstand genommen[169]. Durch die Einleitung genereller Zollsenkungen erfolgt schließlich ein weiterer Integrationsschritt über die Existenz einer bloßen Präferenzzone hinaus[170].

f. Das ACE Nr. 14

Angesichts der Mitgliedschaft Argentiniens und Brasiliens in der ALADI war eine Legitimierung der vereinbarten Integration zwischen beiden Staaten durch die übergeordnete regionale Integrationsorganisation erforderlich[171]. Diese Legitimierung erfolgte mittels der im Rahmen der ALADI vereinbarten Möglichkeit zum Abschluß von Abkommen mit beschränkter Reichweite[172]. Ein solches stellt das „Abkommen mit beschränkter Reichweite zur wirtschaftlichen Komplementierung (ACE) Nr.14" von 1990[173] dar. Mit dem Abkommen werden die zuvor erreichten Integrationsschritte vertieft und die getroffenen Regelungen systematisiert. Die Einführung eines progressiven Zollsenkungssystems zum 1. Januar 1990 wurde unter gleichzeitiger Zusammenfassung der bisher bereits getroffenen sektoriellen Abkommen vereinbart. Die Vollendung der Zollsenkung sollte zum 31. Dezember 1994 erfolgen. Konkret war zunächst eine allgemeine Zollreduzierung um 40% vorgesehen, danach sollte halbjährlich jeweils eine

---

165 Haller, S. 26; nach Wehner, S. 53, stellen diese jedoch keine „Organe" dar.

166 unterzeichnet am 06.07.1990, abgedruckt in: Integración Latinoamericana 159 (1990), S. 66 f.

167 „decisión firme e irrevocable".

168 Punkt 1 der Akte von Buenos Aires; hierzu Arnaud, S. 112.

169 Punkt 2 der Akte von Buenos Aires; Sangmeister, in: Junker/Nohlen/Sangmeister, S. 194.

170 Siebert, S. 199.

171 Salomão Filho/ Samtleben, WM 1992, S. 1347; Haller, S. 27.

172 s.o. B.I.2.a; hierzu ausführlich: Arnaud, S. 115 ff.; Haller, S. 27.

173 *Acuerdo de Alcance Parcial de Complementación Económica No. 14*, unterzeichnet am 20.12.1990, abgedruckt in: Integración Latinoamericana, Mercado Común entre Argentina y Brasil, Tratados, Actas y Anexos, Periodo 1985-1990, S. 43 ff.

weitere Reduzierung um 7% erfolgen. Zwar waren Ausnahmelisten vorgesehen, jedoch waren diese jährlich um ein Fünftel zu kürzen[174]. Obwohl zahlreiche Bestimmungen des Abkommens vor der Mercosur-Gründung nicht mehr zur Anwendung kamen, ist die Bedeutung angesichts der Übernahme zahlreicher Regelungen in den Mercosur-Prozeß hoch einzuschätzen.

2. Die Einbeziehung Paraguays und Uruguays

Bereits vor dem zwischen Argentinien und Brasilien einsetzenden Integrationsprozeß bestanden bilaterale Verträge zwischen Uruguay und Argentinien, nämlich das Wirtschaftliche Kooperationsabkommen[175] und zwischen Uruguay und Brasilien, nämlich das Protokoll zur Handelserweiterung[176]. Paraguay war mit den großen Nachbarn lediglich durch, wenngleich bedeutende, faktische Beziehungen verbunden[177]. Bereits 1988 wurde in einer gemeinsamen Akte zwischen Argentinien, Brasilien und Uruguay die Einbeziehung Uruguays in den argentinisch-brasilianischen Integrationsprozess vorgesehen[178]. Allerdings wurde der Integrationsvertrag von 1988 widersprüchlicherweise nur von Argentinien und Brasilien unterzeichnet. So war schließlich der Vertrag von Asunción das erste Integrationsabkommen, das von allen vier Mercosur-Mitgliedstaaten unterzeichnet wurde.

3. Bilaterale Prägung und geringe Institutionalisierung

Wie gezeigt, waren weder Uruguay noch Paraguay an der Unterzeichnung der Integrationsabkommen beteiligt. Zwar zeichnete sich zusehends eine Einbeziehung dieser beiden Staaten ab, jedoch ist die Rolle Uruguays und Paraguays vor der Mercosur-Gründung eher als passiv zu bezeichnen.
Im wesentlichen lag also der Integrationsprozeß in seiner Anfangsphase in den Händen Argentiniens und Brasiliens und erscheint daher stark bilateral geprägt[179].

In institutioneller Hinsicht ist kennzeichnend für den Integrationsprozeß vor Gründung des Mercosur das weitgehende Fehlen von gemeinschaftlichen Orga-

---

[174] Sangmeister, in: Junker/Nohlen/Sangmeister, S. 194; Arnaud, S. 114.
[175] *Convenio Argentino-Uruguayo de Cooperación Económica (CAUCE)*, vgl. Ferrere, Journal of World Trade Law 1984, S. 320.
[176] *Protocolo de Expansión Comercial (PEC)*, vgl. auch Arnaud, S. 110 f.
[177] Mayr, VRÜ 1993, S. 264; Haller, S. 28.
[178] *Acta de Alvorada v. 07.04.1988*, vgl. Sanguinetti, Integración Latinoamericana 201 (1994), S. 4.
[179] vgl. Wehner, S. 55.

nen zur Ausführung oder Überwachung der getroffenen Vereinbarungen[180]. Lediglich durch die Deklaration von Iguazú 1985 wurde eine Gemischte Kommission unter Vorsitz der jeweiligen Außenminister berufen, die jedoch nur Beratungsfunktionen ausübte[181]. Durch die Integrationsakte wurde des weiteren die Kommission zur Durchführung des Integrationsprogramms eingesetzt. Diese bestand aus Regierungsvertretern und sollte den Präsidenten Vorschläge unterbreiten sowie den Programmablauf evaluieren[182]. Zusätzlich kam durch den Integrationsvertrag von 1988 noch die Gemeinsame Parlamentarische Kommission zur Unterstützung der oben genannten Kommission hinzu[183]. Dieser wurde dann durch die Akte von Buenos Aires 1990 die Gruppe Gemeinsamer Markt unterstellt[184], die aus Vertretern einzelner Ministerien zusammengesetzt war und Analyse- und Vorschlagsaufgaben wahrnehmen sollte.

Kennzeichnend ist weiterhin, daß die Integrationsbemühungen im wesentlichen von den Präsidenten der beteiligten Staaten ausgingen[185]. Erklärt wird dies mit den präsidentialistischen Regierungsformen in den beteiligten Staaten[186]. So erscheinen die jeweiligen Staatspräsidenten als entscheidende Akteure bei der Gestaltung und Durchführung politischer, insbesondere außen- und wirtschaftspolitischer Maßnahmen. Die nationalen Parlamente und andere Staatsorgane haben in einem solchen System eine untergeordnete Rolle, so daß eine breite Diskussion und Beteiligung an dem Prozeß in der Anfangsphase nicht stattfand[187]. Dies gilt besonders für den beschriebenen Integrationsprozeß, so daß hier teilweise von einer „top-down integration", einer von oben nach unten ablaufenden Integration, gesprochen wird[188].

Charakteristisch für die Anfangsphase des Integrationsprozesses im südlichen Südamerika ist die Tatsache, daß teilweise von Beginn an, teilweise erst im Verlauf des Prozesses, nicht die Fehler der vorangegangenen Integrationsprojekte wiederholt wurden, sondern davon abweichende Regelungen gefunden wurden. Hier ist einerseits in institutioneller Hinsicht der Verzicht auf ein ähnlich ausdifferenziertes institutionelles Gefüge wie in der ALALC oder im Andenpakt zu nennen. So wurden in der Phase von 1985 bis zur Gründung des

---

180 hierzu auch: Arnaud, S. 116.
181 Punkt 19 der Deklaration.
182 Punkt 4 und 5 der Integrationsakte.
183 Art. 7 und 8 des Integrationsvertrages.
184 Anhang II der Akte von Buenos Aires.
185 Arnaud, S. 111 ff.
186 Lavopa, Contribuciones 4/1996, S. 178 ff.
187 Hirst, S. 16; Wehner, S. 57.
188 Manzetti, Journal of Interamerican Studies and World Affairs 1993, S. 117; Wehner, S. 56.

Mercosur keine gemeinschaftlichen Organe, sondern lediglich Mechanismen zur Konsultation geschaffen. Die Bildung solcher Gemeinschaftsorgane wird teilweise als unabdingbar für ein erfolgreiches Integrationsmodell angesehen[189]. Demgegenüber bedingt ein ausdifferenziertes institutionelles Gefüge nicht automatisch Integrationserfolge, wie die Erfahrungen der ALALC und des Andenpakts gezeigt haben. Für den Fall der Integrationsbemühungen zwischen Argentinien und Brasilien wird trotz eines wenig geradlinigen und erratischen Ablaufs[190] der weitgehende Verzicht auf gemeinschaftliche Institutionen als erfolgreich gewertet[191]. Diese Ansicht findet ihre Stütze in der Möglichkeit, schnell, flexibel, pragmatisch und ohne auf institutionelle Verfahrensweisen achten zu müssen, auf neue Entwicklungen oder Erkenntnisse reagieren zu können. Dies war etwa der Fall bei der Abkehr von der sektoriellen Integration durch erforderliche Einzelvereinbarungen und die Hinwendung zu allgemeiner linearer Zollsenkung, die als wesentliches Ergebnis der Integrationsphase von 1985 bis 1990 in tarifärer Hinsicht zu nennen ist.

Schließlich wurden in dem genannten Zeitraum bedeutende wirtschaftliche Erfolge erzielt. So konnte eine erhebliche Steigerung des Warenaustauschs in der Subregion verzeichnet werden[192]. Betrug im Jahr 1985 das Volumen des Handels zwischen Argentinien und Brasilien noch 1,952 Milliarden US-Dollar, konnte im Jahr 1991 ein Umfang von 6,3 Milliarden US-Dollar festgestellt werden[193].

Zusammenfassend muß der Integrationsprozeß in seiner Anfangsphase im Vergleich zu den vorangehenden Projekten in der Region angesichts seiner wirtschaftlichen und integrationstechnischen Fortschritte als äußerst erfolgreich bezeichnet werden[194].

---

[189] Mols, in: Smith, S. 62.
[190] Abreu Bonilla, S. 45.
[191] Wehner, S. 58.
[192] Arnaud, S. 123.
[193] Grandi, Problèmes d'Amérique latine 1995, S. 86.
[194] so auch Loschky, S. 39.

II. Organisationsstruktur des Mercosur

Die wesentlichen Bestimmungen hinsichtlich der Organisationsstruktur finden sich im Gründungsvertrag des Mercosur, dem Vertrag von Asunción[195].

Der gegenwärtige Stand der Integration zeigt sich hauptsächlich an Organstruktur, Rechtspersönlichkeit, Kompetenzen nach innen und nach außen sowie an dem bestehenden Rechtschutzsystem.

1. Rechtspersönlichkeit des Mercosur

Die Existenz einer Rechtspersönlichkeit des Mercosur war lange Zeit umstritten. Eine ausdrückliche Festlegung diesbezüglich erfolgte durch die Mitgliedstaaten nicht. Zur Klärung der Frage, ob der Mercosur eine Internationale Organisation und damit nach allgemeiner Meinung[196] ein Völkerrechtssubjekt darstellt, war ein Zurückgreifen auf allgemeine völkerrechtliche Grundsätze erforderlich.

Entscheidendes Kriterium für die Völkerrechtssubjektivität ist die Fähigkeit, Träger völkerrechtlicher Rechte und Pflichten zu sein, wobei dies im Falle einer Internationalen Organisation bedeutet, daß dieses Kriterium losgelöst von der Völkerrechtspersönlichkeit ihrer Mitgliedstaaten erfüllt wird[197].
Kriterien für das Vorliegen einer Internationalen Organisation sind nach innen eine völkerrechtliche Willenseinigung zwischen verschiedenen Völkerrechtssubjekten mit dem Zweck, ein dauerhaftes Gebilde zur Erreichung eines völkerrechtlich erlaubten Ziels zu bilden, wobei eine institutionelle Grundstruktur vorhanden sein muß, die eine Vertretung des Gebildes sowie eine eigene Willensbildung ermöglicht und nach außen die Anerkennung der Völkerrechtssubjektivität durch die Nichtmitgliedstaaten[198], was meist konkludent durch die Aufnahme diplomatischer Beziehungen oder den Abschluß völkerrechtlicher Verträge mit der Organisation selbst erfolgt[199].

Die Qualifizierung des Mercosur als Internationale Organisation wurde teilweise zunächst abgelehnt, da eine Dauerhaftigkeit der institutionellen Struktur angezweifelt sowie die Möglichkeit der Organe zu einer eigenständigen Willensbil-

---

[195] unterzeichnet am 26. März 1991, in Kraft getreten am 30. November 1991, abgedruckt in: 30 ILM (1991), S. 1041 sowie in: Rechtsquellen des Mercosur, Teilband I, S. 13 mit dt. Übersetzung; im folgenden: VA.

[196] Seidl-Hohenveldern/Loibl, Rn. 303; vgl. Haller, S. 263 ff.

[197] Seidl-Hohenveldern/Stein, Rn. 302; Ipsen, § 6 Rn. 2ff.; Haller, S. 270.

[198] Seidl-Hohenveldern/Loibl, Rn. 105f., 701 ff.; Haller, S. 264.

[199] Seidl-Hohenveldern/Loibl, Rn. 710 f.

dung verneint wurde[200]. Teilweise wurde der Mercosur als Vorstufe zu einer Internationalen Organisation bzw. eine solche in Gründung gesehen[201]. Eine Anerkennung nach außen erfolgte jedenfalls unstreitig nicht. Das sogenannte Rosegarden Agreement[202] zwischen den USA und den Mercosur-Staaten wurde von diesen als selbständigen Vertragsparteien abgeschlossen[203]. Auch das Kooperationsabkommen zwischen der Europäischen Kommission und dem Mercosur-Rat vom 29. Mai 1992 wurde als lediglich interinstitutionelle Vereinbarung bezeichnet und abgeschlossen[204]. Insgesamt traten bei völkerrechtlichem Handeln stets die Mitgliedstaaten für den Mercosur auf[205].

Eine Änderung erfolgte durch das Protokoll von Ouro Preto vom 17. November 1994[206]. Darin ist ausdrücklich geregelt, dass sich der Mercosur durch dieses Protokoll als Völkerrechtssubjekt mit eigener rechtlicher Handlungsfähigkeit konstituiert[207]. Dies wird in der Literatur überwiegend nicht mehr angezweifelt[208]. Bezüglich der Anerkennung nach außen zeigt sich dies im Verhältnis zur Europäischen Union. Vertragspartei beim Abschluß des Interregionalen Rahmenabkommens vom 15. Dezember 1995 ist neben den Mitgliedstaaten auch der Mercosur selbst[209], was als konkludente Anerkennung als Internationale Organisation mit selbständiger Völkerrechtssubjektivität zu sehen ist[210].

2. Kompetenzverteilung Mercosur – Mitgliedstaaten

Nach den Regelungen des Protokolls von Ouro Preto kann der Mercosur in Ausübung der ihm übertragenen Funktionen alle zur Erreichung seiner Ziele notwendigen Handlungen vornehmen, insbesondere Verträge schließen, bewegliche

---

200 Pastori, RMC 1993, S. 780.

201 Abreu Bonilla, S. 56; Diez de Velasco, S. 618; Sanguinetti, Integración Latinoamericana Nr. 201 (1994), S. 14.

202 30 ILM (1991), S. 1034 ff.; nach Haller, S. 217 f. war Intention die Schaffung eines gemeinsamen Rates für Handel und Investitionen zur Erleichterung und Förderung des gegenseitigen Warenaustauschs.

203 vgl. Salomao Filho/Samtleben, WM 1992, S. 1386.

204 s. hierzu unten D.

205 Samtleben, WM 1996, S. 1997; Haller, S. 278.

206 abgedruckt in: 34 ILM (1995), S. 1244 sowie in: Rechtsquellen des Mercosur, Teilband I, S. 27 mit dt. Übersetzung; im folgenden: POP.

207 Art. 34 POP; vgl. zu den Auswirkungen der Völkerrechtssubjektivität am Beispiel der EG: Vedder, GS Grabitz, S. 795 ff; Vedder/Folz, CMLR 35 (1998), S. 221 ff.

208 Samtleben, WM 1996, S. 1997; Pérez Otermin, S. 76; Aldecoa Luzárraga, RIE 1996, S. 774 f.; Grandi, Problemes d'Amerique Latine 1995, S. 80; Haller, S. 274.

209 s. hierzu unten E. und Kapitel 2 A.

210 vgl. Seidl-Hohenveldern/Loibl, Rn. 303; Haller, S. 284.

und unbewegliche Güter erwerben oder veräußern, als Partei vor Gericht auftreten sowie Vermögen besitzen und übertragen[211].

Fraglich ist, ob angesichts dieser Kompetenzzuweisung von einer wirklichen Übertragung von Hoheitsrechten die Rede sein kann, vergleichbar mit einer „Vergemeinschaftung" wichtiger Politikbereiche, wie sie schon in der ursprünglichen Form der Europäischen Gemeinschaft erfolgt war.

Dies wäre dann der Fall, wenn Entscheidungen in diesen Politikbereichen von Organen der Organisation getroffen würden, die gegenüber den Mitgliedstaaten eine gewisse Unabhängigkeit besitzen. Dies soll im folgenden anhand einer Darstellung der institutionellen Struktur sowie der Beschlußfassung in den Organen untersucht werden.

3. Institutionelle Struktur

Die institutionelle Struktur wurde zunächst im Vertrag von Asunción nur vorläufig festgelegt und erhielt später durch das Protokoll von Ouro Preto ihre jetzige Form. Da es sich jedoch hauptsächlich um Präzisierungen der Kompetenzen der einzelnen Organe sowie um Hinzutreten neuer Organe handelt, wird hier lediglich der aktuelle Stand wiedergegeben.

a. Entscheidungsorgane

Nach dem Protokoll von Ouro Preto gelten als Organe mit Entscheidungsgewalt der Rat, die Gruppe Gemeinsamer Markt und die Handelskommission[212].

aa. Rat (*Consejo del Mercado Común*)

Der Rat ist das oberste Organ des Mercosur[213], was auch durch eine umfangreiche Aufgaben- und Kompetenzenzuweisung belegt wird .

Die Hauptaufgaben sind der Erlaß der zum Erreichen der Ziele des Vertrages von Asunción erforderlichen Entscheidungen sowie, gemeinsam mit der Gruppe Gemeinsamer Markt, die Überwachung der Einhaltung des Vertrages von Asun-

---

211 Art. 35 POP; vgl. auch: Samtleben, WM 1996, S. 1997.

212 Art. 2 POP; vgl. Haller, S. 97.

213 Art. 10 VA, Art. 3 POP; Samtleben, WM 1996, S. 1999; Ruiz Díaz Labrano, S. 431; Haller, S. 97; Loschky, S. 18, sieht hierarchisch über dem Rat die Mercosur-Gipfel, jedoch ist eine Rechtsgrundlage für eine Einstufung der Gipfel als Organ des Mercosur nicht ersichtlich.

ción und des Sekundärrechts[214]. Daneben hat der Rat eine zentrale politische Leitfunktion. Ihm obliegt die Ausarbeitung und Formulierung politischer Vorgaben zur Verwirklichung und Stärkung des Gemeinsamen Marktes[215]. In der Praxis wurde von dieser Funktion bisher intensiv Gebrauch gemacht, so daß der Rat durchaus als Motor des Integrationsprozesses im Mercosur bezeichnet werden kann[216]. Des weiteren repräsentiert er den Mercosur nach außen, Abkommen mit Drittländern, (Handels-) Blöcken und internationalen Organisationen werden von ihm ausgehandelt und unterzeichnet[217], soweit dies nicht auf die Gruppe Gemeinsamer Markt delegiert wurde[218]. Der Rat hat Kompetenzen legislativer Art, er entscheidet über die Vorschläge der Gruppe Gemeinsamer Markt, die ein Initiativrecht hat[219]. Dabei steht ihm auch die Entscheidung über Finanz- und Budgetfragen zu[220]. Der Rat hat weiterhin das Recht zur Schaffung von Ministerrunden sowie auch zur Schaffung, Abschaffung und Modifikation von Hilfsorganen, soweit dies für das Erreichen der Ziele des Integrationsprozesses erforderlich erscheint[221].
Daneben bestätigt er die Geschäftsordnung der Gruppe Gemeinsamer Markt und ernennt den Direktor des Sekretariats, der allerdings von der Gruppe Gemeinsamer Markt ausgewählt wird[222].

Der Rat hat intergouvernementalen Charakter[223]; er besteht aus den Außen- und Wirtschaftsministern der Mitgliedstaaten[224], mindestens alle sechs Monate ergänzt durch die Staatspräsidenten der Mitgliedstaaten[225]. Die Präsidentschaft im Rat wechselt alle sechs Monate unter den Mitgliedstaaten[226].

Sämtliche Entscheidungen erfolgen im Konsens und in Anwesenheit aller Mitgliedstaaten[227]. Die juristsche Handlungsform des Rates ist die „Entscheidung“ (*Decisión*), die für die Mitgliedstaaten bindend ist[228].

---

214 Art. 8 Abs. 1 POP.
215 Art. 8 Abs. 2 POP; vgl. Haller, S. 97.
216 Barón Knoll, S. 120.
217 Art. 8 Abs. 4 POP.
218 Art. 8 Abs. 4 i.V.m. Art. 14 Abs. 7 POP.
219 Art. 8 Abs. 5 POP.
220 Art. 8 Abs. 10 POP.
221 Art. 8 Abs. 6, 7 POP.
222 Art. 8 Abs. 9, Art. 14 Abs. 12 POP.
223 Barón Knoll, S. 113.
224 Art. 11 VA, Art. 4 POP.
225 Art. 6 POP.
226 Art. 5 POP.
227 Art. 16 VA, Art. 37 POP.
228 Art. 9 POP.

bb. Gruppe Gemeinsamer Markt (*Grupo Mercado Común*)

Die Gruppe Gemeinsamer Markt ist das zentrale Exekutivorgan des Mercosur[229].

Gegenüber der Aufgabenzuweisung in Art.13 VA wurden die Kompetenzen der Gruppe Gemeinsamer Markt in Art.14 POP erheblich ausgeweitet, was die steigende Bedeutung dieses Organs wiederspiegelt. Die Gruppe hat zusammen mit dem Rat die Funktion eines „Hüters des Vertrages" („Guardián del Tratado") inne[230], wacht also über die Einhaltung der Bestimmungen des Vertrages von Asunción sowie des Sekundärrechts[231]. Daneben besitzt sie ein Initiativrecht bezüglich normativer Vorhaben, über die im Rat abgestimmt wird[232]. In ihrer Funktion als zentrales Exekutivorgan des Mercosur obliegt ihr die Umsetzung der Entscheidungen des Rates[233] sowie die Ausarbeitung von Programmen zur immer weiteren Vertiefung des Gemeinsamen Marktes[234]. Sie hat die Befugnis, zum Erreichen ihrer Ziele Untergruppen oder Arbeitstreffen zu schaffen, zu verändern oder abzuschaffen[235]. Ebenso obliegt ihr die Genehmigung des Budgets und der Rechnungslegung des Sekretariats[236]. Sie kann auf der Grundlage der Leitlinien des Rates Entschließungen im Bereich Finanzen und Haushalt erlassen[237]. Ihr obliegt die Vorbereitung und Organisation der Ratssitzungen sowie die Ausarbeitung von Studien und Berichten, die vom Rat angefordert werden[238]. Im Bereich der Außenbeziehungen kann sie im Auftrag und in Vertretung des Rates Abkommen mit Drittländern, (Handels-)Blöcken und internationalen Organisationen aushandeln[239]. Weitere Befugnisse sind die Auswahl des Direktors des Sekretariats (der aber offiziell vom Rat ernannt wird) sowie allgemein die Überwachung der Arbeit des Sekretariats und die Bestätigung der Geschäftsordnung der Handelskommission und des Wirtschafts- und Sozialforums[240].

---

229 Art. 10 POP; Samtleben, WM 1996, S. 1999; Ruiz Díaz Labrano, S. 433; Loschky, S. 27; Haller, S. 99.
230 Barón Knoll, S. 115.
231 Art. 14 Abs. 1 POP; vgl. Haller, S. 99.
232 Barón Knoll, S. 115.
233 Art. 14 Abs. 3 POP.
234 Art. 14 Abs. 4 POP.
235 Art. 14 Abs. 5 POP.
236 Art. 14 Abs. 8 POP.
237 Art. 14 Abs. 9 POP.
238 Art. 14 Abs. 11 POP.
239 Art. 8 Abs. 4, Art.14 Abs. 7 POP.
240 Art. 14 Abs. 12-14 POP.

Die Gruppe Gemeinsamer Markt hat ebenfalls intergouvernementalen Charakter[241] und besteht aus insgesamt 16 ordentlichen Mitgliedern, von denen jeder Mitgliedstaat vier benennt. Zusätzlich werden jeweils vier Stellvertreter benannt. Die jeweiligen Vertreter der Mitgliedstaaten haben die Außen- und Wirtschaftsministerien sowie die Zentralbank ihrer Länder zu repräsentieren. Die Koordinierung der 16 Mitglieder obliegt den Außenministern der Mitgliedstaaten[242]. Die Treffen der Gruppe finden im Abstand von maximal drei Monaten statt, wobei außerordentliche Treffen jederzeit auf Antrag eines Mitgliedstaates möglich sind. Innerhalb der Gruppe Gemeinsamer Markt gibt es derzeit insgesamt 11 Untergruppen mit jeweiligen Spezialaufgaben, in die die Mitgliedstaaten Beamten, aber auch Vertreter des privaten Sektors entsenden[243].

Wie im Rat gilt auch bei den Entscheidungen der Gruppe das Konsensprinzip[244]. Die juristsche Handlungsform der Gruppe Gemeinsamer Markt ist die Resolution (*Resolución*), die für die Mitgliedstaaten bindend ist[245]. Auch für dieses Organ gilt, daß seine Mitglieder nicht unabhängig sind, wie etwa die Mitglieder der Kommission der Europäischen Gemeinschaften, sondern ihre jeweiligen Mitgliedstaaten repräsentieren. Damit hat auch die Gruppe Gemeinsamer Markt intergouvernementalen Charakter, wie ausdrücklich in Art. 2 POP geregelt.

cc. Handelskommission (*Comisión de Comercio*)

Dieses Organ war im Vertrag von Asunción noch nicht vorgesehen, seine definitive Einführung wurde erst im Protokoll von Ouro Preto vorgenommen.

Die Hauptaufgabe der Handelskommission ist die Unterstützung der Gruppe Gemeinsamer Markt in Wirtschaftsfragen. Dazu wird die Anwendung der handelspolitischen Instrumente, die von den Mitgliedstaaten zum Funktionieren der Zollunion geschaffen wurden, von ihr überwacht und durchgesetzt[246]. Daneben obliegt ihr auch die Überwachung der Sachgebiete Gemeinsame Handelspolitik, Intra-Mercosur-Handel sowie Handel mit Drittstaaten[247]. Die Gruppe Gemeinsamer Markt kann der Handelskommission bestimmte Sachgebiete im Bereich

---

241 Barón Knoll, S. 114.
242 Art. 11 POP.
243 Geschäftsordnung der Gruppe Gemeinsamer Markt, eingeführt durch Entscheidung des Rates Nr. 4/91, BOM 1991; alle Entscheidungen des Rates sind neben der Veröffentlichung im BOM im Internet unter http:// www.mercosur.org.uy/espanol/snor/bom.htm abrufbar.
244 Art. 16 VA, Art. 37 POP; vgl. Barón Knoll, S. 125.
245 Art. 15 POP; Samtleben, WM 1996, S. 1999; Barón Knoll, S. 125; Haller, S. 101.
246 Art. 16 POP.
247 Art. 19 Abs. 1 POP.

der Gemeinsamen Handelspolitik übertragen[248]. Im Bereich der Gemeinsamen Handels- und Zollpolitik hat die Handelskommission dann ein Vorschlagsrecht hinsichtlich neu zu erlassender Normen oder zu ändernder Normen[249]. Die Handelskommission hat Entscheidungsbefugnisse im Zusammenhang mit der Verwaltung und Anwendung des gemeinsamen Außenzolls[250]. Von dem Recht, selbst ihre eigene Geschäftsordnung zu beschliessen[251] und, soweit es zur Erreichung ihrer Ziele erforderlich ist, ihr untergeordnete sog. „technische Komitees" (*Comités técnicos*) einzusetzen[252], hat die Handelskommission bereits Gebrauch gemacht[253].

Bemerkenswert ist die Kompetenz der Handelskommission, Urteile über Einsprüche, die von Seiten der Mitgliedstaaten oder von natürlichen oder juristischen Personen im Zusammenhang mit Kontroversen über Interpretation, Anwendung oder Nichtbefolgung der Bestimmungen über die Gemeinsame Handelspolitik oder auch gegen diskriminierende, restriktive oder wettbewerbsverzerrende Maßnahmen, die gegen Vertragsbestimmungen im Bereich der Gemeinsamen Handelspolitik verstoßen, zu fällen[254]. Zu recht wird daher die Handelskommission als eine Art „Gericht Erster Instanz" des Mercosur bezeichnet[255]. Problematisch erscheint insoweit jedoch, daß die Handelskommission in ihrem Kompetenzbereich gleichzeitig Exekutiv- wie Judikativfunktionen ausübt, eine Gewaltenteilung mithin nicht gewährleistet wird.

Die Handelskommission besteht aus vier ordentlichen und vier stellvertretenden Mitgliedern pro Mitgliedstaat[256]. Im Gegensatz zu den Bestimmungen zur Gruppe Gemeinsamer Markt erfolgte hier keine Festlegung, aus welchem Ressort die Kommissionsmitglieder stammen sollen, zweckmäßigerweise wird es sich jedoch auch hier um Vertreter der jeweiligen Wirtschaftsministerien und der Außenministerien handeln[257], wobei letztere für die Koordinierung der Handelskommission zu sorgen haben[258]. Die Präsidentschaft wechselt auch hier wie im

---

248 Art. 14 Abs. 7 POP.

249 Art. 19 Abs. 7 POP.

250 Art. 19 Abs. 2 POP.

251 Art. 19 Abs. 11 POP.

252 Art. 19 Abs. 9 POP.

253 Geschäftsordnung: Richtlinie Nr. 5/96, http://www.mercosur.org.uy/ espanol/snor/ normativa/directivas/1996/dir0596.htm, BOM I 1 (1996); Einrichtung von 10 Fachausschüssen durch Richtlinie Nr. 1/95, http://www.mercosur.org.uy/ espanol/snor/normativa/ directivas/1995/ dir0195.htm; hierzu ausführlich: Ruiz Díaz Labrano, S. 439.

254 Art. 21 POP.

255 Barón Knoll, S. 127.

256 Art. 17 POP.

257 Barón Knoll, S. 127.

258 Art. 17 POP.

Rat alle sechs Monate[259]. Die Treffen der Handelskommission finden statt, so oft es von der Gruppe Gemeinsamer Markt oder von einem der Mitgliedstaaten beantragt wird, jedoch mindestens einmal im Monat[260].

Der Handelskommission stehen zwei Arten von Rechtsakten als Handlungsform zur Verfügung, nämlich einerseits die Richtlinien (*Directivas*), die für die Mitgliedstaaten bindend sind, und die Vorschläge (*Propuestas*), die der Gruppe Gemeinsamer Markt vorgelegt werden[261].

b. Konsultativorgane

Neben den dargestellten Organen mit Entscheidungsbefugnis wurden solche mit lediglich beratender Funktion geschaffen.

aa. Gemeinsame Parlamentarische Kommission (*Comisión Parlamentaria Conjunta*)

Die Gemeinsame Parlamentarische Kommission als Repräsentantin der Parlamente der Mitgliedstaaten wurde bereits durch den Vertrag von Asunción geschaffen[262], nachdem auch eine solche Vertretung bereits bei der bilateralen argentinisch-brasilianischen Integration existiert hatte[263].

Wichtigste Aufgabe ist neben der Repräsentation der Parlamente der Mitgliedstaaten (ohne selbst Parlament zu sein) die Erleichterung der Harmonisierung der nationalen Rechtnormen, die durch den Mercosur berührt werden[264]. Sie soll des weiteren zur Beschleunigung der Umsetzung von Gemeinschaftsrecht in nationales Recht der Mitliedstaaten beitragen[265]. Ein weiterer Aspekt der Beratungsfunktion liegt darin, daß der Rat zu sämtlichen Themen, die ihm wichtig erscheinen, Gutachten der Kommission anfordern kann[266].

Die Handlungsform der Gemeinsamen Parlamentarischen Kommission ist die Empfehlung (*Recomendación*), die über die Gruppe Gemeinsamer Markt an den Rat geleitet werden[267]. Dabei handelt es sich um nicht bindende Rechtsakte[268].

---

259 Art. 8 der Geschäftsordnung.
260 Art. 18 POP.
261 Art. 20 POP.
262 Art. 24 VA.
263 Art. 8 des Kooperationsvertrages, s. o. C. II. 4.
264 Art. 25 S. 2 POP.
265 Art. 25 S. 1 POP.
266 Art. 25 S. 3 POP; Barón Knoll, S. 130.
267 Art. 26 POP.

Die Gemeinsame Parlamentarische Kommission besteht derzeit aus 64 Mitgliedern, wobei jeder Mitgliedstaat die gleiche Anzahl von Parlamentariern entsendet, wobei eine Obergrenze nicht ausdrücklich genannt wird[269]. Es ist jedoch davon auszugehen, daß die jetzige Praxis, wonach jeder Mitgliedstaat acht Abgeordnete und acht Senatoren entsendet, beibehalten wird[270]. Die Mitglieder werden nicht in einer Direktwahl von der Bevölkerung bestimmt, sondern von den jeweiligen Parlamenten gemäß deren Geschäftsordnung ausgewählt[271]. Über Funktionsweise und Geschäftsbereich erfolgten im Primärrecht keine Festlegungen, so daß daraus geschlossen wird, daß die Kommission selbst dies in ihrer Geschäftsordnung bestimmen kann[272].

bb. Forum für Wirtschaft und Soziales (*Foro Consultivo Económico-Social*)

Die Schaffung des Forums für Wirtschaft und Soziales durch das Protokoll von Ouro Preto erfolgte nach heftiger Kritik daran, daß in der Präambel des Vertrages von Asunción zwar eine gewisse Berücksichtigung sozialer Faktoren vorgesehen war, es sich letztlich jedoch um einen reinen Wirtschaftsvertrag handelte[273]. Es handelt sich um ein Organ mit intergouvernementalem Charakter[274] und Beratungs-, nicht Entscheidungsfunktion[275], das sich aus Vertretern von Interessengruppen aus verschiedenen Bereichen des wirtschaftlichen und sozialen Lebens (z.B. Arbeitgeberverbände, Gewerkschaften usw.) zusammensetzt[276]. Die Handlungsform des Forums ist die Empfehlung (*Recomendación*), die an die Gruppe Gemeinsamer Markt gerichtet wird[277]. Die Empfehlungen des Forums sind nicht bindend, jedoch wird erwartet, daß im weiteren Integrationsprozeß der Einfluß des Forums auf Entscheidungen, die die Interessen der im Forum vertretenen Gruppen berührt, von ähnlichem Ausmaß sein wird wie der Einfluß des europäischen Wirtschafts- und Sozialausschusses auf die Entscheidungen in der Europäischen Union[278].

---

[268] Barón Knoll, S. 131; Haller, S. 104.
[269] Art. 23 POP.
[270] Barón Knoll, S. 131.
[271] Art. 24 POP.
[272] Barón Knoll, S. 131; IRELA, Documento de Base 1996, S. 16.
[273] Ruiz Díaz Labrano, S. 448; Haller, S. 104, sieht den Hauptgrund für die Schaffung dieses Organs in einer beabsichtigten stärkeren Beteiligung des privaten Sektors an dem bis dahin stark regierungsgeprägten Integrationsprozeß.
[274] Barón Knoll, S. 131.
[275] Art. 29 POP.
[276] Art. 28 POP.
[277] Art. 29 POP.
[278] Barón Knoll, S.132; vgl. zur Rolle des Forums auch: Ruiz Díaz Labrano, S. 448.

Im Protokoll von Ouro Preto ist lediglich festgelegt, daß jeder Mitgliedstaat die gleiche Anzahl von Vertretern Forum benennen darf[279], jedoch weder die genaue Anzahl noch welche Bereiche des wirtschaftlichen und sozialen Lebens genau gemeint sind. Auch über die Funktionsweise wird im Primärrecht keine Bestimmung getroffen, so daß davon auszugehen ist, daß das Forum dies in seiner Geschäftsordnung, die der Gruppe Gemeinsamer Markt nach Art. 30 POP zur Genehmigung vorzulegen ist, festlegen kann[280].

cc. Verwaltungssekretariat (*Secretaría Administrativa del Mercosur*)

Auch das Verwaltungssekretariat stellt nunmehr ein vollwertiges und eigenständiges Organ dar[281], nachdem es dem Vertrag von Asunción zufolge noch als reines Hilfsorgan der Gruppe Gemeinsamer Markt untergeordnet war[282]. Nach wie vor überwacht diese die Arbeit des Sekretariats, das einen jährlichen Rechenschaftsbericht abgeben muß[283]. Es ist das einzige Organ, das einen permanenten Sitz hat. Dieser befindet sich in Montevideo[284].

Das Sekretariat kann als Operativorgan bezeichnet werden[285] hat vor allem eine Koordinierungsfunktion und sorgt für Öffentlichkeitsarbeit. Aufgabe des Sekretariats ist generell die Unterstützung der Arbeit der übrigen Organe[286]. Dazu stellt es die Aufbewahrung und Archivierung von Dokumenten sicher und kümmert sich um die Veröffentlichung und Verbreitung der verabschiededen Normen des Primär- und Sekundärrechts[287]. Im Rahmen dieser Aufgabe werden sämtliche Dokumente in die offiziellen Mercosur-Sprachen Spanisch und Portugiesisch übersetzt. Daneben fungiert das Sekretariat als Herausgeber des Amtsblattes (*Boletín Oficial del Mercosur*), in dem sämtliche Rechtsakte der Organe veröffentlicht werden[288]. Das Sekretariat erfüllt außerdem Aufgaben im Bereich der Organisation und Logistik der Treffen auf Mercosurebene[289]. Weiterhin berichtet es regelmäßig über den Stand der Umsetzung von Gemeinschaftsrecht in den einzelnen Mitgliedstaaten. Diese geben dem Sekretariat alle zur Erfüllung

---

[279] Art. 28 POP.
[280] Barón Knoll, S. 132.
[281] Art. 1 POP; a.A. Haller, S. 107.
[282] Art. 15 POP.
[283] Art. 32 Abs. 8 POP.
[284] Art. 31 POP; Sitzabkommen vom 17. Dezember 1996, Entscheidung des Rates Nr. 4/96, http://www.mercosur.org.uy/espanol/snor/normativa/decisiones/1996/9604.htm; BOM I (1996) Bd. 1.
[285] Barón Knoll, S. 132.
[286] Art. 31 POP.
[287] Art. 32 Abs. 2 POP.
[288] Art. 32 Abs. 2 POP.
[289] Art. 32 Abs. 3 POP.

dieser Aufgabe erforderlichen Informationen[290]. Dem Sekretariat steht im Gegensatz zu den übrigen Organen ein eigener Haushalt zur Verfügung, der von der Gruppe Gemeinsamer Markt genehmigt und kontrolliert wird[291].

Das Sekretariat wir von einem Direktor geleitet, der Staatsangehöriger eines der Mitgliedstaaten sein muß. Er wird im Rotationsverfahren von der Gruppe Gemeinsamer Markt nach Anhörung der Mitgliedstaaten ausgewählt und vom Rat ernannt. Die Amtsperiode dauert zwei Jahre, wobei eine Wiederwahl nicht möglich ist[292].

c. Fehlen echter Gemeinschaftsorgane

Auffälligstes Merkmal des Institutionsgefüges des Mercosur ist das völlige Fehlen von echten Gemeinschaftsorganen, d.h. Organen, die lediglich dem Gemeinschaftsinteresse verpflichtet sind, wie dies etwa für die Europäische Kommission der Fall ist[293]. Statt dessen stellen die Institutionen des Mercosur mit Ausnahme des Verwaltungssekretariats, das rein administrative Aufgaben wahrnimmt, lediglich Ansammlungen von Vertretern der Mitgliedstaaten dar[294]. Dies ist Ausdruck einer Haltung der Mitgliedstaaten, nicht den Eindruck einer Übertragung von Hoheitsrechten entstehen zu lassen, die tatsächlich nicht stattgefunden hat. Auch hier wird deutlich, daß die Beziehungen der Mitgliedstaaten untereinander rein völkerrechtlicher Natur sind[295]. Bisher wurde ein Souveränitätstransfer im Sinne einer Delegation von Initiativ- und Kontrollrechten nicht gewagt; Gründe hierfür sind wohl Befürchtungen vor dem Entstehen neuer bürokratischer Strukturen und negative Erfahrungen anderer südamerikanischer Freihandelsorganisationen in dieser Hinsicht, wie etwa des Andenpakts[296].

Das Fehlen von ständigen und eigenständigen Gemeinschaftsorganen hat sicherlich den Vorteil, daß nicht zunächst zeit- und kostenaufwendig Behörden geschaffen werden müssen und kann wegen der Tatsache, daß ein und diesselben nationalen Ministerialbeamten als Vertreter ihrer nationalen Interessen Regelungen vorschlagen, die sie mit ihren Kollegen verhandeln, und anschließend für die Umsetzung der Maßnahmen im eigenen Land zuständig sind, zu einer

290 Art. 32 Abs. 4 POP.
291 Art. 32 Abs. 7 POP.
292 Art. 33 POP.
293 vgl. Haller, S. 288.
294 Faria, S. 51; Floreal Gonzalez, Integración & Comercio 1999, S. 99.
295 Faria, S. 51; Dromi San Martino, S. 144; Floreal Gonzalez, Integración & Comercio 1999, S. 91; Almeida, Integración & Comercio 1998, S. 75.
296 Schirm, S. 89; Floreal Gonzalez, Integración & Comercio 1999, S. 90, spricht von einer „Phobie“ gegenüber institutioneller Weiterentwicklung.

wesentlich schnelleren und effektiveren Umsetzung der gemeinschaftlichen Entscheidungen führen[297]. Jedoch ist aufgrund des Fehlens eines echten Gemeinschaftsorgans die Darstellung und Wahrnehmung kommunitärer Interessen gegenüber nationalen Eigeninteressen nicht gewährleistet; letzlich hängt die Berücksichtigung des Gemeinschaftsinteresses vom politischen Willen der Mitgliedstaaten ab[298]. Ein weiteres Problem könnte durch das Fehlen ständiger Organe entstehen. Das Ad-hoc-Prinzip könnte sich als untauglich für das Entstehen einer kontinuierlichen Arbeitsweise zur Lösung der zahlreichen Detailprobleme erweisen. So werden zwar bei den Treffen auf höchster Ebene grundsätzliche Entscheidungen getroffen, die Ausfüllung der Vorgaben und die Erarbeitung der Lösungen im Detail erfordern jedoch intensive Komminikation und Koordination, die durch ad-hoc-Arbeitsgruppen mit eventuell wechselnder personeller Besetzung kaum zu erreichen sein dürfte, jedenfalls nicht in größerem Umfang. Bisher ist dieses Problem nicht offen zutage getreten, da der Integrationsprozeß noch am Anfang seiner Entwicklung steht. Erfolgt jedoch eine Intensivierung und Beschleunigung dieses Prozesses, so werden größere organisatorische Leistungen als bisher erforderlich werden. Dies gilt etwa für die geplante Umsetzung eines Gemeinsamen Marktes sowie für die beabsichtigte Einführung einer Gemeinschaftswährung[299]. Wird das bisherige institutionelle System beibehalten, könnte sich dies als bremsendes Element auf den Integrationsprozeß auswirken[300]. Von verschiedenen Seiten wird zwar die große Flexibilität[301] dieses Systems betont, jedoch darf nicht übersehen werden, daß wegen des Fehlens echter Gemeinschaftsorgane wohl von den Organen, die - wie ausgeführt - ausschließlich aus Vertretern der Mitgliedstaaten bestehen, keine neuen Antriebskräfte für weitere Integrationsschritte ausgehen dürften. Eine der Eigendynamik bei der Intensivierung des Integrationsprozesses der Organe der Europäischen Union, vor allem der Kommisssion oder des Gerichtshofs vergleichbare Kraft erscheint bezüglich der Organe des Mercosur nicht vorstellbar. Vielleicht hat gerade diese Eigenständigkeit der genannten europäischen Institutionen bei den Mercosur-Mitgliedstaaten die Befürchtung hervorgerufen, daß im Falle der Bildung ständiger, nur dem kommunitären Interesse verpflichteten Gemeinschaftsorganen der Integrationsprozess sich zu sehr verselbständigen könnte, weshalb für den Mercosur bewußt der Weg einer möglichst geringen Institutionalisierung gewählt wurde.

---

297 Schirm, S. 90; Floreal Gonzalez, Integración & Comercio 1999, S. 105.
298 Jaguaribe, KAS-AI 3/01, S. 33; vgl. Müller-Brandeck-Bouquet, EFAR 5 (2000), S. 567
299 s. u. C. III. 5.
300 Faria, S. 53; Schirm, S. 89; Floreal Gonzalez, Integración & Comercio 1999, S. 92.
301 so etwa Dromi/Ekmekdjan/Rivera, S. 128; Etcheverry, S. 548.

4. System der Beschlußfassung durch die Organe

Aus obiger Darstellung ist erkennbar, daß jedes Organ bzw. Unterorgan Rechtsakte erlassen kann. Die unterschiedlichen Bezeichnungen für diese Rechtsakte wurden jedoch nicht mit der Absicht gewählt, eine genau definierte Normenhierarchie zu schaffen. Vielmehr lassen die unterschiedlichen Bezeichnungen lediglich auf das den jeweiligen Rechtsakt erlassende Organ schliessen. Dementsprechend kann jedes Organ nur durch eine einzige Art von Rechtsakt handeln, hat also nicht die Wahl zwischen verschiedenen rechtlichen Ausdrucksformen. Eine Normenhierarchie kann sich damit allenfalls aus der Hierarchie der erlassenden Organe ergeben. Besondere Charakteristika der jeweiligen Rechtsakte können lediglich aus den Befugnissen und Attributionen der erlassenden Organe hergeleitet werden[302]. Ein Normengefüge, welches der Systematik der unterschiedlichen Rechtsakte im europäischen Gemeinschaftsrecht vergleichbar wäre, existiert für den Mercosur nicht[303]. Wesentliches Charakteristikum des Verfahrens der Beschlußfassung ist, daß das jeweilige für die Entscheidung zuständige Organ selbst entscheidet, ohne letzlich an Empfehlungen anderer Organe gebunden zu sein oder gar auf Zustimmung oder Mitentscheidung angewiesen zu sein, wie dies etwa für bestimmte Beschlüsse der Organe der Europäischen Gemeinschaft der Fall ist.

Ist eine Beschlußfassung im Zuständigkeitsbereich der Handelskommission erforderlich, wird in der Regel ein Spezialistenausschuß mit der Ausarbeitung eines Entwurfs des zu erlassenden Rechtsakts beauftragt. Sowohl die Handelskommission selbst als auch die Gruppe Gemeinsamer Markt oder der Rat kann einen solchen Ausschuß einsetzen[304]. Auf den Entwurf des jeweiligen Ausschusses hin kann die Handelskommission eine Richtlinie erlassen oder den Entwurf an die Gruppe Gemeinsamer Markt weiterleiten. Fällt der beabsichtigte Rechtsakt in den Zuständigkeitsbereich der Gruppe Gemeinsamer Markt, kann diese ebenfalls eine Spezialistengruppe einsetzen oder zunächst die Handelskommission mit der Ausarbeitung eines Entwurfes beauftragen. Die Gruppe Gemeinsamer Markt entscheidet über den Entwurf der Spezialistengruppe oder über den Entwurf der Handelskommission in den vertraglich vorgesehenen Fällen durch eine Resolution. In den anderen Fällen wird der Entwurf dem Rat zur Entscheidung vorgelegt. Die Gruppe Gemeinsamer Markt hat sozusagen eine Rolle als Sammelpunkt für Projekte der verschiedenen Organe und tritt hier als Übermittler dieser Vorschläge an den Rat auf. Auch der Rat selbst kann Spezialistenausschüsse einsetzen, die Entscheidungsentwürfe vorlegen oder über die von

[302] Tabaré/Bizzózero, S. 19.

[303] Rimoldi de Ladmann, in: Rimoldi de Ladmann, S. 209; vgl. Art. 189 EGV; dazu Schweitzer/Hummer, Rdnr. 346 ff.

[304] vgl. Haller, S. 107 f.

den verschiedenen Organen und Unterorganen erarbeiteten und von der Gruppe übermittelten oder vorgelegten Vorschläge durch Entscheidung beschliessen[305].

Im Gegensatz zu dem elaborierten System der Stimmengewichtung in den Organen der Europäischen Gemeinschaft fehlt eine solche unterschiedliche Gewichtung der Stimmen in Relation zur Bevölkerungszahl des jeweiligen Mitgliedstaats oder anderen Faktoren bei den Mercosur-Organen völlig. Die fehlende Stimmengewichtung gilt mangels gegenteiliger Festlegungen für sämtliche Organe, auch für Unter- und Hilfsorgane. Wenn auch von Institution zu Institution die Delegationsgrößen voneinander abweichen, so gilt, daß jeder Mitgliedstaat lediglich eine Stimme bei der Beschlußfassung hat[306]. Zudem müssen alle Entscheidungen im Konsens gefasst werden[307]. Auch wenn Einstimmigkeit damit nicht ausdrücklich erforderlich ist, also durch bloße Stimmenthaltung eine Entscheidung nicht verhindert wird[308], so ist demnach schon bei Abgabe auch nur einer einzigen Gegenstimme die Ablehnung des Vorschlages erfolgt, was faktisch ein Vetorecht jedes Mitgliedstaates in sämtlichen Mercosur-Organen bedeutet[309].

Kennzeichnend für das Beschlußfassungssystem des Mercosur ist die fehlende Stimmengewichtung und das strikte Konsensprinzip, das zur Folge hat, daß schon bei Abwesenheit eines Mitgliedstaates Beschlüsse nicht zustandekommen und jeder Mitgliedstaat ein Vetorecht genießt. Zunächst ist festzustellen, daß es sich hinsichtlich der fehlenden Stimmengewichtung auf völkerrechtlicher Ebene um den Normalfall in einer internationalen Organisation handelt. Jedoch nimmt der Vertrag von Asunción mehrmals Bezug auf die europäische Integration, wodurch sich auch hinsichtlich des Entscheidungsverfahrens der Vergleich zu dem in der europäischen Integration geltenden System aufdrängt. Bezüglich der Systematik des Beschlußverfahrens in den Organen der Europäischen Gemeinschaft existiert bereits eine Stimmengewichtung. Als Argument hierfür kann herangezogen werden, daß beim Fehlen jeglicher Stimmengewichtung eventuell das Problem des Mangels an demokratischer Legitimation der Entscheidungen dieser Organe besteht. Auch ist an das Problem der Überrepräsentation der kleinen Mitgliedstaaten zu denken[310]. Wesentlich problematischer als die Frage der Stimmengewichtung ist das strikte Konsensprinzip im Beschlußfassungssystem

---

305 vgl. Wehner, S. 95 f.

306 Pérez Otermin, S. 22.

307 Art. 37 POP.

308 Garré Copello, in: Estudios Multidisciplinarios, S. 196; a. A. Barón Knoll, S. 122; wohl auch Samtleben, WM 1996, S. 1999, der von einem in Art. 37 POP statuierten Einstimmigkeitsprinzip spricht.

309 Sanguinetti, Integración Latinoamericana Nr. 201(1994), S. 4.

310 vgl. Barón Knoll, S. 164.

der Mercosur-Organe. Beim Fehlen von Mehrheitsentscheidungen besteht die Gefahr einer Blockade des Integrationsprozesses wegen der Möglichkeit der stärkeren Bewertung der nationalen Interessen. Hier wäre es angebracht, Mehrheitsentscheidungen als die Regel der Entscheidungsfindung einzuführen und Konsensentscheidungen lediglich bei Fragen von grundlegender Bedeutung beizubehalten. Andernfalls erscheint eine „Erpressung" der Gesamtheit der in der Organisation vertretenen Staaten durch einen einzelnen Mitgliedstaat oder eine Blockade der Entsscheidungsprozesse möglich. Dies würde die Gefahr in sich bergen, daß bei einer Vielzahl von wichtigen Entscheidungen lediglich unbefriedigende kleinste Nenner gefunden werden[311]. Nichtsdestotrotz besteht für die nähere Zukunft kaum Aussicht, daß das dargestellte geltende Verfahren der Beschlußfassung geändert wird, da inbesondere Argentinien und Brasilien dahingehenden Überlegungen eher reserviert gegenüberstehen[312]. Im übrigen habe das System in seiner bisherigen Form ja gut funktioniert[313]. Letzlich entspricht diese Haltung der grundsätzlichen Haltung zu der Integrationsmethode des Mercosur, die sich vor allem den Prinzipien der Flexibilität und der Schlichtheit der Entscheidungsprozesse verpflichtet sieht. Auch wird hier, wie grundsätzlich, dem Weg der direkten Verhandlungen und dem darin gefundenen Konsens der Vorzug vor einer zu starken Institutionalisierung und Verrechtlichung der Beziehungen untereinander und im Prozeß der Entscheidungsfindung gegeben. Aus den genannten Gründen kann auch nicht einer Übertragung von Hoheitsrechten von den Mitgliedstaaten auf den Mercosur und einer damit verbundenen teilweisen Aufgabe der Souveränität der Mitgliedstaaten in bestimmten Politikbereichen gesprochen werden. Daher ist das gesamte Recht des Mercosur, also sowohl das Primär- als auch das Sekundärrecht, herkömmlicher völkerrechtlicher Natur[314]. Von der Entstehung einer „Rechtsordnung eigener Art", wie im Fall der Europäischen Gemeinschaft, kann bezüglich des Mercosur derzeit noch nicht gesprochen werden.

5. Rechtsquellen und innerstaatliche Geltung des Mercosur-Rechts

Eine wichtige Rolle bei der Beurteilung der rechtlichen Gestalt des Mercosur spielt die Frage, welche Rechtsquellen zur Verfügung stehen und inwieweit eine innnerstaatliche Geltung des Mercosur-Rechts gegeben ist.

---

311 Schirm, S. 89.
312 IRELA, Documento de Base 1996, S. 19.
313 Pérez Otermin, S. 91.
314 Martins, RIW 1999, S. 851.

a. Rechtsquellen des Mercosur

Als Rechtsquellen des Mercosur sind der Vertrag von Asunción mit dessen Protokollen, Zusatzabkommen und Ergänzungen sowie die im Rahmen des Vertrages und dessen Protokolle geschlossenen Abkommen einerseits und die Entscheidungen des Rates, die Resolutionen der Gruppe und die Richtlinien der Handelskommission andererseits anzusehen[315]. In Anlehnung an das Europäische Gemeinschaftsrecht hat sich eine Unterteilung in Primär- und Sekundärrecht eingebürgert, wobei als Sekundärrecht die Rechtsakte der Mercosur-Organe angesehen werden[316].

b. Innerstaatliche Geltung

Die Normen des Primärrechts sind ihrer Rechtsnatur nach als völkerrechtliche Normen zu charakterisieren. Folglich richtet sich ihre innerstaatliche Geltung nach den jeweiligen hierzu ergangenen nationalen Bestimmungen[317].

Zwar sollen nach den nationalen Rechtsordnungen aller Mitgliedstaaten Bestimmungen völkerrechtlicher Verträge nach deren Ratifizierung auch unmittelbare Anwendbarkeit beanspruchen können, wenn es sich um operative Bestimmungen, also solche, die ihrem Wortlaut nach so formuliert sind, daß sich konkrete Rechte daraus ableiten lassen und weitere Umsetzungshandlungen nicht mehr erforderlich sind, handelt[318]. Eine unmittelbare Anwendbarkeit der Rechtsnormen des Mercosur in den einzelnen Mitgliedstaaten ist damit jedoch per se noch nicht gegeben[319], was die Bildung von echtem Gemeinschaftsrecht im Sinne einer „eigenständigen Rechtsordnung“[320], die sich von ihren Grundlagen in völkerrechtlichen Verträgen weitgehend gelöst und gegenüber den Rechtsordnungen der Mitgliedstaaten autonom entwickelt hat[321], mit einer integrationsbeschleunigenden Eigendynamik erschwert. Wenn daher von einem bereits existierendem Gemeinschaftrecht des Mercosur gesprochen wird[322], so ist

---

[315] Art. 41 POP; Loschky, S. 7; Haller, S. 113.

[316] Dromi San Martino, S. 161; Haller, S. 114; Wehner, S. 73 ff.

[317] Loschky, S. 8; hierzu: Salomão Filho/ Samtleben, WM 1992, 1385 ff, 1388; Dromi San Martino, S. 144; Costa de Lara, S. 203.

[318] hierzu Ramos, S. 21; Haller, S. 123.

[319] González-Oldekop, S. 203 ff; Ruiz Díaz Labrano, in: Ciuro Caldani, S. 290; Garré Copello, in: Vázquez/Benitez, S. 194; ausführlich: Haller, S. 124 ff.

[320] Vgl. EuGH, Rs. 4/64 (*Costa/ENEL*), Slg. 1964, S. 1269; vgl. Simma/Vedder, in: Grabitz/Hilf, Art. 248, Rn. 32.

[321] Beutler/Bieber/Pipkorn/Streil, S. 184; vgl. Folz, S. 159 ff.

[322] Menem, S. 23; unentschieden: Loschky, S. 8.

hierunter allenfalls die Gesamtheit der Mercosur-Rechtsakte zu verstehen. Dieser Zustand wird mit Recht in der Literatur kritisiert[323].

Konsequenz der fehlenden unmittelbaren Anwendbarkeit ist der grundsätzliche Vorrang des nationalen Rechts[324], wodurch selbst bei einer Inkorporation der völkerrechtlichen Verträge eine unterschiedliche Auslegung der Mercosur-Normen etwa durch die nationalen Gerichte möglich erscheint[325]. Somit ist grundsätzlich eine Umsetzung von Rechtsakten in nationales Recht erforderlich. Eine Verpflichtung zur Harmonisierung in den einschlägigen Bereichen ist zwar aus Art. 1 des Vertrages von Asunción zu erkennen, die Vorschrift erscheint jedoch äußerst unpräzise[326]. Eine exaktere Regelung zur Eingliederung der Mercosur-Vorschriften in die innerstaatlichen Rechtsordnungen erfolgte erst durch das Protokoll von Ouro Preto[327], durch Resolution der Gruppe Gemeinsamer Markt Nr. 23/98[328] sowie Entscheidung des Rates Nr.3/99[329]. In der Resolution wird statuiert, daß die Organe mit Entscheidungsgewalt (Rat, Gruppe Gemeinsamer Markt und Handelskommission) bei Verabschiedung von Rechtsnormen gleichzeitig eine Frist festlegen, innerhalb deren die Umsetzung in nationales Recht erfolgen muß[330]. Innerhalb der Frist haben die Mitgliedstaaten für die Eingliederung in die innerstaatliche Rechtsordnung zu sorgen[331] und dem Verwaltungssekretariat den Vollzug der Umsetzung mitzuteilen[332].

Mittels Entscheidung des Rates Nr. 3/99 wird die Gemeinsame Parlamentarische Kommission ersucht, durch ihre Vermittlung eine Beschleunigung der Umsetzung der Mercosur-Vorschriften in nationales Recht zu erreichen. Dies deutet darauf hin, daß die bisherige Praxis der Umsetzung als zu langwierig erachtet wird. Eine unmittelbare Anwendbarkeit der Mercosur-Normen sowie der Vorrang des Mercosur-Rechts vor den nationalen Rechtsordnungen der Mitglied-

---

323 Barón Knoll, S.129; Pallarés, S. 71; Dromi San Martino, S. 143; Dromi/Ekmekdjan/Rivera, S. 166.

324 Ausführlich: Haller, S. 138 ff.

325 vgl. Pallarés, S. 56; Costa de Lara, S. 203; Dromi/Ekmekdjan/Rivera, S. 166.

326 Art. 1 Abs. 5 VA: „Der Gemeinsame Markt umfaßt..die Verpflichtung der Vertragsstaaten, ihre Gesetzgebungen auf den einschlägigen Gebieten zu harmonisieren.."; hierzu auch: Costa de Lara, S. 202.

327 Art. 40 POP.

328 abgedruckt in: Rechtsquellen des Mercosur, Teilband I, S. 68 mit dt. Übersetzung.

329 abgedruckt in: Rechtsquellen des Mercosur, Teilband I, S. 72 mit dt. Übersetzung.

330 Art. 4 der Resolution der Gruppe Gemeinsamer Markt Nr. 23/98, http://www. mercosur.org.uy/espanol/snor/normativa/resoluciones/1998/res2398.htm, BOM Nr. 7 (1998).

331 Art. 5 Ziff. (i) der Resolution der Gruppe Gemeinsamer Markt Nr.23/98 i.V.m. Art. 40 Ziff. (i) POP.

332 Art. 5 Ziff. (ii) der Resolution der Gruppe Gemeinsamer Markt Nr.23/98 i.V.m. Art. 40 Ziff. (ii) POP.

staaten läßt sich weder aus allgemeinen völkerrechtlichen Prinzipien noch aus Mercosur-Primärrecht ableiten[333]. Das Mercosur-Schiedsgericht hat zwar die Existenz von unmittelbar anwendbaren Mercosur-Normen ausdrücklich bejaht[334], hieraus jedoch kein allgemeines Prinzip abgeleitet. Ob die bisher äußerst integrationsfreundliche Haltung des Schiedsgerichts in den bisher ergangenen Schiedssprüchen zu einer Rechtsfortbildung in Richtung einer eigenständigen Rechtsordnung führt und das Schiedsgericht damit die Rolle eines „Motors der Integration“[335] übernehmen kann, bleibt abzuwarten[336].

6. Rechtsschutzsystem

Grundlage des Rechtsschutzsystems des Mercosur ist das Protokoll von Brasilia vom 17. September 1991[337], das auf der Basis von Anhang III Nr. 3 des Vertrages von Asunción abgeschlossen wurde. Die Bestimmungen des Protokolls von Brasilia wurden schließlich durch Sekundärrecht noch wesentlich präzisiert. Die Konfliktlösung erfolgt in einem dreistufigen Verfahren, das im folgenden dargestellt wird.

a. DirekteVerhandlungen

Direkte Verhandlungen zwischen den Beteiligten zur Streitbeilegung auf diplomatischem Wege war die einzige Form der Konfliktlösung vor dem Inkrafttreten

---

333 Barón Knoll, S.129; Pallarés, S. 71; Dromi San Martino, S. 143; Dromi/ Ekmekdjan/Rivera, S. 166; a.A.: Menem, S. 64, der dies mit der „höheren Rangstufe“ der Integrationsabkommen begründet. Unklar bleibt jedoch, worauf sich diese „höhere Rangstufe“ stützt und warum sich daraus mehr als lediglich die Pflicht zur Umsetzung ableiten läßt.

334 Mercosur-Schiedsgericht, Schiedspruch v. 28.04.1999, *Decex-Secex*, BOM Nr. 9 (1999), Gründe Nr. 64: „disposiciones que son por sí mismas ejecutables, imponiendo obligaciones concretas a las Partes, sin necesidad de nuevos actos jurídicos por los Estados“ („Bestimmungen, die aus sich heraus durchführbar sind und ohne das Erfordernis weiterer juristischer Schritte der Staaten den Parteien konkrete Verpflichtungen auferlegen“; Übersetzung durch den Verfasser). Alle Schiedssprüche sind neben der Veröffentlichung im BOM im Internet unter folgender Adresse abrufbar: http:// www.mercosur.org.uy/ espanol/snor/normativa /LAUDOS.HTM.

335 vgl. hierzu Lehmann, EuZW 2001, S. 625; vgl. Borba Casella, in: Petersmann, S. 558.

336 vgl. hierzu Vedder, EuR-Beiheft 1/99, S. 33 ff., wonach bei völkerrechtlichen Verträgen der Mitgliedstaaten der EG, insbesondere wenn eine Zuständigkeit des EuGH errichtet wird, die Anwendung und Auslegung allmählich durch gemeinschaftsrechtliche Grundsätze aufgeladen wird und das grundsätzlich völkerrechtliche Unionsrecht sich immer stärker vergemeinschaften wird.

337 abgedruckt in: Rechtsquellen des Mercosur, Teilband I, S. 74 ff. mit dt. Übersetzung.

des Protokolls von Brasilia[338]. Nach dem genannten Protokoll stellen sie nun die erste Stufe der Streitbeilegung dar[339].

Tritt eine Kontroverse auf, muß zunächst von dem Mitgliedstaat, der die Streitigkeit aufwirft, diese dem oder den anderen betroffenen Mitgliedstaaten angezeigt werden. Die Übermittlung der Anzeige erfolgt durch die Nationalen Koordinatoren der Gruppe Gemeinsamer Markt[340]. Danach steht ein Zeitraum von 15 Tagen zur Verfügung, um direkte Verhandlungen zu führen[341], wobei der Lauf dieser Frist mit Übermittlung der Anzeige beginnt[342]. Die Durchführung der direkten Verhandlungen erfolgt über die Nationalen Koordinatoren der Gruppe Gemeinsamer Markt der an der Streitigkeit beteiligten Mitgliedstaaten[343]. Führen die Verhandlungen zu einer Einigung, ist das Streitschlichtungsverfahren beendet[344].

b. Konsultationsverfahren

Scheitern die direkten Verhandlungen, so kann jede Partei in die zweite Stufe der Streitbeilegung übergehen und den Disput der Gruppe Gemeinsamer Markt beziehungsweise der Handelskommission bei Streitigkeiten in deren Zuständigkeitsbereich[345] vorlegen[346]. Dies wird als „zweite Instanz“ und als Beginn des institutionellen Verfahrens angesehen[347].

Nach Anhörung der Parteien[348] macht die Gruppe Gemeinsamer Markt, falls von ihr selbst erforderlich erachtet, nach Anforderung eines Gutachtens einer Sachverständigenkommission[349] einen Einigungsvorschlag[350]. Die Frist zur Beratung hierüber beträgt 30 Tage ab Vorlage des Disputs bei der Gruppe Gemeinsamer Markt zur Beratung[351].

---

338 Etcheverry, S. 549.
339 Art. 2 PB.
340 Art. 3 Entscheidung des Rates Nr. 17/98 (Reglement des Protokolls von Brasilia zur Beilegung von Streitigkeiten), BOM Nr. 8 (1999), abgedruckt in: Rechtsquellen des Mercosur, Teilband I, S.81 mit dt. Übersetzung.
341 Art. 3 Nr.2 PB.
342 Art. 3 Entscheidung des Rates Nr. 17/98.
343 Art. 2 Entscheidung des Rates Nr. 17/98.
344 Art. 4 Abs. 1 PB.
345 Art. 21 POP.
346 Art. 4 Abs. 1 PB.
347 Etcheverry, S. 549; Barón Knoll, S. 137.
348 Art. 4 Abs. 2 PB.
349 Art. 4 Abs. 2 PB.
350 Art. 5 PB.
351 Art. 6 PB.

Die Tatsache, daß einerseits lediglich ein Einigungsvorschlag unterbreitet wird, der letzlich jedoch keinerlei bindende Wirkung für die Parteien hat, sowie andererseits in der Gruppe Gemeinsamer Markt Delegierte der Streitparteien vertreten sind (die nicht wie in der EU-Kommission unabhängig von den Mitgliedstaaten sind) hat dazu geführt, daß in der Literatur die Effizienz dieser Stufe der Streitschlichtung sehr stark angezweifelt und die Rolle der Gruppe Gemeinsamer Markt eher als die eines bloßen Vermittlers („*amigable componedor*") gesehen wird[352]. Dem wird entgegengehalten, daß wegen der Mitwirkung der Vertreter der Streitparteien in der Gruppe Gemeinsamer Markt es den Parteien letzlich schwerfallen wird, den Empfehlungen nicht zu folgen[353]. Dazu ist festzustellen, daß seit der Einführung des Schiedsgerichts bis Anfang 2004 erst insgesamt neun Schiedssprüche ergangen sind. Dies bedeutet, daß alle anderen Streitfälle letzlich auf Stufe 1 oder 2 gelöst wurden. Von mangelnder Effizienz der beiden ersten Stufen kann daher in der Rechtspraxis wohl kaum gesprochen werden.

Treten Streitfälle im materiellen Zuständigkeitsbereich der Handelskommission auf, ist diese anstelle der Gruppe Gemeinsamer Markt für das Konsultationsverfahren zuständig[354]. Die Handelskommission entscheidet, soweit erforderlich, nach gutachterlicher Stellungnahme durch einen Fachausschuß[355]. Kommt es nicht zu einer einvernehmlichen Entscheidung, sind von der Handelskommission die gutachterliche Stellungnahme sowie die verschiedenen in der Handelskommission diskutierten Alternativen der Gruppe Gemeinsamer Markt vorzulegen, die über die Beschwerde innerhalb einer Frist von 30 Tagen entscheidet[356]. Gelangt auch die Gruppe Gemeinsamer Markt nicht zu einer Entscheidung, kann von dem beschwerdeführenden Mitgliedstaat direkt in das Schiedsverfahren übergegangen werden[357].

---

[352] Barón Knoll, S. 138.

[353] Daverede, La Ley 1992, Teil B, S. 1051.

[354] Art. 21 POP i.V.m. Art. 1 Verfahrensordnung für Beschwerden vor der Handelskommission des Mercosur (Anhang zum Protokoll von Ouro Preto), abgedruckt in: Rechtsquellen des Mercosur Teilband I, S.38 mit dt. Übersetzung, im folgenden: VerfO.

[355] Art. 3 VerfO.

[356] Art. 5 VerfO.

[357] Art. 7 VerfO.

c. Schiedsverfahren

Die dritte Stufe der Streitbeilegung stellt das Schiedsverfahren nach Kapitel IV des Protokolls von Brasilia dar[358]. Zum Schiedsverfahren werden Streitfälle nur dann zugelassen, wenn eine Einigung auf einer der beiden ersten Stufen nicht möglich war[359]. Damit gilt auch hinsichtlich des Übergangs in diese dritte Stufe das Prinzip der Subsidiarität gegenüber den vorherigen Stufen[360].

aa. Anwendungsbereich

Die Jurisdiktion des Schiedsgerichts erstreckt sich auf alle Streitigkeiten zwischen den Mitgliedstaaten oder zwischen diesen und natürlichen oder juristischen Personen über Interpretation, Anwendungsbereich oder Verstöße gegen den Vertrag von Asunción oder Sekundärrecht, insbesondere Abkommen im Rahmen des Vertrages von Asunción, Entscheidungen des Rates, Entschließungen der Gruppe Gemeinsamer Markt sowie Richtlinien der Handelskommission[361]. Diese Aufzählung ist nicht abschließend; es handelt sich dabei lediglich um Regelbeispiele. Der Anwendungsbereich erstreckt sich über diese Beispiele hinaus auf das gesamte Sekundärrecht[362].

bb. Anzuwendendes Recht

Grundsätzlich hat das Schiedsgericht seiner Entscheidung das Primär- und Sekundärrecht des Mercosur sowie die Rechtsprinzipien und Vorschriften des internationalen Rechts zugrundezulegen. Wenn dies ausdrücklich und übereinstimmend von den Parteien so vereinbart wird, kann auch eine Entscheidung *ex aequo et bono* erfolgen[363].

---

[358] Die Schiedssprüche sind neben der Veröffentlichung im BOM im Internet unter folgender Adresse abrufbar: http:// www.mercosur.org.uy/espanol/snor/normativa /LAUDOS.HTM.

[359] Art. 7 Abs. 1 PB; hierzu auch Samtleben, EuZW 2000, S. 78; Etcheverry, S. 547.

[360] vgl. hierzu Mercosur-Schiedsgericht, Schiedsspruch vom 27.09.1999, *Cerdos*, BOM Nr.11 (1999), Gründe Nr. 43 – 52. Das Schiedsgericht wies einige Klageanträge ab, da sie erst auf der dritten Stufe der Streitbeilegung hinzugekommen waren. Dies sei eine unzulässige Erweiterung des Streitgegenstandes, da eine Umgehung des essentiellen Vorverfahrens gegeben sei.

[361] Art.1 VA, Art. 43 POP, Art. 1 PB; vgl. hierzu Loschky, S. 31 ff..

[362] Etcheverry, S. 549; Lehmann, EuZW 2001, S. 623.

[363] Art. 19 PB lautet: „ 1. Das Schiedsgericht entscheidet die Streitigkeit auf der Grundlage der Bestimmungen des Vertrages von Asunción, der im Rahmen desselben geschlossenen Abkommen, der Entscheidungen des Rates des Gemeinsamen Marktes, der Beschlüsse der Gruppe Gemeinsamer Markt, sowie auch der in der Sache anwendbaren Grundsätze und Bestimmungen des internationalen Rechts.

cc. Auslegungsgrundsätze

Das Mercosur-Recht ist nach Auffassung des Schiedsgerichts als verbundenes Normensystem zu verstehen, welches von einer Kombination von Rahmenvorschriften mit allgemeinen Grundsätzen und Operativnormen mit konkreten Verpflichtungen gekennzeichnet ist. Insgesamt ist auf der Grundlage der entstehenden Rechtsordnung sowie der politischen und rechtlichen Entscheidungen im Wege der systematischen und teleologischen Auslegung die Anwendung der Normen in einer solchen Weise zu gewährleisten, daß das Ziel der Integration gefördert werde[364]. Heranzuziehen seien auch Normen des allgemeinen Völkerrechts, so etwa die Grundsätze „pacta sunt servanda" und „Treu und Glauben"[365]. Ebenfalls wurden vom Schiedsgericht Auslegungsgrundsätze aus der Rechtsprechung des EuGH berücksichtigt. Beispiele hierfür stellen etwa der „effet utile"[366]- oder der „in dubio pro communitate"[367]-Grundsatz dar. So hat das Schiedsgericht in den Ausführungen zu den Grundsätzen seiner Entscheidungsfindung deutlich gemacht, daß seine Aufgabe nicht darin bestehe, „über die Anwendung einiger spezifischer und isolierter Vorschriften zu entscheiden, sondern die Streitigkeit im Gesamtzusammenhang des Normengefüges des Mercosur zu lösen", wobei eine Auslegung „im Lichte der wechselseitigen Beziehungen, die sich aus dem Normengefüge und aus den Zielen, die von den Mitgliedstaaten explizit und implizit mit der Schaffung dieses Normengefüges verfolgt" werden, sowie vor dem „Hintergrund des gemeinsamen Integrationsprojektes" vorzunehmen ist[368]. Entscheidend sei somit, ob eine bestimmte Regelung mit dem System des Vertrags von Asunción kompatibel ist oder nicht[369]. Dabei komme es insbesondere darauf an, daß die Auslegung der Normen deren Effek-

2. Die vorliegende Bestimmung beschränkt nicht das Recht des Schiedsgerichts, eine Streitigkeit ex aequo et bono zu entscheiden, falls die Parteien dies so vereinbart haben."; vgl. hierzu: Etcheverry, S. 551.

[364] Mercosur-Schiedsgericht, Schiedspruch v. 28.04.1999, Gründe Nr. 49-63

[365] Mercosur-Schiedsgericht, Schiedspruch v. 28.04.1999, Gründe Nr. 56

[366] Mercosur-Schiedsgericht, Schiedspruch v. 28.04.1999, Gründe Nr. 61

[367] Mercosur-Schiedsgericht, Schiedspruch v. 28.04.1999, Gründe Nr. 58

[368] Mercosur-Schiedsgericht, Schiedspruch v. 28.04.1999, Gründe Nr. 49: „la tarea del Tribunal no consiste en decidir acerca de la aplicación de alguna o algunas disposiciones específicas y aisladas, sino en situar y resolver la controversia planteada bajo la perspectiva del conjunto normativo del Mercosur (Protocolo de Ouro Preto, art. 41), interpretándolo a la luz de las relaciones recíprocas que emanan del conjunto de esas normas y de los fines y objetivos que los Estados Partes asumieron explícita e implícitamente al adoptar dichas normas, confirmados por sus actos posteriores en el contexto de un proyecto integrador común."

[369] Mercosur-Schiedsgericht, Schiedspruch v. 28.04.1999, Gründe Nr. 52, 55

tivität und „nützliche Wirkung“[370] im Hinblick auf das Endziel der Integration sicherstellt[371].

dd. Zusammensetzung und Sitz des Schiedsgerichts

Bei dem ad-hoc-Schiedsgericht[372] handelt sich um ein dreiköpfiges Gremium[373], wobei jede der Streitparteien einen Schiedsrichter sowie einen stellvertretenden Schiedsrichter für den Fall der Verhinderung oder Ablehnung[374] aus einer von ihr vorgelegten Liste von zehn „wohlbekannten“ Juristen benennt[375]. Vertreten mehrere Mitgliedstaaten in einer Streitigkeit dieselbe Position, benennen sie einen gemeinsamen Schiedsrichter[376]. Der dritte Schiedsrichter, der gleichzeitig Vorsitzender wird, ist von den Streitparteien gemeinsam zu bestimmen und darf kein Staatsangehöriger eines der streitenden Mitgliedstaaten sein[377]. Falls es eine Partei versäumen sollte, die Schiedsrichter zu benennen, so wählt das Verwaltungssekretariat aus der Liste der zehn Juristen aus[378]. Sofern über den Vorsitzenden keine Einigung erzielt wird, so hat das Verwaltungssekretariat das Recht, diesen aus einer Liste von 16 Juristen auszuwählen, die von der Gruppe Gemeinsamer Markt erstellt wird[379]. Diese Liste beinhaltet die Namen einer identischen Anzahl von Juristen der Mitgliedstaaten und Drittstaaten[380]. Es muß sich um wohlbekannte Experten in den im Streit stehenden Rechtsgebieten handeln[381]. Sitz des Gerichts ist die Stadt Asunción[382].

ee. Verfahrensablauf

Das Verfahren beginnt mit der Notifizierung der Sache beim Verwaltungssekretariat durch eine Partei[383]. Daraufhin wird unverzüglich die andere Partei sowie die Gruppe Gemeinsamer Markt in Kenntnis gesetzt[384]. Vertreten mehrere Mitgliedstaaten in dieser Rechtsstreitigkeit dieselbe Position, wird das Verfah-

---

[370] Mercosur-Schiedsgericht, Schiedspruch v. 28.04.1999, Gründe Nr. 78.
[371] Mercosur-Schiedsgericht, Schiedspruch v. 28.04.1999, Gründe Nr. 57.
[372] Art. 9 Abs. 1 PB.
[373] Art. 9 Abs. 1 PB.
[374] Art. 9 Abs. 2 (ii) Satz 1 PB.
[375] Art. 9 Abs. 2 (ii) Satz 1 i.V.m. Art. 10 PB.
[376] Art. 14 PB.
[377] Art. 9 Abs. 1 PB.
[378] Art. 11 PB.
[379] Art. 12 Abs. 1 PB.
[380] Art. 12 Abs. 2 PB.
[381] Art. 13 PB.
[382] Art. 1 Entscheidung des Rates Nr. 28/94.
[383] Art. 7 Abs. 1 PB.
[384] Art. 7 Abs. 2 PB.

ren zusammengefaßt[385]. Innerhalb von 15 Tagen nach der Notifizierung hat die Benennung der Schiedsrichter nach obigem Verfahren zu erfolgen[386]. Nachdem die Zusammensetzung feststeht, bestimmt das Gericht die anzuwendenden Verfahrensregeln. Diese sollen sicherstellen, daß die Parteien ihre Position erläutern sowie Beweise und Rechtsansichten vorbringen können[387]. Auch der Hintergrund des Falles, die vorherigen Instanzen sowie die geltend gemachten Ansprüche sind dem Schiedsgericht zur Kenntnis zu bringen[388]. Die Streitparteien dürfen sich von Anwälten vertreten lassen[389]. Die Entscheidung des Gerichts, die schriftlich auszufertigen und von dem Vorsitzenden und den übrigen Mitgliedern zu unterschreiben ist, erfolgt mit Stimmenmehrheit[390]. Sie ist zu begründen, jedoch ist die Begründung der Minderheitsvoten nicht gestattet[391]. Das Abstimmungsergebnis ist vertraulich zu behandeln[392].

Die Entscheidung muß innerhalb von 60 Tagen getroffen werden, wobei diese Frist um 30 Tage verlängert werden kann; Fristbeginn ist die Ernennung des Vorsitzenden[393]. Rechtsmittel gegen die Entscheidung sind nicht vorgesehen[394]. Die Entscheidung muß innerhalb von 15 Tagen oder innerhalb der vom Gericht bestimmten Frist ausgeführt werden[395].
Innerhalb von 15 Tagen kann jede Partei eine weitere Präzisierung oder Hinweise bezüglich der Art der Ausführung des Urteilsspruchs verlangen[396].
Kommt die unterlegenen Partei ihren Verpflichtungen nicht innerhalb der Maximalfrist von 30 Tagen nach, so kann die obsiegende Partei temporäre Kompensationsmaßnahmen beschließen[397].

ff. Bindungswirkung

Angesichts der Ausgestaltung als ad-hoc-Schiedsgericht stellt sich die Frage, ob die Entscheidungen im Schiedsverfahren nach dem Protokoll von Brasilia Bindungswirkung einerseits gegenüber den Streitparteien und andererseits im Hinblick auf nachfolgende Schiedssprüche entfalten.

---

385 Art. 14 PB.
386 Art. 9 Abs. 2 (ii) Satz 2 PB.
387 Art. 15 PB.
388 Art. 16 PB.
389 Art. 17 PB.
390 Art. 20 Abs. 2 Satz 1 PB.
391 Art. 20 Abs. 2 Satz 2 PB.
392 Art. 20 Abs. 2 Satz 2 PB.
393 Art. 20 Abs. 1 PB.
394 Art. 21 Abs. 1 PB.
395 Art. 21 Abs. 2 PB.
396 Art. 22 PB.
397 Art. 23 PB; Etcheverry, S. 551.

(1) Bindungswirkung für die Parteien

Nach dem Protokoll von Brasilia tritt in letzter Instanz, also dem Schiedsgerichtsverfahren, im Gegensatz zu den vorhergehenden Stufen der Streitbeilegung eine Bindungswirkung ein; der Schiedsspruch ist obligatorisch für die Parteien, die sich dem Schiedsgericht unterworfen haben[398]. Die Verpflichtungen aus dem Schiedsspruch sind in der Regel innerhalb von 15 Tagen zu erfüllen, wenn das Gericht nicht eine andere Frist festlegt[399].

(2) Bindungswirkung für das Gericht

Formal besteht keinerlei Bindungswirkung des Schiedsspruchs oder der zugrundeliegenden rechtlichen Erwägungen für nachfolgende Schiedssprüche. Dies wird in der Literatur äußerst kritisch betrachtet[400]. Die fehlende Bindungswirkung führe dazu, daß letzlich eine Berechenbarkeit der Mercosur-Rechtsprechung nicht gegeben sei. Dies habe nachteilige Auswirkungen sowohl auf die Rechtssicherheit innerhalb des Mercosur und wirke eher abschreckend auf Investoren von außen. Eine Berücksichtigung der Rechtsprechung durch die nationalen Gerichte vergleichbar etwa mit der „acte clair"- Doktrin im europäischen Gemeinschaftsrecht sei somit kaum möglich. Der Aufbau eines kohärenten Rechtschutzsystems werde so erheblich erschwert, wenn nicht unmöglich gemacht[401].

Hierzu ist jedoch auf die geradezu auffallende Kontinuität der bisher ergangenen Entscheidungen hinzuweisen[402]. Bereits in der ersten Entscheidung wurden Grundsätze aufgestellt, die Grundlage für die juristische Gedankenführung in den weiteren Entscheidungen waren und in diesen aufgegriffen und fortgeführt wurden. Das Gericht (bzw. die Spruchkörper in ihrer jeweiligen Zusammensetzung) hat offensichtlich selbst die genannten Nachteile und Kritikpunkte der geltenden Regelung erkannt. Dennoch ist grundsätzlich im Interesse der Rechts-

---

398 Art. 8 PB, Art. 21 PB; vgl. Baron Knoll, S.135; Etcheverry, S. 547; Die Entscheidung enfaltet unmittelbar Rechtskraft für die Parteien, diese haben jedoch im Falle von Meinungsverschiedenheiten über Sinn und Tragweite des Schiedsspruchs die Möglichkeit, das Schiedsgericht um eine nähere Erläuterung zu ersuchen, die innerhalb einer Frist von 15 Tagen zu erfolgen hat (Art. 22 PB). Für diesen Zeitraum kann aufschiebende Wirkung angeordnet werden.

399 Art. 21 Abs. 2 PB.

400 Arbuet-Vignali, S. 28; Costa de Lara, S. 210; Ekmekdjian, El Derecho 183 (1999), S. 389; Haller, S. 165.

401 Lehmann, EuZW 2001, S. 625; Wehner, S. 108; Floreal Gonzalez, Integración & Comercio 1999, S. 106; Haller, S. 165.

402 so im Ergebnis auch Lehmann, EuZW 2001, S. 625.

klarheit darauf zu drängen, daß den Schiedssprüchen des Mercosur-Schiedsgerichts eine Bindungswirkung zumindest für nachfolgende Schiedssprüche des Gerichts selbst zukommt[403].

gg. Vorläufiger Rechtsschutz

Das Schiedsgericht kann auf Antrag der interessierten Partei einstweilige Maßnahmen erlassen, die es nach den Umständen für angemessen hält[404]. Voraussetzung für den Erlaß solcher einstweiliger Maßnahmen ist, daß mit hoher Wahrscheinlichkeit anderenfalls einer der Parteien ein schwerer und nicht wiedergutzumachender Schaden droht[405]. Bezüglich des auf vorläufigen Rechtsschutz anzuwendenden Verfahrensrechts gilt, daß hier die üblichen Verfahrensgrundsätze, die dem Recht der Mitgliedstaaten gemein sind, zur Anwendung kommen[406].

d. Beteiligung natürlicher und juristischer Personen

Das Protokoll von Brasilia zielt in erster Linie auf die Lösung von Streitigkeiten unter den Mitgliedstaaten und beschäftigt sich erst in zweiter Linie mit Konflikten im Bereich des privaten Sektors[407]. Es besteht jedoch auch für Privatpersonen, sowohl für natürliche als auch für juristische Personen, die Möglichkeit, das in diesem Fall zweistufige Streitschlichtungsverfahren in Anspruch zu nehmen[408].

aa. Voraussetzungen

Die Beschwerde muß sich gegen eine hoheitliche Maßnahme eines Mitgliedstaates richten. Diese kann sowohl in Erlaß oder Anwendung von rechtlichen oder verwaltungstechnischen Maßnahmen bestehen[409].
In Frage kommt damit sowohl legislatives als auch administratives staatliches Handeln. Die Maßnahme muß beschränkende Wirkung haben, diskriminierend oder auf unlautere Weise wettbewerbswidrig sein[410].

---

403 so auch Arbuet-Vignali, S. 28; Costa de Lara, S. 210; Ekmekdjian, El Derecho 183 (1999), S. 389.
404 Art. 18 PB.
405 Art. 18 Abs. 1 PB.
406 Etcheverry, S. 551.
407 Etcheverry, S. 549; Haller, S. 165.
408 hierzu ausführlich: Loschky, S. 33 f.
409 Art. 25 PB.
410 Art. 25 PB.

Gleichzeitig muß durch die Maßnahme eine Verletzung von Mercosur-Primär- oder Sekundärrecht gegeben sein[411] und durch die Verletzung ein Nachteil hervorgerufen worden sein oder drohen[412]. Dies kann letzlich erst im Verfahren selbst festgestellt werden, jedoch muß der Beschwerdeführer Nachweise („elementos") beibringen, die erlauben, die Wahrscheinlichkeit der Verletzung und Existenz oder Gefahr eines Nachteils festzustellen[413].

bb. Verfahrensablauf

Die Beschwerde ist vor der nationalen Sektion der Gruppe Gemeinsamer Markt[414] des Wohnsitzes oder Geschäftssitzes des Beschwerdeführers einzureichen[415]. Diese nationale Sektion ist hierauf gehalten, in Abstimmung mit der betroffenen Privatperson eine Lösung im Beratungswege direkt mit der nationalen Sektion der Gruppe des Mitgliedstaates, dem die Verletzung zugeschrieben wird, zu suchen oder die Beschwerde der Gruppe Gemeinsamer Markt vorzulegen[416]. Diese kann die Beschwerde zurückweisen, wenn sie die oben genannten Voraussetzungen für nicht gegeben hält[417]. Anderenfalls hat sie eine Sachverständigengruppe einzuberufen, die der Gruppe nach Anhörung der Parteien innerhalb einer Frist von 30 Tagen ein Gutachten vorlegt[418]. Ergibt sich hieraus die Begründetheit der Beschwerde, kann jeder andere Mitgliedstaat die Aufhebung der streitgegenständlichen Maßnahmen bzw. die erforderlichen korrigierenden Maßnahmen von dem Mitgliedstaat, gegen den die Beschwerde erhoben wurde, verlangen. Kommt dieser der Aufforderung nicht innerhalb einer Frist von 15 Tagen nach, kann von dem auffordernden Mitgliedstaat direkt in das Schiedsverfahren übergegangen werden[419].

Bemerkenswert hinsichtlich des Individualbeschwerdeverfahrens ist, daß zwar eine Privatperson die Feststellung einer Verletzung von Mercosur-Recht erreichen kann, jedoch die Beseitigung der belastenden Maßnahme lediglich durch Intervention eines Mitgliedstaates –und zwar jedes Mitgliedstaates- erreicht

---

411 Art. 25 PB.
412 Art. 26 Abs. 2 PB.
413 Art. 26 Abs. 2 PB.
414 Bei Streitfällen im Zuständigkeitsbereich der Handelskommission ist die Beschwerde bei der nationalen Sektion der Handelskommission einzureichen, Art. 21 POP.
415 Art. 26 Abs. 1 PB.
416 Art. 27 PB.
417 Art. 29 Abs. 1 PB.
418 Art. 29 Abs. 2 PB.
419 Art. 32 PB.

werden kann[420]. Wenn hieraus gefolgert wird, natürliche oder juristische Personen seien in keiner Phase direkt „aktivlegitimiert“[421], so ist dies nur hinsichtlich des Schiedsverfahrens vor dem Schiedsgericht zutreffend. Im Vorverfahren steht zwar die Nationale Sektion der Gruppe Gemeinsamer Markt der natürlichen oder juristischen Person zur Seite, Beschwerdeführer ist jedoch formell die betroffene Privatperson[422].

cc. Schiedsverfahren

Führt das beschriebene Verfahren bei Individualbeschwerden nicht zur Beseitigung des rechtswidrigen Zustands, kann es ebenfalls zur Durchführung des Schiedsverfahrens kommen. Dies ist dann der Fall, wenn der rechtswidrig handelnde Mitgliedstaat nach Vorliegens des die Begründetheit der Beschwerde feststellenden Gutachtens trotz Aufforderung durch einen anderen Mitgliedstaat die rechtswidrige Maßnahme nicht beseitigt bzw. einstellt[423] und der auffordernde Mitgliedstaat, also nicht die Privatperson, der die Befugnis hierzu nicht eingeräumt wird, das Schiedsverfahren einleitet[424].

dd. Individualkonflikte

Während von dem Anwendungsbereich des Protokolls von Brasilia auch Streitfälle im öffentlich-rechtlichen Bereich im Verhältnis der hoheitlichen Gewalt zu natürlichen oder juristischen Personen umfaßt werden, gilt für Konflikte zwischen natürlichen oder juristischen Personen (Individualkonflikte) das Protokoll von Buenos Aires über Internationale Jurisdiktion im Bereich des Vertragsrechts ergänzend zum Protokoll von Brasilia[425].

e. Fehlen eines permanenten Streitschlichtungsorgans

Auffälligstes Merkmal des Rechtsschutzsystems des Mercosur ist das Fehlen eines ständigen mit der Streitbeilegung befassten Organs, das etwa vergleichbar mit dem EuGH wäre[426]. Zwar beinhaltete schon Anhang III Nr. 3 VA eine Ver-

---

[420] González-Oldekop, S. 272; Loschky, S. 34; Zum Einstehen eines Völkerrechtssubjekts für individuelle Rechtspositionen gegenüber dritten Staaten, vgl. Vedder/Folz, CMLR 31 (1994), S. 418 ff.
[421] Lehmann, EuZW 2001, S. 623.
[422] dies ergibt sich aus Art. 29 Abs. 3 PB.
[423] Etcheverry, S. 552.
[424] Art. 32 PB; Ruiz Díaz Labrano, in: Ciuro/Caldani, S. 293, hält einen ausreichenden rechtsstaatlich vertretbaren Rechtsschutz deshalb für nicht gegeben.
[425] Barón Knoll, S. 136.
[426] Loschky, S. 36.

pflichtung der Mitgliedstaaten zur Schaffung eines permanenten Streitschlichtungssystems in der Zukunft. Dies wurde schließlich auch im Protokoll von Brasilia wieder aufgegriffen[427], jedoch kam es bis zum jetzigen Zeitpunkt nicht zur Schaffung eines solchen permanenten Streitschlichtungssystems. Allerdings wird nach massiver Kritik an dem bestehenden System[428] in neuerer Zeit ernsthaft über die Schaffung eines permanenten Mercosur-Gerichts verhandelt[429]. Im April 2000 verständigten sich Brasilien und Argentinien auf eine Liste mit Richtern, die für einen Zeitraum von zwei Jahren als Mitglieder des Schiedsgerichts zur Verfügung stehen sollen. Zweck dieser Liste ist die Vermeidung der Berufung immer neuer Richter für jeden Schiedsgerichtsfall. Somit soll durch personelle Kontinuität eine kohärente Rechtsprechung geschaffen werden[430].

Zusammenfassend betrachtet weist das Rechtsschutzsystem des Mercosur dieselben Grundprinzipien auf, durch die die Integrationsmethode des Mercosur insgesamt gekennzeichnet ist, nämlich Vorrang von Konsenslösungen einerseits sowie starke Flexibilität andererseits[431]. Als deutlichste Vorteile des Mercosur-Streitschlichtungsverfahrens sind angesichts der kurzen Fristen und der relativ unkomplizierten Verfahrensregeln seine Schnelligkeit und Einfachheit anzuführen[432].

Das Vorverfahren mit der Suche nach einvernehmlichen Lösungen zwischen den Streitparteien wurde seiner Filterfunktion für das Schiedsgericht vom Bestehen des Mercosur an bis zum Jahr 1999 so gut gerecht, daß dieses kein einziges Mal angerufen werden musste. Dies scheint diejenigen zu bestätigen, die das den Mercosur charakterisierende Konsensprinzip als ausreichende und gut funktionierende Methode zur Konfliktbeilegung ansehen[433]. Dem ist jedoch entgegenzuhalten, daß seit 1999 immerhin vier Konfliktfälle vom Schiedsgericht entschieden werden mussten. Dies mag damit zusammenhängen, daß seit der Brasilienkrise 1998/99 die beteiligten Akteure ihre Interessen beharrlicher und

---

[427] Art. 34 PB; Etcheverry, S. 548.

[428] vgl. Arbuet-Vignali, S. 29; Costa de Lara, S. 205; Borba Casella, in: Petersmann, S. 554; Loschky, S. 36; Haller, S. 163 ff.

[429] Entscheidung des Rates Nr. 25/00, http://www. mercosur.org.uy/espanol/snor/ normativa/decisiones/2000/0025.htm, BOM Nr. 15 (2000)

[430] La Nación v. 27.5.2000, S. 3.

[431] Baron Knoll, S.135; Etcheverry, S. 547; Loschky, S. 36.

[432] Haller, S. 162; Baron Knoll, S.135; Etcheverry, S. 547.

[433] vgl. etwa Perez Otermin, S. 91; Czar de Zalduendo, Temas del Mercosur Nr. 3 (1997), S. 148; die Gegenansicht schließt aus der seltenen Inanspruchnahme des Schiedsverfahrens auf seine mangelnde Funktionsfähigkeit, so Borba Casella, in: Petersmann, S. 554; González-Oldekop, S. 274; Palma, Temas del Mercosur Nr. 3 (1997), S. 106; vgl. auch Lehmann, EuZW 2001, S. 622.

kompromissloser verfolgen[434]. Es zeigt jedoch, daß beim Auftreten zu stark divergierender Standpunkte Konsenslösungen nicht mehr zu erreichen sind und ein funktionierendes streitentscheidendes Organ erforderlich ist. Die Schaffung eines nichtpermanenten Schiedsgerichts, das lediglich bei Bedarf zusammentritt und dessen Entscheidungen in nachfolgenden Streitfällen keine Bindungswirkung haben, ermöglicht zwar eine äußerst flexible Handhabung der Streitschlichtung, weist jedoch gravierende Nachteile auf. So ist insbesondere eine fehlende Berechenbarkeit der Mercosur-Rechtsprechung zu befürchten, was nachteilige Auswirkungen auf die Rechtssicherheit innerhalb des Mercosur hat. Eine Berücksichtigung der Rechtsprechung durch die nationalen Gerichte wie etwa im Wege der „acte clair-Doktrin" im europäischen Gemeinschaftsrecht erscheint kaum praktikabel, wodurch wiederum der Aufbau eines kohärenten Rechtschutzsystems erheblich erschwert wird[435]. Es trifft zwar zu, daß eine offensichtliche Kontinuität der bisher ergangenen Schiedsentscheidungen zu erkennen ist. Eine Sicherheit, daß dies in Zukunft so bleiben wird, besteht jedoch nicht. Aus diesem Grund wäre entweder die Schaffung eines permanenten Mercosur-Gerichts oder zumindest doch die Festlegung der Bindungswirkung für nachfolgende Schiedssprüche des Gerichts selbst im Interesse der Rechtsklarheit wünschenswert[436].

III. Qualifizierung der Integrationsform des Mercosur unter Berücksichtigung bekannter Integrationsformen und ihrer rechtlichen Merkmale

Bereits im Vertrag von Asunción werden die integrationspolitischen Ziele des Mercosur eindeutig festgelegt. Als Endziel wird die Errichtung eines Gemeinsamen Marktes statuiert[437], andererseits werden jedoch auch Teilziele im einzelnen erwähnt. Dabei handelt es sich um die Grundfreiheiten, die Errichtung eines gemeinsamen Außenzollsatzes, die Koordinierung der Wirtschaftspolitik, eine gemeinsame Handelspolitik sowie die Rechtsvereinheitlichung[438].

Eine exakte Qualifizierung des tatsächlich bereits erreichten Standes der Integration kann allenfalls anhand der im Völkerrecht bekannten Integrationsformen

---

[434] so Jaguaribe, KAS-AI 3/01, S. 30; Samtleben, EuZW 2000, S. 80; Lehmann, EuZW 2001, S. 625.

[435] Borba Casella, in: Petersmann, S. 555; so auch Loschky, S. 37.

[436] so auch Faria, S. 54; Ruiz Díaz Labrano, in: Ciuro Caldani, S. 291; Palma, Temas del Mercosur Nr. 3 (1997), S. 113 ff.; Paciello, RDM 7-1998, S. 9; Bidart Campos, Temas del Mercosur Nr. 3 (1997), S. 48; Costa de Lara, S. 210; Borba Casella, in: Petersmann, S. 555, hält dies sogar für entscheidend auf dem Weg zu einem Gemeinsamen Markt.

[437] vgl. Art. 1 Abs. 1 VA.

[438] vgl. Art. 1 Abs. 2-5 VA.

vorgenommen werden. Für die Definition der im Völkerrecht bekannten Integrationsformen wiederum spielen die GATT/WTO-Regeln eine wichtige und in der Praxis bedeutsame Rolle. Die rechtliche Qualifizierung der Integrationsform des Mercosur ist deshalb nicht zuletzt im Lichte der GATT-Konformität dieser Organisation zu betrachten.

1. Bekannte Integrationsformen und ihre rechtlichen Merkmale

Im wesentlichen gibt es im Völkerrecht drei anerkannte Formen wirtschaftlicher Integration.

a. Freihandelszone

Die Freihandelszone stellt die Organisationsform mit der geringsten Integrationsintensität dar[439]. Zur Definition läßt sich Art. XXIV Abs. 8 lit. b GATT heranziehen. Um eine Freihandelszone handelt es sich danach bei einer Gruppe von zwei oder mehr Zollgebieten, zwischen denen die Zölle und beschränkenden Handelsvorschriften für annähernd den gesamten Handel mit den aus den teilnehmenden Gebieten der Zone stammenden Waren beseitigt werden[440]. Die Auslegung der in Abs. 8 gewählten Formulierung, insbesondere hinsichtlich des Begriffes „substantially all the trade“ ist äußerst umstritten[441]. Fraglich ist, ob es hierbei auf einen quantitativen oder auf einen qualitativen Maßstab ankommt[442]. Aus den Entwürfen zur Havanna-Charta sowie zum GATT-Abkommen ist ein eindeutiger Hinweis hierzu nicht zu erkennen[443].

Eine Ansicht stellt allein auf das quantitative Kriterium ab, wobei hier die konkrete Festlegung des Umfangs des „annähernd gesamten Handels“ uneinheitlich erfolgt. Das Meinungsspektrum reicht von 51%[444] über 80%[445] und 90%[446] bis zu 99%[447] Anteil am gesamten Warenhandel.

Nach der Gegenansicht käme es bei der Bestimmung des geforderten Umfangs des Handels auf eine Gesamtwürdigung an. Es sei nicht nur die Quantität des

---

439 Herdegen, § 9 Rz. 1; Loschky, S. 48.
440 Prieß/Berrisch, S. 137; Senti, S. 457, S. 463; Herdegen, § 7 Rz. 20; vgl. auch Ipsen, S. 643.
441 Senti, S. 172; Prieß/Berrisch, S. 135.
442 Prieß/Berrisch, S. 135; Steinberger, S. 147 f.
443 Jackson, World Trade and the Law of GATT, S. 608; Ott, S. 31.
444 vgl. Senti, S. 172; Roselieb, ÖZöRV 1961, S. 45.
445 Dam, GATT, S. 279.
446 Imhoof, S. 69.
447 Haight, JWTL 1972, S. 392.

Handels, sondern auch die Qualität maßgeblich. So sei entscheidend, ob die Handelsliberalisierung sich auf alle Gebiete der Zone in gleicher Weise beziehe[448]. Demnach dürften ganze Warenbereiche, wie etwa die Landwirtschaft, nicht einfach ausgeklammert werden, auch wenn diese quantitativ keine große Rolle spielten[449].

Für die letztgenannte Ansicht spricht der Sinn und Zweck der „substantially all the trade"-Formel, nämlich die Verhinderung von sektoriellen Abkommen, die der Privilegierung der Ausnahmevorschrift des Art.XXIV GATT nicht unterfallen sollen[450]. Zu berücksichtigen ist, daß Abs. 4 ausdrücklich eine stärkere Integrationswirkung fordert, was bei lediglich sektoriellen Abkommen so nicht gewährleistet wäre. Aus diesem Grund ist das Tatbestandsmerkmal „substantially all the trade" streng auszulegen[451].

Entscheidendes Merkmal der Freihandelszone ist die Abschaffung von Ein- und Ausfuhrzöllen zwischen den Mitgliedstaaten auf solche Produkte, die ihren Ursprung auf dem Territorium der Mitgliedstaaten haben[452]. Neben Import- und Exportzöllen sollen auch Maßnahmen gleicher Wirkung abgeschafft werden. Insgesamt ist Ziel einer Freihandelszone also die Abschaffung aller Handelshindernisse zwischen den Mitgliedstaaten[453]. Diese Beseitigung soll in der Regel schrittweise unter Gewährung einer Übergangszeit stattfinden.

b. Zollunion

Die dargestellten Charakteristika einer Freihandelszone gelten grundsätzlich in gleicher Weise für die Zollunion, wobei diese letzlich ein „mehr" gegenüber der Freihandelszone darstellt[454].

Eine Zollunion nach Art. XXIV Abs. 8 lit. a (i) GATT liegt vor, wenn zwei oder mehrere Zollgebiete durch eines ersetzt werden, indem die Zölle und beschränkenden Handelvorschriften für annähernd den gesamten Handel oder wenigstens den gesamten Handel mit den aus den teilnehmenden Gebieten der Union stammenden Waren beseitigt werden. Überdies haben die Mitglieder der Zollunion

---

[448] Prieß/Berrisch, S. 135; Steinberger, S. 151; Huber, S. 29 f.; vgl. Senti, S. 173.
[449] Beise, S. 106; vgl. Bratschi, GATT, S. 87; Jaeger, S. 273; Steinberger, S. 152; vgl. Senti, S. 451.
[450] Hauser/Schanz, S. 254; Steinberger, S. 108, S. 147.
[451] Steinberger, S. 151; Prieß/Berrisch, S. 137.
[452] Senti, S. 458; Prieß/Berrisch, S. 136.
[453] Herdegen, § 7 Rz. 19; Prieß/Berrisch, S. 137, Senti, S. 457.
[454] Loschky, S. 49.

im Handel mit nicht teilnehmenden Gebieten im wesentlichen dieselben Zölle und Handelsvorschriften anzuwenden[455].

Wesentliches Merkmal der Zollunion ist die Einführung eines gemeinsamen einheitlichen Außenzollsatzes für alle Mitgliedstaaten[456]. Dieser kann jedoch für die jeweiligen Drittstaaten unterschiedlich hoch sein[457]. Letzlich bedeutet dies für die Mitgliedstaaten im Gegensatz zur Freihandelszone die Aufgabe der Möglichkeit zum uneingeschränkten Betreiben einer vollkommen eigenständigen Außenwirtschaftspolitik[458]. Der grundsätzliche Unterschied zur Freihandelszone ist die Entbehrlichkeit von Ursprungsregeln, nachdem wegen des gemeinsamen einheitlichen Außenzolls sämtliche Waren im Gebiet der Zollunion frei zirkulieren können[459].

c. Gemeinsamer Markt

Eine gegenüber Freihandelszone und Zollunion noch tiefergehende Integrationsform ist der Gemeinsame Markt. Ziel ist hier nicht nur der ungehinderte Warenverkehr, sondern der freie Verkehr von Waren, Personen (in Form von Freizügigkeit und Niederlassungsfreiheit), Dienstleistungen und Kapital[460]. Damit sollen neben der Warenverkehrsfreiheit weitere Grundfreiheiten gewährleistet werden, so daß ein Zustand hergestellt wird, als handele es sich bezüglich des Wirtschaftsverkehrs beim gesamten Territorium der Mitgliedstaaten lediglich um einen einzigen Staat[461]. Dies erfordert konsequenterweise auch die Schaffung möglichst einheitlicher rechtlicher, wirtschaftlicher und wirtschaftspolitischer Voraussetzungen in den jeweiligen Mitgliedstaaten[462].

d. Einordnung der integrationspolitischen Ziele des Vertrages von Asunción in die dargestellten Integrationsformen

Im Vertrag von Asunción wird nicht nur das Ziel der Errichtung eines Gemeinsamen Marktes statuiert[463], sondern auch die bereits dargestellten Merkmale dieser Integrationsform im einzelnen erwähnt, nämlich die Grundfreiheiten, die Errichtung eines gemeinsamen Außenzollsatzes, die Koordinierung der Wirt-

455 Art. XXIV Abs. 8 lit. a (ii) GATT.
456 Senti, S. 459; Ipsen, S. 646; Hilpold, RIW 1993, S. 662; Loschky, S. 49.
457 Seidl-Hohenveldern/Loibl, Rz. 3102.
458 Hauser/ Schanz, S. 250; Hilpold, RIW 1993, S. 662.
459 vgl. Seidl-Hohenveldern/Loibl, Rz. 3102.
460 Loschky, S. 49.
461 Gibb, in: Gibb/Michalak, S. 26; Seidl-Hohenveldern/Loibl, Rz. 3101.
462 Wehner, S. 67; Gibb, in: Gibb/Michalak, S. 26.
463 vgl. Art. 1 Abs. 1 VA.

schaftspolitik, eine gemeinsame Handelspolitik sowie die Rechtsvereinheitlichung[464]. Obwohl die Schaffung einer Freihandelszone oder einer Zollunion nicht ausdrücklich erwähnt wird, sind deren Merkmale in den im Vertrag von Asunción statuierten Zielen implizit enthalten. Der freie Warenverkehr ist schließlich auch Kennzeichen der Freihandelszone, die Schaffung eines einheitlichen gemeinsamen Außenzollsatzes wiederum auch Kennzeichen der Zollunion[465].

2. Verwirklichung einer Freihandelszone

Erste Etappe in Richtung der Ziele des Vertrages von Asunción wäre demnach die Verwirklichung einer Freihandelszone. Im folgenden wird untersucht, welche konkreten Schritte bereits zu deren Realisierung unternommen wurden und welche Resultate hierbei erzielt wurden.

a. Das Programm zur Handelsliberalisierung (*programa de liberalización comercial*)

Bereits bei Abschluß des Vertrages von Asunción wurden konkrete Vorgaben zum Abbau tarifärer und nichttarifärer Handelshemmnisse als Programm zur Handelsliberalisierung in Anhang I des Vertrages vorgelegt.

aa. Regelungszweck

Zweck des Programms war es, die im Rahmen der wirtschaftlichen Integration erforderliche Liberalisierung des Binnenhandels voranzutreiben, jedoch gleichzeitig diese so zu gestalten, daß eine langsame und schrittweise erfolgende Anpassung der jeweiligen bis dahin protektionistisch geprägten nationalen Volkswirtschaften an die neuen Zollsätze möglich wurde[466].

bb. Regelungsziel und Regelungsinhalt

Vorgesehen war zunächst eine vollständige Beseitigung der Zölle sowie der nichttarifären Handelshemmnisse innerhalb des Mercosur bis zum 31. Dezember 1994 bzw. bis zum 31. Dezember 1995 für Paraguay und Uruguay[467]. Von dem in dem Programm festgelegten schrittweisen Abbau durfte zwar jeder Mitgliedstaat bis zu 960 Produkte ausnehmen[468], dies änderte jedoch nichts an einem

---

[464] vgl. Art. 1 Abs. 2-5 VA.
[465] s.o. C. III. 1.
[466] BID, Mercosur Report Nr.1 (Juli –Dezember 1996), S. 17; Loschky, S. 54; Haller, S. 48.
[467] Art. 5 lit.a VA i.V.m. Anhang I zum VA.
[468] Art. 6 Programm zur Handelsliberalisierung, im folgenden: PHL.

Abbau der Zölle und nichttarifären Handelshemmnisse auch bezüglich dieser Produkte bis zum genannten Zeitpunkt. Das Programm sollte sämtliche Zölle, Abgaben und sonstige Maßnahmen gleicher Wirkung unabhängig von ihrer Beschaffenheit, soweit sie den Außenhandel beeinträchtigen, umfassen[469]. Für die Produkte innerhalb des Programms sollte eine automatische Zollreduzierung in halbjährlichen Schritten nach Vomhundertsätzen des ursprünglich geltenden Zolls erfolgen, was schließlich zum 31. Dezember 1994 (bzw.1995 bzgl. Paraguay und Uruguay) in eine hundertprozentige Reduzierung gipfeln solle[470].

cc. Ausgenommene Produkte

Für die vom Programm ausgenommen Produkte („productos de excepción) sollte eine automatische Reduzierung der Zahl dieser Produkte gelten, nämlich für Argentinien und Brasilien jährlich jeweils 20%, für Paraguay und Uruguay in den ersten beiden Jahren jeweils 10%, danach ebenfalls 20%, so daß mit Ablauf der Übergangszeit tatsächlich eine vollständige Handelsliberalisierung erfolgt wäre.

Der Sinn dieser Regelung war, den Unternehmen in den jeweiligen Mitgliedstaaten die Möglichkeit zu geben, sich langsam an die neuen Zollsätze anzupassen[471], insbesondere da das Niveau des Protektionismus in bestimmten Sektoren sehr hoch war.

dd. Praktische Durchführung und Zielerreichung

Die Erstellung der erforderlichen Listen stieß auf beträchtliche Schwierigkeiten, da es Nomenklaturunterschiede zwischen der ALADI –Liste, die als vorläufige Diskussionsgrundlage diente und der danach entstandenen Mercosur-Liste NCM (*Nomenclatura Común del Mercosur*) gab[472]. Nach mehrmaliger Änderung des Zeitplans zur völligen Beseitigung der Zölle wurde gleichwohl bald offensichtlich, daß die von dem Programm zur Handelsliberalisierung vorgegebenen Ziele nicht innerhalb der gesetzten Frist erreicht werden konnten. So wurde zu dem von dem Programm vorgegebenen Zeitpunkt ein vollständiger Abbau der tarifären und nichttarifären Beschränkungen lediglich für 82 % aller Produkte erreicht, wogegen von dem Programm immer noch 1628 Produkte ausgenommen waren (Argentinien: 221, Brasilien: 30, Paraguay: 427, Uruguay: 950). Grund für das Nichterreichen der Ziele ist einerseits die sehr schwierige Durchsetzung der vertraglich festgelegten Verpflichtungen gegen den Willen der Mitglied-

---

[469] Art. 2 lit. a PHL.
[470] Art. 5 lit. a VA; vgl. Haller, S. 49.
[471] BID, Mercosur Report Nr.1 (Juli –Dezember 1996), S. 17.
[472] BID, Mercosur Report Nr.1 (Juli –Dezember 1996), S. 17.

staaten. Wie oben dargestellt, existiert eine der Europäischen Kommission vergleichbare Behörde, die gegenüber den Mitgliedstaaten autonom ist und unabhängig von dem politischen Willen der Mitgliedstaaten als „Hüterin der Verträge“ tätig werden könnte, im Institutionsgefüge des Mercosur nicht.

Daneben waren sich die Mitgliedstaaten wohl auch im klaren darüber, daß in ökonomischer Hinsicht für die einzelnen Sektoren und Wirtschaftszweige der jeweiligen nationalen Wirtschaftssysteme vor einer allumfassenden und endgültigen Liberalisierung des Handels innerhalb des Mercosur noch die Notwendigkeit zu weiteren Anpassungsschritten bestand[473].

b. Die Anpassungsordung (*Régimen de Adecuación*)

Wegen des Nichterreichens der von dem Programm zur Handelsliberalisierung vorgegebenen Ziele trat für bestimmte Warengruppen für den Zeitraum von 1995 bis Ende 1998 ein „Anpassungsordnung“ genanntes automatisches Zollreduzierungssystem in Kraft, wonach in genau festgelegten Schritten stufenweise die jeweiligen Zölle bis auf Null reduziert werden sollten[474].

aa. Zweck

Zweck der Anpassungsordnung war es, für eine Übergangszeit, nämlich bis längstens zum 31. Dezember 1998 bzw. zum 31. Dezember 1999 für Uruguay und Paraguay bestimmte als besonders sensibel eingestufte Güter von der vollständigen Liberalisierung auszunehmen und eine Anpassung der jeweiligen Sektoren an die neuen Wettbewerbsbedingungen zu ermöglichen[475].

bb. Funktionsweise

Zunächst wurde eine Liste mit den von der Anpassungsordnung erfassten Gütern erstellt. In dieser waren die bei Auslaufen des Programms zur Handelsliberalisierung Ende 1994 noch von diesem ausgenommenen Güter sowie die ursprünglich in den Schutzklauseln des Vertrages von Asunción bestimmten Güter enthalten. Dabei handelte es sich vor allem um Produkte aus dem Agrar-, dem Textil- sowie dem metallverarbeitenden Sektor[476]. Die weitaus meisten von der

---

[473] Dromi, Código del Mercosur, Bd. I, S. 174; Haller, S. 50. Dieser betrachtet das Liberalisierungsprogramm angesichts einer Steigerung der intraregionalen gegenseitigen Exporte dennoch als Erfolg.

[474] Entscheidung des Rates Nr. 5/94, http://www. mercosur.org.uy/espanol/snor/normativa/decisiones/1994/9405.htm.

[475] BID, Mercosur Report Nr.1 (Juli –Dezember 1996), S. 17; Loschky, S. 56.

[476] BID, Mercosur Report Nr.1 (Juli –Dezember 1996), S. 18; Loschky, S. 57.

Anpassungsordnung erfassten Produkte machte Uruguay geltend (958). Es folgen Paraguay (432), Argentinien (212) und Brasilien (29). Für die von der Liste erfassten Güter sollte eine automatische Zollreduzierung von jährlich jeweils 25% ausgehend von dem im August 1994 gültigen Zolltarif stattfinden. Die Mitgliedstaaten hatten auch unter Geltung der Anpassungsordung die Befugnis, einseitig Produkte von der Liste zu streichen und wieder aufzuführen[477].

cc. Nicht erfasste Sektoren

Sowohl der Sektor der Automobil- und Automobilzulieferindustrie sowie der Zuckersektor sind weder bereits vollständig liberalisiert noch fallen sie unter den Anwendungsbereich der Anpassungsordnung. Vielmehr ist für diese als höchst sensibel geltenden Sektoren eine besondere Behandlung bestimmt.

Bezüglich des Automobilsektors war vorgesehen, daß ein Technisches Komitee innerhalb der Handelskommission einen Entwurf für ein Zollreduzierungssystem im Bereich dieses Sektors bis spätestens 31. Dezember 1997 erarbeitet und daß dieses System spätestens innerhalb des Jahres 2000 in Kraft treten sollte[478]. Im April 2000 kam es schließlich zu einer Einigung, wonach bis zum Jahr 2006 sämtliche noch bestehenden Restriktionen bezüglich Kraftfahrzeugen und –teilen zu eliminieren sind[479].

Hinsichtlich des Zuckersektors wurde eine Ad-Hoc-Arbeitsgruppe eingesetzt, die einen Entwurf für ein Zollreduzierungssystem im Bereich dieses Sektors bis spätestens Mai 1997 erarbeiten sollte. Eine vollständige Liberalisierung für diesen Sektor war für den 1. Januar 2001 vorgesehen[480]. In Wirklichkeit kam jedoch bis zu diesem Zeitpunkt keine Einigung zustande[481].

c. Beseitigung nichttarifärer Handelshemmnisse

Im Vertrag von Asunción war vorgesehen, daß neben tarifären auch nichttarifäre Handelshemmnisse bis zum Ablauf der Übergangszeit Ende 1994 (für Uruguay und Paraguay Ende 1995) vollständig beseitigt werden sollten[482].

---

477 vgl. Loschky, S. 60.
478 vgl. Entscheidungen des Rates Nr. 5/94, 19/94, 24/94, 29/94, 16/96, Resolution der Gruppe Gemeinsamer Markt Nr.48/94 und Anhänge; Haller, S. 66.
479 Diaz Porta/Hebler/Kösters, S. 25; La Nación v. 27.5.2000, S.3.
480 vgl. Entscheidungen des Rates Nr. 5/94, 19/94, 24/94, 29/94, 16/96, Resolution der Gruppe Gemeinsamer Markt Nr. 48/94 und Anhänge.
481 Haller, S. 67.
482 Art. 5 lit. a VA; Art. 1 Abs. 1 PHL; Art. 10 PHL; vgl. Haller, S. 61.

aa. Fehlen von Operativbestimmungen

Die praktische Umsetzung dieser Verpflichtung bereitete erhebliche Schwierigkeiten. Zunächst mussten die genannten Hemmnisse als solche identifiziert werden, was geraume Zeit in Anspruch nahm. Schließlich bestand Übereinstimmung, daß solche Handelshemmnisse, die GATT/WTO-konform waren, in Kraft bleiben sollten und über die restlichen verhandelt werden sollte. Daraufhin kamen die Mitgliedstaaten überein, daß bestimmte enumerativ festgelegte nichttarifäre Handelsbeschränkungen noch während der Übergangszeit zugelassen blieben und von den Mitgliedstaaten schrittweise abgebaut werden sollten. Dieser Abbau stieß jedoch auf große Schwierigkeiten, so daß die bestehenden Handelshemmnisse in zwei Gruppen geteilt wurden, nämlich in solche, die bis Ende 1994 vollständig beseitigt werden sollten und solche, die lediglich angeglichen werden sollten[483]. Trotz Fortschritten in einzelnen Gebieten[484] kam es nicht zu einer durchgreifenden Umsetzung. So wurde eine letzte Frist zur vollständigen Beseitigung bis 30. Mai 1998 (Gruppe 1) eingeräumt und den mit der Angleichung betrauten Fachausschüssen und Arbeitsgruppen ein konkreter Zeitplan vorgegeben (Gruppe 2)[485]. Die Verschärfung bestehender oder die Einführung neuer Handelsbeschränkungen wurde ausdrücklich untersagt[486]. Eine vollständige Beseitigung ist nach wie vor nicht erfolgt, was einerseits auf die fehlenden ausdrücklichen Operativbestimmungen wie sie etwa für tarifäre Handelshemmnisse festgelegt wurden und andererseits auf den fehlenden politischen Willen hierzu zurückzuführen ist[487].

bb. Der Schiedsspruch des Mercosur-Schiedsgerichts vom 28. April 1999

Der erste Schiedsspruch des Mercosur-Schiedsgerichts[488] erging zum Bereich der nichttarifären Handelshemmnisse. Brasilien hatte im Jahr 1997 das bis dahin praktizierte System der Importkontrollen dahingehend geändert, daß statt eines Zollbegleitscheins nun eine Lizenz erforderlich wurde. Nach Ansicht Argentiniens verstieß dieses neue Verfahren gegen die nach Ablauf der Übergangszeit 1995 im Mercosur geltenden Freihandelsgrundsätze.

---

[483] Entscheidung des Rates Nr. 3/94, abgedr. in: Rechtsquellen des Mercosur, Teilband II, S. 498 ff. mit dt. Übersetzung.

[484] hierzu ausführlich: Ruiz Diaz Labrano, S. 289 ff. sowie Haller, S. 62.

[485] Entscheidung des Rates Nr. 17/97, abgedr. in: Rechtsquellen des Mercosur, Teilband II, S. 502 ff. mit dt. Übersetzung..

[486] Entscheidungen des Rates Nr. 3/94 und Nr. 17/97.

[487] Jardel/Barraza, S. 174; Wehner, S. 155; vgl. Haller, S. 62.

[488] „*Decex-Secex*", http:// www.mercosur.org.uy/espanol/snor/normativa /LAUDOS.HTM.; BOM Nr. 9 (1999).

Brasilien hatte argumentiert, daß der Vertrag von Asunción hier lediglich eine Rahmenvereinbarung darstellt, die zu ihrer Wirksamkeit erst von den Mitgliedstaaten in nationale Vorschriften umgesetzt werden müsse[489], was im streitgegenständlichen Fall nicht geschehen sei.

Das Schiedsgericht gab im Ergebnis Argentinien Recht. Danach waren mit Ablauf des Jahres 1999 alle nichttarifären Beschränkungen im Mercosur aufzuheben, wenn keine ausdrückliche Ausnahmeregelung getroffen wurde. Das Mercosurrecht ist nach Auffassung des Schiedsgerichts als verbundenes Normensystem zu verstehen, welches gekennzeichnet ist von einer Kombination von Rahmenvorschriften mit allgemeinen Grundsätzen und Operativnormen mit konkreten Verpflichtungen. Die im Vertrag von Asunción und seinen Anhängen enthaltenen Operativnormen seien dabei ohne weitere Umsetzung unmittelbar anwendbar[490]. Solche unmittelbar anwendbaren Operativnormen seien in dem Programm zur Handelsliberalisierung im Anhang des Vertrages von Asunción jedenfalls bezüglich tarifärer Handelshemmnisse enthalten[491]. Es bestehe jedoch eine unlösbare Verbindung zwischen tarifären und nichtarifären Handelshemmnissen, da im Vertrag von Asunción die Beseitigung beider Arten von Handelsbeschränkungen zum gleichen Zeitpunkt vorgesehen gewesen sei, auch wenn die Beseitigung auf unterschiedliche Weise erfolgen sollte. Nachdem die vollständige Beseitigung zum Ende der Übergangszeit nicht gelungen sei, habe man bezüglich der tarifären Hemmnisse den 31.12.1999 als Frist gewählt. Dieser Zeitpunkt sei in gleicher Weise maßgeblich für die endgültige Vereinheitlichung des Außenzolltarifs und damit für die Vollendung der Zollunion. Aus diesem Gesamtzusammenhang ergebe sich, daß eine grundsätzliche Parallelität zwischen beiden Arten von Handelsbeschränkungen bestehe und somit auch die nichttarifären Handelsbeschränkungen und Maßnahmen gleicher Wirkung bis Ende 1999 abgeschafft werden müßten[492]. Eine Ausnahme gelte lediglich für Handelsbeschränkungen, die durch legitime Zwecke gerechtfertigt seien, sofern sie zum Schutz der genannten Güter erforderlich und für den intrazonalen Handel nicht übermäßig belastend seien[493].

Damit hat das Schiedsgericht bereits in seinem ersten Schiedsspruch eine betont integrationsfreundliche Haltung an den Tag gelegt[494]. Entscheidend sei, ob eine bestimmte Regelung mit dem System des Vertrags von Asunción kompatibel ist

[489] wie gezeigt, C. II. 5.
[490] Mercosur-Schiedsgericht, Schiedspruch v. 28.04.1999, Gründe Nr. 64.
[491] Mercosur-Schiedsgericht, Schiedspruch v. 28.04.1999, Gründe Nr. 66.
[492] Mercosur-Schiedsgericht, Schiedspruch v. 28.04.1999, Gründe Nr. 72-79, 85.
[493] Mercosur-Schiedsgericht, Schiedspruch v. 28.04.1999, Gründe Nr. 81.
[494] Lehmann, EuZW 2001, S. 625 bezeichnet die Haltung des Schiedsgerichts als „fast aggressiv integrationsfreundlich“.

oder nicht[495]. Dabei komme es insbesondere darauf an, daß die Auslegung der Normen deren Effektivität und „nützliche Wirkung“[496] im Hinblick auf das Endziel der Integration sicherstellt[497].

d. Ursprungsregeln

Endziel der Mercosur-Integration ist die Schaffung eines Gemeinsamen Marktes mit dem Zwischenschritt der Schaffung einer Zollunion. Bis zur Vollendung dieser Zollunion, also mindestens während der Zeit bis zur Einführung eines gemeinsamen Außenzolltarifs für alle Güter, sollen jedoch nur solche Waren von der Warenverkehrsfreiheit profitieren, die ihren Ursprung in einem der Mitgliedstaaten haben[498]. Aus diesem Grund sind die für den Mercosur geltenden Ursprungsregeln von entscheidender Bedeutung für die Standortwahl und die Einkaufs- und Investitionsstrategien international tätiger Unternehmen.

aa. Grundsätze der Bestimmung des Warenursprungs

Grundsätzlich hängt der Präferenzstatus einer Ware von der Zurechenbarkeit zur Volkswirtschaft eines der Mitgliedstaaten des gemeinsamen Marktes ab. Angesichts der zunehmenden Globalisierung der Wirtschaft und der damit verbundenen Internationalisierung der Herstellungsprozesse erscheint diese Zurechnung immer weniger evident.
Die Bestimmung bzw. Zurechnung des Warenursprungs erscheint in den Fällen des natürlichen Warenursprungs unproblematisch, ebenso wenn eine Ware und ihre Bestandteile ausschließlich aus einem einzigen Mitgliedstaat stammen („wholly produced/wholly obtained“-Kriterium)[499]. Erfolgt jedoch lediglich eine Zusammensetzung bzw. eine Be- oder Verarbeitung von aus einem oder mehreren Drittstaaten stammenden Einzelkomponenten, erscheint die Zurechnung problematischer. Für eine Zurechnung zu dem Staat, in dem die Be- oder Verarbeitung bzw. die Zusammensetzung stattfindet, sind grundsätzlich zwei Hauptkriterien denkbar.

Einerseits könnte man darauf abstellen, ob eine wesentliche Umwandlung („substantial transformation“)[500] des oder der Ausgangsprodukte durch die ge-

---

495 Mercosur-Schiedsgericht, Schiedspruch v. 28.04.1999, Gründe Nr. 52, 55.
496 Mercosur-Schiedsgericht, Schiedspruch v. 28.04.1999, Gründe Nr. 78.
497 Mercosur-Schiedsgericht, Schiedspruch v. 28.04.1999, Gründe Nr. 57.
498 Dromi San Martino, S. 154.
499 vgl. Kaufmann, S. 36; vgl. auch Paragraph 2 von Annex D.1. der Kyoto-Konvention („International Convention on the Simplification and Harmonization of Costums Procedures“) 1973, offizielle Textausgabe des CCC (Customs Co-operation Council), Brüssel 1990.
500 vgl. Kaufmann, S. 38; vgl. auch Paragraph 3 von Annex D.1. der Kyoto-Konvention.

nannten Prozesse stattfindet[501]. Um wiederum festzulegen, ob die Umwandlung als wesentlich anzusehen ist, wird oft als Kriterium herangezogen, ob hinsichtlich des Endprodukts ein Wechsel der Zollposition gegenüber dem Ausgangsprodukt stattfindet („criterion of change in tariff-heading")[502]. Dies wird angesichts der unterschiedlichen Differenzierung in unterschiedlichen Teilen der Zollbestimmungen teilweise als äußerst willkürlich angesehen[503].

Anderseits könnte man darauf abstellen, ob eine Steigerung des Warenwertes des Endprodukts erfolgt („value added approach")[504]. Eine Zurechnung zu einem Staat könnte danach lediglich dann erfolgen, wenn in diesem Staat eine bestimmte prozentuale Wertsteigerung des Endprodukts gegenüber dem Ausgangsprodukt erfolgt [505]. In Frage kommt daneben eine Kombination beider Konzepte.

Vor dem Hintergrund einer solchen Vielzahl von möglichen Konzepten ist ein Regelungskatalog mit möglichst präzisen Vorschriften für die Erlangung und den eventuellen Verlust des Präferenzstatus erforderlich. Einen solchen Regelungskatalog bietet die Konvention von Kyoto[506], der jedoch die Mercosur-Mitgliedstaaten nicht beigetreten sind, so daß die Regelungen dieses Übereinkommens hinsichtlich der für den Mercosur geltenden Ursprungsregeln nicht bindend sind.

Eine umfassende Regelung des Warenursprungs war bereits im Vertrag von Asunción enthalten, wurde allerdings durch Entscheidung des Rates Nr. 23/94 geändert.

bb. Die Regelung des Warenursprungs im Vertrag von Asunción

Die Voraussetzungen der Erlangung des Mercosur-Ursprungsstatus wurden bereits in Anhang II zum Vertrag von Asunción festgelegt[507].

---

501 Jackson, The World Trading System, S. 168.

502 vgl. Kaufmann, S. 40; vgl. auch Anmerkung 2 zu Paragraph 3 von Annex D.1. der Kyoto-Konvention.

503 Jackson, The World Trading System, S. 168.

504 vgl. Kaufmann, S. 40; vgl. auch Anmerkung 3 zu Paragraph 3 von Annex D.1. der Kyoto-Konvention.

505 Jackson, The World Trading System, S. 168.

506 *International Convention on the Simplification and Harmonization of Costums Procedures* von 1973, offizielle Textausgabe des CCC (Customs Co-operation Council), Brüssel 1990.

507 Anhang II Kap. I VA.

Produkte wurden dann als Produkte eines Mitgliedstaates angesehen, wenn sie auf dessen Territiorium ausschließlich unter Verwendung von Materialien, die aus einem oder mehreren Mitgliedstaaten stammen, produziert werden[508]. Hierbei sollten als Materialien Rohmaterialien, Zwischenerzeugnisse sowie Teile und Komponenten von zu erzeugenden Gütern gelten[509]. Des weiteren sollten Produkte aus dem Bereich der Pflanzen, Tiere und Mineralien, unter Einschluß von Jagd und Fischerei, die entweder auf seinem Territorium, seinen Territorialgewässern oder seiner ausschließlichen Wirtschaftszone gewonnen wurden, als Produkte eines Mitgliedstaates angesehen werden[510].

Diese Voraussetzungen erfüllen auch Meereserzeugnisse, die außerhalb seiner Territorialgewässer und seiner ausschließlichen Wirtschaftszone von Schiffen unter der seiner Flagge oder betrieben von Gesellschaften mit Sitz in seinem Staatsgebiet gewonnen werden[511].

Dies gilt in gleicher Weise für Produkte, die in einem Mitgliedstaat die Form erreichen, in der sie vermarktet werden, außer bei simplen Montagen, Verpakkungen, Stückelungen o.ä[512]. Nicht als Produkt des Mitgliedstaates galten solche Produkte, wenn ausschließlich Ausgangsmaterialien aus Drittstaaten verwendet werden[513]. Bis zum 31.12.1994 galt hierzu als Übergangsregelung, daß die aus den Vertragsstaaten stammenden Einzelteile mindestens 40% des Endwertes auszumachen hatten[514].

Jedoch erhielten Produkte aus Ausgangsmaterialien aus Drittstaaten Mercosur-Ursprungstatus, wenn diese in der Weise bearbeitet werden, daß ein Wechsel der Verarbeitungsstufe gemäß der ALADI-Nomenklatur stattfindet[515]. Falls kein Wechsel der Verarbeitungsstufe stattfindet, gilt als ausreichend, daß der Wert der Drittlandausgangsmaterialien 50% des Wertes des Endprodukts nicht überschreitet[516].

Ausnahmen hierzu waren im Falle von temporären Zulieferschwierigkeiten zulässig, jedoch war von dem exportierenden Mitgliedstaat ein entsprechendes

508 Anhang II, Art. 1 lit. a VA.
509 Anhang II, Art. 10 lit. b VA.
510 Anhang II, Art. 1 lit. b VA.
511 Anhang II, Art. 1 lit. b VA.
512 Anhang II, Art. 1 lit. b VA; vgl. hierzu auch Paragraphen 6, 9 von Annex D.1. der Kyoto Konvention („minimal operations") sowie Kaufmann, S. 43, 48.
513 Anhang II, Art. 1 lit. c VA.
514 Anhang II, Art. 1 lit. d VA.
515 Anhang II, Art. 1 lit. c VA.
516 Anhang II, Art. 2 VA.

Zertifikat auszustellen und der importierende Mitgliedstaat sowie die Gruppe Gemeinsamer Markt unter Angabe der näheren Umstände und der Gründe zu verständigen[517].

Von der Vorzugsbehandlung sollten nur solche Waren profitieren, die auf direktem Weg von dem exportierenden in den importierenden Mitgliedstaat gelangen[518]. Unschädlich war hierbei jedoch das Durchqueren eines dritten Mitgliedstaates[519]. Unschädlich war weiterhin der Transit durch Drittstaaten, wenn der Transit durch geographische oder transporttechnische Gründe gerechtfertigt ist, die betreffenden Waren nicht zum Handel im Transitland bestimmt sind und keinerlei Be- oder Verarbeitung im Transitland stattfindet[520].

Die Ursprungsregeln des Anhangs II des Vertrages von Asunción galten jedoch nicht für bestimmte vorhergehende im Rahmen der ALADI abgeschlossenen Abkommen, hauptsächlich auf dem Agrarsektor[521].

cc. Das „Ursprungsreglement für die Waren in dem Gemeinsamen Markt des Südens"

Nach der Vorstellung der Vertragstaaten bei Abschluß des Vertrages von Asunción sollte zum Ende der Übergangszeit zum 31.12.1994 ein Gemeinsamer Markt entstehen. Wie bereits dargestellt[522] ist Kennzeichen eines solchen gemeinsamen Marktes, daß innerhalb dieses Marktes alle Waren, die in einen Mitgliedstaat ordnungsgemäß eingeführt oder in diesem hergestellt wurden, frei zirkulieren können. Ursprungsregeln sind somit in einem solchen Markt nicht erforderlich. Nachdem jedoch klar wurde, daß sich im Mercosur das ehrgeizige Ziel der Schaffung eines solchen Gemeinsamen Marktes innerhalb eines Zeitraums von lediglich vier Jahren nicht verwirklichen lassen würde, mussten zumindest für solche Produkte, die noch nicht einem gemeinsamen Außenzoll unterlagen, Ursprungsregeln bestehen bleiben. Jedoch wurde hierfür nicht die bis zum Ende der Übergangszeit geltende Regelung verlängert, sondern vielmehr durch die Entscheidungen des Rates Nr. 6/94 (allgemeine Ursprungsregelung) sowie Nr. 23/94 (Spezifische Ursprungserfordernisse)[523] ein „Ursprungsreglement für die Waren in dem Gemeinsamen Markt des Südens" eingeführt. Dieses

517 Anhang II, Art. 5 VA.
518 Anhang II, Art. 9 VA.
519 Anhang II, Art. 9 lit. a VA.
520 Anhang II, Art. 9 lit. b VA; vgl. Kaufmann, S. 49.
521 Anhang II, Art. 19 VA.
522 s.o. III. 1.c.
523 beide abgedruckt in: Rechtsquellen des Mercosur, Teilband II, S. 515 ff. mit dt. Übersetzung.

Reglement ersetzt Anhang II des Vertrages von Asunción und hat den Zweck, Waren mit Mercosur-Ursprung als solche zu qualifizieren, die Ausstellung der Ursprungszeugnisse zu regeln sowie Sanktionen für Fälschung oder mangelhafte Kontrolle der Ursprungszeugnisse festzulegen[524].

(1) Anwendungsbereich

Nachdem zum Zeitpunkt der Einführung des Ursprungsreglements bereits für zahlreiche Produkte ein gemeinsamer Außenzoll eingeführt war,
wurde der Anwendungsbereich des Ursprungsreglements festgelegt. Umfaßt sollten Produkte sein, die noch keinem gemeinsamen Außenzollsatz unterliegen („Produkte, die sich im Prozess der Konvergenz hin zum Gemeinsamen Außenzoll befinden") sowie solche, die zwar an sich dem Gemeinsamen Außenzoll unterliegen, aber für deren Einzelteile und Komponenten dies noch nicht der Fall ist. Liegt der Zollsatz des ausgenommenen Produkts über dem Gemeinsamen Außenzoll (absteigende Konvergenz), sind die Ursprungsregeln auf von dem ausnehmenden Staat vorgenommene Importe anzuwenden[525]. Liegt der Zollsatz jedoch unterhalb des Gemeinsamen Außenzolls (aufsteigende Konvergenz), sind die Ursprungsregeln auf von diesem Staat vorgenommene Exporte anzuwenden[526].

Eine Ausnahme vom Anwendungsbereich gilt lediglich dann, wenn der Gesamtwert dieser von außerhalb des Mercosur importierten Einzelteile 40% des Wertes des Endprodukts nicht überschreitet[527]. Hierzu war von der Handelskommission bis zum 31.03.1995 eine Liste mit Produkten vorzulegen, bei denen der genannte 40%-Anteil überschritten war[528].

Des weiteren ist das Ursprungsreglement anwendbar bei differierenden Handelspolitiken eines oder mehrerer Mitgliedstaaten gegenüber Drittstaaten[529] oder in anderen von der Handelskommission bestimmten Fällen[530].

524 Entscheidung des Rates Nr. 6/94 Anhang Art. 1.
525 Entscheidung des Rates Nr. 23/94, Art. 2 lit. a.
526 Entscheidung des Rates Nr. 23/94, Art. 2 lit. b.
527 Entscheidung des Rates Nr. 6/94, Anhang Art. 2.
528 Entscheidung des Rates Nr. 23/94, Art. 5.
529 Entscheidung des Rates Nr. 6/94, Anhang Art. 2; Entscheidung des Rates Nr. 23/94, Art. 3.
530 Entscheidung des Rates Nr. 6/94, Anhang Art. 2.

(2) Der natürliche Warenursprung

Als Produkte, die als solche mit Mercosur-Warenursprung zu qualifizieren sind, gelten wie während der Übergangszeit diejenigen, die dem „wholly obtained/ wholly produced"-Kriterium entsprechen[531].

(3) Erlangung der Ursprungseigenschaft durch Be- oder Verarbeitung

Abweichend von derjenigen der Übergangszeit ist die Regelung, wonach solche Produkte als solche mit Mercosur-Ursprungstatus angesehen werden, die in einem Mitgliedstaat unter Verwendung von nicht aus dem Mercosur stammenden Materialien hergestellt werden, wenn durch die Be- oder Verarbeitung ein Wechsel der Zollposition gemäß der Gemeinsamen Nomenklatur des Mercosur stattfindet. Ausnahmsweise soll zu dem Wechsel der Zollposition noch das Erfordernis einer 60% igen Wertschöpfung hinzukommen[532]. Bei der Übergangsregelung konnten Produkte nicht von der Präferenzbehandlung profitieren, wenn bei der Herstellung ausschließlich Ausgangsmaterialien aus Drittstaaten verwendet werden[533]. Diese Bestimmung wurde für das Mercosur-Ursprungsreglement aufgegeben, im Gegenzug jedoch für bestimmte Waren das Erfordernis der 60%igen Wertschöpfung neu eingeführt. Hier mag die Erkenntnis zugrundeliegen, daß volkswirtschaftlich die Wertschöpfung durch die Be- oder Verarbeitung entscheidender ist als die Herkunft der Ausgangsmaterialien. Die Frage, nach welchen Kriterien bzw. nach welcher Methode der Grad der Wertschöpfung gemessen wird, wurde bezüglich der Mercosur-Ursprungsregeln nicht ausdrücklich festgelegt. Maßgeblich ist jedoch die Methode der Berechnung des Zollwerts einer Ware[534]. Seit Inkrafttreten des Abkommens zur Durchführung des Art. VII GATT am 1.Januar 1981[535] und dem Protokoll zu diesem Abkommen[536] existiert hier eine vereinheitlichte Zollwertberechnung auf GATT-Ebene. Allerdings traten dem Abkommen bis 1994 lediglich 29 GATT-Mitglieder bei. Im Rahmen der Beratungen in der Uruguay-Runde erfolgte eine Modifizierung, u.a. mit Sonderbestimmungen für Entwicklungsländer, nach der

[531] Entscheidung des Rates Nr. 6/94 Anhang Art. 3 lit. a, Anhang Art. 8, Anhang Art. 3 lit .b; s. o. C. V. 2.g. bb.; vgl. Haller, S. 64.

[532] Entscheidung des Rates Nr. 6/94 Anhang Art. 3 lit. c; Das in der Entscheidung Nr. 6/94 Anhang Art. 3 lit. f statuierte Erfordernis einer Wertschöpfung von 80% für Kapitalgüter wurde durch Entscheidung Nr. 23/94 Art. 4 auf den allgemeinen Satz von 60% zurückgeführt; vgl. auch Haller, S. 65.

[533] Anhang II, Art. 1 lit. c VA.

[534] vgl. hierzu Senti, S. 366 ff.

[535] Agreement on Implementation of Article VII of the GATT, GATT (1980), BISD 26th S, S. 116 ff.

[536] Protocol to the Agreement on Implementation of Article VII of the GATT, GATT (1980), BISD 26th S, S. 151 ff.

das Abkommen allgemeinverbindlich ist. Das modifizierte Abkommen trat am 1.Januar 1995 in Kraft[537]. Darin werden fünf Zollwertberechnungsmethoden genannt, die in hierarchischer Folge übereinanderstehen. Kann keine dieser fünf Methoden angewendet werden, steht eine Auffangklausel zur Verfügung[538].

Das Erfordernis des Wechsels der Zollposition ersetzt somit das Erfordernis des Wechsels der Verarbeitungsstufe gemäß der ALADI-Nomenklatur während der Übergangszeit[539]. Falls kein Wechsel der Zollposition stattfindet, gilt als ausreichend, daß der Wert der Drittlandausgangsmaterialien 40% des Wertes des Endprodukts nicht überschreitet[540]. Die während der Übergangszeit möglichen Ausnahmen hierzu im Falle von temporären Zulieferschwierigkeiten[541] wurden im Mercosur-Ursprungsreglement vollständig abgeschafft.

Wie während der Übergangszeit sollen von der Vorzugsbehandlung nur solche Waren profitieren, die auf direktem Weg von dem exportierenden in den importierenden Mitgliedstaat gelangen[542]. Unschädlich ist hierbei jedoch das Durchqueren eines dritten Mitgliedstaates[543]. Unschädlich ist weiterhin der Transit durch Drittstaaten, wenn der Transit durch geographische oder transporttechnische Gründe gerechtfertigt ist, die betreffenden Waren nicht zum Handel im Transitland bestimmt sind und keinerlei Be- oder Verarbeitung im Transitland stattfindet[544].

(4) Spezielle Ursprungserfordernisse

Schließlich wurden durch die Entscheidung des Rates Nr.16/97 für bestimmte Bereiche der Wirtschaft spezielle Ursprungserfordernisse („Requisitos Específi-

---

537 Understanding on the Interpretation of Art.VII of the GATT, Hummer/Weiss, Vom GATT '47 zur WTO '94, Dokumente zur alten und zur neuen Welthandelsordnung, Baden-Baden 1997, S. 609ff (deutsche Fassung); WTO, The Legal Texts, S.197ff. (englische Fassung.)

538 eine ausführliche Darstellung der verschiedenen Berechnungsmethoden erfolgt bei Senti, S. 369 ff.

539 Anhang II, Art. 1 lit. c VA.

540 Entscheidung des Rates Nr. 6/94 ,Anhang Art. 3 lit. d und e; gegenüber 50% während der Übergangszeit nach Anhang II, Art. 2 VA; Bei Operationen im Anwendungsbereich bereits geschlossener bilateraler Abkommen zwischen Argentinien und Uruguay (CAUCE) und zwischen Brasilien und Uruguay (PEC) blieben gemäß Richtlinie der Handelskommission Nr. 12/96 Notas Aclaratorias lit. f und g bis zum Jahr 2001 die Regelungen aus diesen Abkommen in Kraft, nämlich ein Erfordernis von lediglich 50% Materialien regionaler Herkunft.

541 Anhang II, Art. 5 VA.

542 Anhang II, Art. 9 VA; Entscheidung des Rates Nr. 6/94, Anhang Art. 10.

543 Anhang II, Art. 9 lit. a VA.

544 Anhang II, Art. 9 lit. b VA.

cos de Origen") festgelegt.Hierbei handelt es sich um die Sektoren Chemie, Stahlverarbeitung, Telekommunikation, Informatik sowie Milchprodukte[545].

dd. Die formellen Ursprungsregeln des Mercosur

Die Einhaltung der dargestellten materiellen Ursprungsregeln ist durch entsprechende Ursprungszeugnisse nachzuweisen[546].

(1) Deklarierung

Die Deklarierung hat durch den Endproduzenten oder den Exporteur zu erfolgen[547]. Erforderlich hierzu ist die beglaubigte Beschreibung der Beschaffenheit und der Bestandteile des Produktes und des Herstellungsprozesses[548].

(2) Zertifizierung

Die Ursprungszeugnisse sind von einer offiziellen Stelle oder einer von der Regierung des Exportmitgliedstaates hierzu authorisierten Berufsvereinigung mit juristischer Persönlichkeit auszustellen[549]. Werden Berufsvereinigungen authorisiert, ist sicherzustellen, daß diese durch regionale oder lokale Einheiten repräsentiert werden können, wobei die Vereinigung auf nationaler Ebene für die Richtigkeit der Zeugnisse direkt verantwortlich bleibt. Das Verwaltungssekretariat erstellt eine Liste aller Stellen mit Berechtigung zur Ausstellung von Ursprungszeugnissen, die den Zollverwaltungen zur Verfügung gestellt wird[550].

(3) Geltungsdauer der Zeugnisse

Die Ursprungszeugnisse sind vom Tag der Ausstellung an 180 Tage gültig[551].

---

545 Entscheidung des Rates Nr. 16/97, http://www.mercosur.org.uy/espanol/ snor/normativa/ decisiones/1997/9716.htm; BOM Nr. 4 (1998), Anhang.

546 Anhang II, Art. 11 VA.

547 Anhang II, Art. 12 VA; Entscheidung des Rates Nr. 2/91, http://www.mercosur. org.uy/ espanol/snor/normativa/decisiones/1991/9102.htm; BOM I 1 (1991), Art. 5.

548 Entscheidung des Rates Nr. 2/91, Art. 5.

549 Anhang II, Art. 12 VA; Entscheidung des Rates Nr. 2/91, Art. 1.

550 Richtlinie der Handelskommission Nr. 12/96, http://www.mercosur.org.uy/ espanol/snor /normativa/directivas/1996/dir1296.htm; Anhang I lit. B.

551 Anhang II, Art. 13 VA; Richtlinie der Handelskommission Nr. 12/96, Anhang I, Art. D. 4.

(4) Überprüfung

Betrachtet ein Mitgliedstaat von einer offiziellen Stelle oder hierzu authorisierten Berufsvereinigung eines anderen Mitgliedstaates ausgestellte Zeugnisse als nicht konform mit den Ursprungsregeln, ist der betreffende Mitgliedstaat zu informieren[552]. Dieser hat in seinem Ermessen stehende angemessene Maßnahmen zur Lösung der aufgetretenen Probleme zu ergreifen[553]. Stellt sich die Berechtigung der Anschuldigung heraus, ist der ausstellenden Stelle für die Dauer von zwölf Monaten, im Wiederholungsfall für unbeschränkte Dauer das Recht zur Ausstellung von Ursprungszeugnissen zu entziehen[554]. Zum Zweck der Überprüfung der ausgestellten Zeugnisse sind Abschriften der Zeugnisse sowie der zugrundeliegenden Dokumentation für einen Zeitraum von zwei Jahren nach Ausstellung des Zeugnisses aufzubewahren[555].

(5) Sanktionen

Für die unrichtige Ausstellung der Ursprungszeugnisse wurden von den Mitgliedstaaten vereinbarungsgemäß einheitliche Sanktionen beschlossen[556]. Danach wird der Produzent bzw. Exporteur, der falsche Informationen geliefert hat, die zu einer Nichteinhaltung der Urprungsregeln geführt haben, für die Dauer von 12 Monaten von dem Recht zum Export im Rahmen des Vertrages von Asunción ausgeschlossen[557]. Im Wiederholungsfall gilt der Ausschluß unbeschränkt[558].

ee. Rechtsschutz gegen Ursprungsentscheidungen

Zur Frage des Rechtsschutzes gegen hoheitliche Akte im Bereich der Ursprungsregeln existieren keine spezifischen Regelungen. Damit gelten hier die Bestimmungen hinsichtlich des Individualrechtsschutzes[559].

---

552 Entscheidung des Rates Nr. 2/91, Art. 12.
553 Anhang II, Art. 16 VA.
554 Entscheidung des Rates Nr. 2/91, Art. 25 lit. c, d.
555 Anhang II, Art. 17 VA; Entscheidung des Rates Nr. 2/91, Art. 7.
556 Anhang II, Art. 12 VA; Erklärung des Rates v.17.12.91, Entscheidung Nr.5, abgedr. In Gazeta Mercantil v. 18.12.91, S. 8 f.
557 Entscheidung des Rates Nr. 2/91, Art. 25 lit. a.
558 Entscheidung des Rates Nr. 2/91, Art. 25 lit. b.
559 s. o. C. II. 6.d.

ff. Die Kooperation der Mitgliedstaaten im Ursprungsrecht

Zwischen den Mitgliedstaaten findet über die nationalen Koordinatoren des Technischen Komitee 3 „Handelsnormen" ein regelmäßiger Informationsaustausch statt. Ziel ist es, die Liste der den Ursprungsregeln unterworfenen Produkte ständig zu aktualisieren[560].

e. Schutzklauseln (*cláusulas de salvaguardia*)

Nach dem Wortlaut des Vertrages von Asunción sollte es innerhalb einer Übergangszeit bis zum 31.12.1994 den Mitgliedstaaten erlaubt sein, bestimmte Produkte zu benennen, die ausnahmsweise zunächst vom Freihandel ausgenommen sein sollten[561]. Ob eine Anwendung auch nach der Übergangszeit noch erfolgen kann, war lange streitig und konnte letzlich erst durch Entscheidung des Schiedsgerichts geklärt werden. Im folgenden wird die Schutzklauselregelung sowie der Meinungsstreit über deren Anwendbarkeit dargestellt.

aa. Anwendungsvoraussetzungen

Schutzklauseln sollen nur dann zur Anwendung kommen, wenn für die Volkswirtschaft des importierenden Mitgliedstaates ein Schaden bereits eingetreten ist oder ein schwerer Schaden droht[562], wobei hier die Formulierung deutlich macht, daß für den Fall eines zukünftigen vermuteten Schadenseintritts, um Mißbrauch der Schutzklauseln zu verhindern, allein eine Schädigung der Volkswirtschaft nicht ausreichend ist, sondern es sich vielmehr um einen erheblichen Schaden handeln muß.

Der Schaden oder der drohende erhebliche Schaden müßte durch signifikant steigende Importe eines bestimmten Produkts hervorgerufen werden, wodurch ein Kausalitätserfordernis aufgestellt wird[563]. Auch hier macht die Formulierung „signifikant steigend" deutlich, daß Schutzklauseln lediglich die ultima ratio darstellen sollen.

Der Schaden müßte zudem innerhalb eines kurzen Zeitraums hervorgerufen werden[564]. Einer langsamen Veränderung der Märkte durch die voranschreitende Integration soll so nicht entgegengetreten werden. Lediglich kurzfristige

---

560 Entscheidung des Rates Nr. 5/96, http://www.mercosur.org.uy/espanol/ snor/normativa/ decisiones/1996/9605.htm; BOM I 1 (1996) Art. 7.

561 Anhang IV Art. 1 VA; vgl. zum Bereich der Anti-Dumping-Maßnahmen: Haller, S. 79.

562 Anhang IV Art. 2 VA.

563 Anhang IV Art. 2 VA.

564 Anhang IV Art. 2 VA.

„Schockreaktionen" durch die im Vertrag von Asunción vorgesehene ehrgeizig schnelle Liberalisierung sollen abgemildert werden.

bb. Verfahren

Vor Anwendung von Schutzklauseln ist ein genau festgelegtes Verfahren einzuhalten.

(1) Antrag

Sind die oben dargestellten Voraussetzungen gegeben, kann der betroffene importierende Mitgliedstaat die Durchführung von Konsultationen mit dem Ziel, die schädigende Situation zu beenden, beantragen[565]. Dem Antrag ist eine detaillierte Stellungnahme mit dem zugrundeliegenden Sachverhalt sowie der Begründung der beabsichtigten Schutzklausel beizufügen[566]. Bei der Glaubhaftmachung eines Schadens oder eines drohenden erheblichen Schadens für die Volkswirtschaft des importierenden Mitgliedstaates sind folgende Faktoren bezüglich des betreffenden Produkts zu berücksichtigen:
Produktionsniveau und –kapazität, Beschäftigungsniveau, Marktanteil, Umfang des Warenaustauschs zwischen den betroffenen Mitgliedstaaten und Außenhandelsbilanz gegenüber Drittstaaten[567]. Klargestellt wird jedoch, daß hier keiner der genannten Faktoren für sich allein zu betrachten ist, sondern die Wechselwirkung aller Faktoren, aufgrund derer eine Gesamtbetrachtung zu erfolgen hat[568].

Ausdrücklich nicht zu berücksichtigen sind technologischer Wandel oder Änderung der Verbraucherpräferenz in Richtung auf ähnliche oder in direktem Wettbewerb stehende Produkte desselben Sektors[569].

(2) Konsultationen

Die Gruppe Gemeinsamer Markt hat innerhalb einer Frist von maximal zehn Kalendertagen nach Antragstellung Konsultationen hierüber zu beginnen und diese spätestens 20 Kalendertage nach dem Beginn der Konsultationen abzuschließen[570].

---

[565] Anhang IV Art. 2 Abs. 1 VA.
[566] Anhang IV Art. 2 Abs. 2 VA.
[567] Anhang IV Art. 3 Abs. 1 VA.
[568] Anhang IV Art. 3 Abs. 2 VA.
[569] Anhang IV Art. 3 Abs. 3 VA.
[570] Anhang IV Art. 2 Abs. 3 VA.

(3) Entscheidung

Am Ende der Konsultationen muß eine Entscheidung über den Antrag stehen[571]. Die Anwendung der Schutzklausel hat in jedem betroffenen Mitgliedstaat erst nach erfolgter Genehmigung der nationalen Sektion der Gruppe Gemeinsamer Markt zu erfolgen[572].

cc. Importquoten

Um entstandene Handelsverbindungen durch die Schutzklauseln nicht vollständig zu kappen, sollen bezüglich des betroffenen Produkts Importquoten zwischen dem importierenden und dem exportierenden Mitgliedstaat ausgehandelt werden. Die Waren innerhalb dieser Importquote unterliegen jedoch weiterhin der Präferenzbehandlung gemäß dem Programm zur Handelsliberalisierung[573]. Das Aushandeln der Importquote soll während der oben genannten Konsultationsphasen erfolgen[574]. Wird eine Einigung nicht erzielt, kann der importierende Mitgliedstaat eine Quote für einen Zeitraum von einem Jahr festlegen, wobei in diesem Fall die Quote keinesfalls unter dem durchschnittlichen Umfang der Importe des betreffenden Produkts in den vorangegangenen drei Kalenderjahren liegen darf[575].

dd. Zeitliche Geltung der Schutzklausel

Die reguläre Anwendung der Schutzklausel erstreckt sich auf ein Jahr und kann unter Wiederholung des beschriebenen Verfahrens um ein weiteres Jahr verlängert werden. Schutzmaßnahmen dieser Art können jedoch für das jeweilige Produkt nur ein einziges Mal angewendet werden. Keinesfalls sollte hiernach die Anwendung einer Schutzklausel über den 31.12.1994 hinaus zulässig sein[576].

ee. Gesamtwirtschaftliche Schutzklausel

Weiterhin war vorgesehen, daß während der Übergangszeit jeder Mitgliedstaat bei erheblichen Schwierigkeiten gesamtwirtschaftlicher Art, also ohne Beschränkung auf ein einzelnes Produkt bei der Gruppe Gemeinsamer Markt die Durchführung von Konsultationen mit dem Ziel des Ergreifens von korrektiven

---

571 Anhang IV Art. 2 Abs. 3 VA.
572 Anhang IV Art. 3 Abs. 4 VA.
573 Anhang IV Art. 4 Abs. 1 VA.
574 Anhang IV Art. 4 Abs. 2 S. 1 VA.
575 Anhang IV Art. 4 Abs. 2 S. 2, Abs. 3 VA.
576 Anhang IV Art. 5 VA.

Maßnahmen beantragen kann[577]. Während der oben genannten Fristen sollte die Gruppe Gemeinsamer Markt dann die Situation evaluieren und den Umständen entsprechend über geeignete Maßnahmen entscheiden[578].

ff. Der Schiedsspruch des Mercosur-Schiedsgerichts vom 10. März 2000

In dem dritten Schiedsspruch des Mercosur-Schiedsgerichts[579] ging es um die Frage der Zulässigkeit von Schutzklauseln nach dem Ende der Übergangszeit Ende 1994. Von der Schutzklauselregelung machte Argentinien gegenüber Brasilien für den Bereich der Textilien Gebrauch. Nachdem schließlich nach dem Ende der diesbezüglichen Schutzfrist Argentinien sich weigerte, auch diesen Bereich zu liberalisieren, rief Brasilien nach erfolglosem Vorverfahren das Mercosur-Schiedsgericht an, das schließlich Argentinien zur Aufhebung der Schutzbestimmungen verurteilte.

Argentinien argumentierte, daß Schutzmaßnahmen bis Ende 1994 ausdrücklich nach Anhang IV des Vertrages von Asunción erlaubt gewesen waren und nach diesem Zeitpunkt eine ausdrückliche Mercosur-Norm nicht bestehe, weshalb hier ein „rechtliches Vakuum" gegeben sei. Aus diesem Grund sei das Schiedsgericht auch nicht zuständig, da überhaupt keine Streitigkeit über eine Rechtsnorm des Gemeinschaftsrechts existiere.

Das Gericht entschied zunächst zu der Vorfrage, daß es zuständig sei, da eine Streitigkeit über die Verpflichtungen der Mitgliedstaaten aus dem Gemeinschaftsrecht gegeben sei. Zu dem Argument des „rechtlichen Vakuums" erläuterte das Gericht, daß die Verpflichtungen der Mitgliedstaaten im Gesamtzusammenhang des Normengefüges des Mercosur sowie unter Berücksichtigung der Ziele dieses Normgefüges zu identifizieren seien[580]. Ausdrücklich nahm das Gericht auf seine diesbezüglichen Ausführungen in den beiden vorangegangen Schiedssprüchen Bezug[581]. Ein rechtliches Vakuum sei nicht gegeben. Ziel der Mercosurbestimmungen zur Warenverkehrsfreiheit sei nämlich die Eliminierung auch der nichttarifären Handelshemmnisse. Die Bestimmung, wonach bis Ende 1994 ausnahmsweise Schutzklauseln erlaubt waren, sei so zu verstehen, daß über diesen Zeitpunkt hinaus keinesfalls noch Schutzklauseln angewendet werden dürfen, außer wenn sie ausdrücklich erlaubt sind[582]. Anderes gelte lediglich

---

577 Anhang IV Art. 7 Abs. 1 VA.

578 Anhang IV Art. 7 Abs. 2 VA.

579 „*Textil*", http:// www.mercosur.org.uy/ espanol/snor/normativa /LAUDOS.HTM.; BOM Nr. 13 (2000).

580 Mercosur-Schiedsgericht, Schiedsspruch v. 10.03.2000, Gründe III.C. sowie IV.E.

581 Mercosur-Schiedsgericht, Schiedsspruch v. 10.03.2000, Gründe III.C.

582 Mercosur-Schiedsgericht, Schiedspruch v. 10.03.2000, Gründe III.E. sowie IV.F.

für den extrazonalen Handel[583]. Selbst wenn keine konkrete gemeinschaftsrechtliche Vorschrift im Hinblick auf den Handel mit Textilien existiert, so ist nach Ansicht des Gerichts doch grundsätzlich für die innergemeinschaftlichen Handelsbeziehungen eine rechtliche Basis im Interesse der Rechtsklarheit und der Rechtssicherheit erforderlich [584].

Im Ergebnis können damit bezüglich der auch von dem Schiedsgericht angesprochenen ausdrücklich festgelegten Ausnahmen nach wie vor Schutzklauseln angewendet werden. Im Interesse der weiteren Integration und der Vervollständigung der Freihandelszone, der Zollunion und schließlich der Schaffung eines Gemeinsamen Marktes ist allerdings darauf hinzuwirken, daß langfristig die zahlreichen Ausnahmen und Sonderregelungen verschwinden und stattdessen eine einheitliche Liste, die möglichst alle Produkte erfaßt, in Kraft tritt[585].

gg. Schutzmaßnahmen gegenüber Importen aus Nichtmitgliedstaaten

Für den Bereich der extrazonalen Importe wurde das „Reglement bezüglich der Anwendung von Schutzmaßnahmen auf Importe aus Nicht-Mitgliedsländern des Gemeinsamen Marktes des Südens" eingeführt[586]. Inhaltlich wird darin weitgehend auf das WTO-Übereinkommen über Schutzmaßnahmen vom 15.04.1994[587], das seinerseits auf Art. XIX GATT beruht, Bezug genommen. Durch das Reglement wird ein Verfahren zur Anwendung von Schutzmaßnahmen durch den Mercosur als eigene Körperschaft eingeführt. Das Verfahren kann auch durch den Mercosur im Namen eines Mitgliedstaates durchgeführt werden. Zuständig für die Durchführung ist die Handelkommission des Mercosur, zuständig für die Vorbereitung das „Komitée für Handelsschutz und Schutzklauseln" (*Comité de Defensa Comercial y Salvaguardias* , CDCS)[588].

f. Unvollständigkeit der Freihandelszone

Entscheidend für die Verwirklichung einer Freihandelszone ist nach der Definition in Art. XXIV Abs. 8 GATT, ob tarifäre und nichttarifäre Handelshemmnis-

---

583 Mercosur-Schiedsgericht, Schiedspruch v. 10.03.2000, Gründe III.H.3.
584 Mercosur-Schiedsgericht, Schiedspruch v. 10.03.2000, Gründe III.H.3.
585 so auch BID, Mercosur Report Nr.1 (Juli –Dezember 1996), S. 19.
586 Entscheidung des Rates Nr. 17/96, abgedr. in: Rechtsquellen des Mercosur, Teilband II, S. 537 ff. mit dt. Übersetzung.
587 Abl. EG 1994 L 336/184; so auch Haller, S. 78.
588 s. hierzu Richtlinie der Handelskommission Nr. 9/97, http://www.mercosur.org.uy/ espanol/snor/normativa/directivas/1997/dir0997.htm; BOM Nr. 2 (1997), über Aufgaben und Befugnisse und Richtlinie der Handelskommission Nr. 13/98, http://www.mercosur. org.uy/espanol/ snor/normativa/directivas/1998/1398.htm; BOM Nr. 8 (1999), zum internen Statut.

se für annähernd den gesamten Handel zwischen den Mitgliedstaaten beseitigt sind. Wie gezeigt wurde der überwiegende Teil der Schranken tarifärer und nichttarifärer Art für den freien Warenverkehr zwischen den Mercosur-Mitgliedstaaten bereits beseitigt[589]. Dies gilt selbst für den allgemein als problematisch angesehenen Agrarsektor. Die Ursache hierfür dürfte in der hohen Wettbewerbsfähigkeit dieses Sektors in allen Mitgliedstaaten zu suchen sein. Zwar bestehen in wenigen sensiblen Bereichen noch Ausnahmeregelungen, jedoch liegt bereits eine Einigung über eine vollständige Liberalisierung auch dieser Sektoren - namentlich des Automobil- und des Zuckersektors - vor, so daß bis zum Jahr 2006 eine vollständige und umfassende Liberalisierung alle Wirtschaftsbereiche zu erwarten ist. Selbst wenn derzeit eine vollständige Liberalisierung in diesen wenigen Sektoren noch nicht gegeben ist und daher formell lediglich eine unvollständige Freihandelszone vorliegt, kann angesichts der bereits beschlossenen Liberalisierungsschritte jedenfalls nicht von einer Ausklammerung ganzer Warenbereiche[590] gesprochen werden. Angesichts der umfassenden, alle Bereiche der Wirtschaft einschliessenden Liberalisierung wird auch dem Sinn und Zweck der „substantially all the trade"-Formel, nämlich die Verhinderung von sektoriellen Abkommen, die der Privilegierung der Ausnahmevorschrift des Art. XXIV Abs. 8 GATT nicht unterfallen sollen[591], entsprochen. Damit kann der Mercosur mindestens als Freihandelszone im Sinne von Art. XXIV Abs. 8 GATT bezeichnet werden.

3. Verwirklichung einer Zollunion

Im folgenden soll geprüft werden, ob über das Vorliegen einer Freihandelszone hinaus bezüglich des Mercosur bereits von einer verwirklichten Zollunion gesprochen werden kann.

Entscheidend hierfür ist die Einführung eines gemeinsamen Außenzolls[592].

a. Gemeinsamer Außenzoll

Bereits 1993 wurde die Einführung eines Gemeinsamen Außenzolls (*Arancel Externo Común*) zum 1. Januar 1995 beschlossen[593]. Ein Jahr später folgte die konkrete Ausgestaltung der Regelung, die auch zahlreiche von der Anwendung

---

589 s. o. C. III. 2.a.,b.; vgl. Haller, S. 60.

590 zu diesem Kriterium: vgl. Bratschi, GATT, S. 87; Jaeger, GATT, EWG und EFTA, S. 273; Steinberger, S. 152, vgl. Senti, S. 451.

591 Hauser/Schanz, S. 254; Steinberger, S. 108, S. 147.

592 s. o. C. III. 1.b.; vgl. auch Haller, S. 52.

593 Entscheidung des Rates Nr. 13/93, http://www.mercosur.org.uy/espanol/ snor/normativa/ decisiones/1993/9313.htm;; dies war auch bereits in Art. 1 Abs. 3 VA so vorgesehen.

des Gemeinsamen Außenzolls ausgenommene Güter beeinhaltet[594]. Der Gemeinsame Außenzoll trat tatsächlich 1995 in Kraft, wobei in der Folgezeit mehrere Modifikationen erfolgten[595].

Der Gemeinsame Außenzoll umfaßt ungefähr 85% der Zollpositionen und legt für diese einen Zollsatz fest, der je nach Gut von 0-20% schwankt[596]. Der durchschnittliche Außenzoll liegt bei 10,4 %[597]. Bemerkenswerterweise ist damit das Niveau des Gemeinsamen Außenzolls niedriger als der vom Mercosur der WTO gemeldete konsolidierte Wert der bisherigen nationalen Tarife[598].

Nach dem Vorbild der EG wurde ein gemeinschaftlicher Zollkodex[599] geschaffen, der jedoch bisher nicht in Kraft getreten ist[600]. Zusätzlich kam eine Vereinheitlichung der Regeln über die Zollabfertigung an den Außengrenzen[601], die Bestimmung der Zollwerte[602] sowie die Einführung integrierter Zollkontrollen an den Binnengrenzen zustande[603].

Für die von der Anwendung ab 1. Januar 1995 zunächst ausgenommenen Produkte sah ein Konvergenzplan die Angleichung der Außenzölle bis zum 1. Januar 1999 für Argentinien und Brasilien (bis zum 1. Januar 2000 für Paraguay und Uruguay) vor[604]. Zusätzlich konnten Argentinien, Brasilien und Uruguay bis 1. Januar 2001 für eine maximale Anzahl von 300 Tarifpositionen den alten nationalen Außenzoll beibehalten, für Paraguay gilt dies für 399 Tarifpositionen bis zum 1. Januar 2006[605]. Für 900 Positionen im Bereich der Investitionsgüter galt eine jährliche lineare und automatische Anpassung auf ein Außenzollniveau von

---

594 Entscheidungen des Rates Nr. 7/94 und Nr. 22/94, abgedr. in: Basedow/Samtleben, Rechtsquellen des Mercosur, Teilband II, S. 509 ff.; vgl. Haller, S. 53.

595 Entscheidung des Rates Nr. 15/97, http://www.mercosur.org.uy/espanol/ snor/normativa/decisiones/1997/9715.htm; BOM Nr. 5 (1998); Entscheidung des Rates Nr. 6/01 http://www.mercosur.org.uy/espanol/snor/normativa/decisiones/2001/dec06-01.htm; BOM Nr. 18 (2001); vgl. Samtleben, WM 1996, S. 1997 sowie Haller, S. 53.

596 Entscheidung des Rates Nr. 22/94 Anhang I.

597 Pisonero, Economía Exterior 1998, S. 21; Diaz Porta/Hebler/Kösters, S. 13.

598 Diaz Porta/Hebler/Kösters, S. 13.

599 Código Aduanero del Mercosur, Entscheidung des Rates Nr. 25/94, abgedruckt in BILA 15 (1994), S. 309 ff.

600 vgl. Dromi, Código del Mercosur, S. 168 ff.; vgl. Samtleben, WM 1996, S. 1997

601 Norma de Aplicación sobre Despacho Aduanero de Mercaderías, Entscheidung des Rates Nr. 16/94, abgedruckt in BILA 15 (1994), S. 297 ff.

602 Norma de Aplicación sobre Valoración Aduanera de Mercaderías, Entscheidung des Rates Nr. 17/94, abgedr. in: Galeano Perrone, S. 137.

603 Acuerdo de Recife, Entscheidung des Rates Nr. 5/93, abgedruckt in BILA 10 (1993), S. 131 ff.; Samtleben, WM 1994, S. 1997.

604 Entscheidung des Rates Nr. 7/94.

605 Diaz Porta/Hebler/Kösters, S. 13.

14 % bis zum Jahr 2001 für Argentinien und Brasilien und bis zum Jahr 2006 für Paraguay und Uruguay[606]. Für Produkte in den Bereichen Informatik und Telekommunikation gilt ebenfalls eine lineare und automatische jährliche Anpassung der jeweiligen nationalen Zolltarife bis zu einem maximalen Außenzoll von 16 % bis zum Jahr 2006[607].

Vollständig ausgenommen blieben zunächst der Zucker- und der Automobilsektor. So existierte bis zum Jahr 2000 keine einheitliche Regelung für die Zucker- und Automobilindustrie, bevor eine Einigung dahingehend erfolgte, daß bis 2006 Binnenzölle für Autos und Autoteile abgebaut werden sollen und bis zu diesem Zeitpunkt ein gemeinsamer Außenzollsatz von 35 % eingeführt werden soll[608].

b. Unvollständigkeit der Zollunion

Entscheidendes Kriterium für die Verwirklichung einer Zollunion ist die Einführung eines Gemeinsamen Außenzolls. Eine solche Einführung erfolgte bereits zum 1. Januar 1995, wobei zahlreiche Produkte hiervon ausgenommen waren. Auch hinsichtlich eines Großteils dieser ausgenommenen Produkte wurde inzwischen ein Gemeinsamer Außenzolltarif eingeführt. Damit ist für die allermeisten Produkte ein solcher einheitlicher Zollsatz Realität. Für die restlichen Produkte existiert bereits ein konkreter Zeitplan diesbezüglich. Damit kann von einer bereits verwirklichten Zollunion gesprochen werden. Angesichts der momentan noch bestehenden Ausnahmen ist diese jedoch als unvollständige Zollunion zu bezeichnen[609].

4. Verwirklichung eines Gemeinsamen Marktes

Bereits im Vertrag von Asunción wurde als Ziel des Mercosur ausdrücklich die Verwirklichung eines Gemeinsamen Marktes formuliert[610]. Wie gezeigt, ist die Verwirklichung der Warenverkehrsfreiheit bereits relativ weit fortgeschritten. Im folgenden soll nun geklärt werden, inwieweit neben der Warenverkehrsfreiheit weitere Grundfreiheiten gewährleistet werden, so daß durch die Schaffung möglichst einheitlicher rechtlicher, wirtschaftlicher und wirtschaftspolitischer Voraussetzungen in den jeweiligen Mitgliedstaaten[611] ein Zustand hergestellt

---

606 Entscheidung des Rates Nr. 7/94 Art. 3 lit. a.
607 Entscheidung des Rates Nr. 7/94 Art. 3 lit. b; Samtleben, WM 1996, S. 1997; Diaz Porta/Hebler/Kösters, S. 14.
608 Diaz Porta/Hebler/Kösters, S. 25.
609 vgl. Dromi, Mercosur Hoy, S. 24; Loschky, S. 60; Haller, S. 59.
610 vgl. Art. 1 Abs. 1 VA.
611 Wehner, S. 67; Haller, S. 45.

wird, als handele es sich bezüglich des Wirtschaftsverkehrs beim gesamten Territorium der Mitgliedstaaten lediglich um einen einzigen Staat[612].

Ein genauer Zeitplan war ursprünglich nur für die Verwirklichung des freien Warenverkehrs vorgesehen, für die übrigen Marktfreiheiten sollten sektorale Abkommen geschlossen werden[613].

a. Dienstleistungsfreiheit

Die Dienstleistungsfreiheit als eine der Grundfreiheiten wird nach Wortlaut des Vertrages von Asunción als Teil des zu errichtenden Gemeinsamen Marktes gesehen[614]. Ein Zeitplan wie für den freien Warenverkehr wurde nicht festgelegt. Nach anfänglichem Stillstand in diesem Bereich[615] kam es schließlich 1996 zur Bildung einer Ad-hoc-Arbeitsgruppe, die ein Rahmenprotokoll für die Liberalisierung in diesem Bereich ausarbeiten sollte. Wesentlicher Gesichtspunkt war hier neben einheitlicher Begriffsdefiniton der Dienstleistung sowie grundsätzlichen Überlegungen ein konkreter Zeitplan[616]. Als Ergebnis dieses Verfahrens kam es Ende 1997 zur Unterzeichnung des Protokolls von Montevideo[617].

aa. Zielsetzung nach dem Protokoll von Montevideo

Zur Förderung des Handels mit Dienstleistungen im Mercosur soll der Ausschluß von Kontingentierungen von Dienstleistungen[618], die Erleichterung des grenzüberschreitenden Dienstleistungsverkehrs[619] sowie die Verwirklichung des Grundsatzes der Inländergleichbehandlung[620] erreicht werden.

Zur Verwirklichung dieser Ziele sollen zunächst Listen erstellt werden, in denen von den Mitgliedstaaten graduell einzelne Sektoren bestimmt werden, in denen die Freiheit des Dienstleistungsverkehrs erreicht werden soll[621].

---

612 Seidl-Hohenveldern/Loibl, Rz. 3101.

613 Art. 1 Abs. 2 und 5 lit. d VA.

614 Art. 1 Abs. 2 VA; vgl. Loschky, S. 67.

615 vgl. Haller, S. 72.

616 Resolution der Gruppe Gemeinsamer Markt Nr. 6/95, http://www.mercosur.org.uy/ espanol/snor/normativa/resoluciones/1995/res0695.htm.

617 *Protocolo de Montevideo sobre el Comercio de Servicios del Mercado Común del Sur* vom 15.12.97, abgedruckt in: Rechtsquellen des Mercosur, Teilband II, S. 541 mit dt. Übersetzung; im folgenden: PM.

618 Art. IV PM.

619 Art. IV PM.

620 Art. V PM.

621 Art. VII PM, Art. 2 lit. a PM.

Dies erfolgt im Rahmen von Verhandlungen zwischen den Mitgliedstaaten, wobei die Gruppe Gemeinsamer Markt verantwortlich für den Ablauf ist, während sich die Handelskommission um die Beschwerden der Mitgliedstaaten kümmert sowie die für die Verhandlungen erforderlichen Informationen sammelt[622].

bb. Anwendungsbereich

Umfaßt werden von dem Dienstleistungsprotokoll Maßnahmen der Mitgliedstaaten zur Beeinträchtigung des Handels mit Dienstleistungen in Bezug auf die Erbringung einer Dienstleistung (positive Dienstleistungsfreiheit). Ebenso werden erfaßt Kauf, Bezahlung oder Nutzung einer Dienstleistung (negative Dienstleistungsfreiheit). In den Anwendungsbereich fallen des weiteren Zugang zu allgemein angebotenen Dienstleistungen sowie Präsenz eines Staatsangehörigen eines Mitgliedstaates in einem anderen Mitgliedstaat zur Erbringung einer Dienstleistung. Dabei ist unter Handel mit Dienstleistungen die Erbringung von Dienstleistungen aus dem Gebiet eines Mitgliedstaats in das Gebiet eines anderen Mitgliedstaats[623], im Gebiet eines Mitgliedstaats an einen Dienstleistungsempfänger eines anderen Mitgliedstaats[624] zu verstehen. Ebenfalls fällt unter den Begriff die Erbringung durch einen Dienstleistungserbringer eines Mitgliedstaats mittels kommerzieller Präsenz, z.B. durch Gründung von Zweigniederlassungen, im Gebiet eines anderen Mitgliedstaats[625]. Die Erbringung durch einen Dienstleistungserbringer eines Mitgliedstaats mittels Präsenz natürlicher Personen eines Mitgliedstaats im Gebiet eines anderen Mitgliedstaats ist ebenso als Handel mit Dienstleistungen zu verstehen[626]. Unter Maßnahmen eines Mitgliedstaates ist nicht nur das Handeln auf der nationalen Ebene, sondern auch das Handeln von Organen oder Behörden der untergeordneten Ebenen (Gliedstaaten, Gebietskörperschaften o.ä.) aufzufassen[627]. In gleicher Weise wird den Mitgliedstaaten das Handeln von nichtstaatlichen Institutionen in Ausübung der ihnen von staatlichen Organen übertragenen Befugnisse zugerechnet[628]. Von der Anwendung des Protokolls ausgenommen sind Dienstleistungen, die in Ausübung hoheitlicher Gewalt, d.h. weder zu kommerziellen Zwecken noch im Wettbewerb mit einem oder mehreren Dienstleistungserbringern, erbracht werden[629].

---

[622] Art. XII, XIII PM.
[623] Art. II Ziff. 2 lit. a PM.
[624] Art. II Ziff. 2 lit. b PM.
[625] Art. II Ziff. 2 lit. c PM; vgl. zum Anwendungsbereich auch Haller, S. 73.
[626] Art. II Ziff. 2 lit. d PM.
[627] Art. II Ziff. 3 lit. a PM.
[628] Art. II Ziff. 3 lit. a PM.
[629] Art. II Ziff. 3 lit. b und c PM.

cc. Pflichten der Mitgliedstaaten gemäß dem Protokoll von Montevideo

Durch das Protokoll von Montevideo wurden den Mercosur-Mitgliedstaaten zur Verwirklichung der Dienstleistungsfreiheit verschiedene Pflichten auferlegt.

(1) Meistbegünstigung

Den Dienstleistungen und Dienstleistungserbringern aller Mitgliedstaaten ist eine mindestens gleich günstige Behandlung zuteilwerden zu lassen wie denjenigen einzelner Mitgliedstaaten oder Drittstaaten[630].

(2) Marktzugang

Explizit ist ausgeschlossen die Aufrechterhaltung oder Neueinführung von Kontingentierungen, nämlich bezüglich der Anzahl der Dienstleistungserbringer, also die Einführung von zahlenmäßigen Quoten, Monopolen o.ä. oder das Erfordernis einer wirtschaftlichen Bedürfnisprüfung[631], ebenso die Kontingentierung bezüglich des Gesamtwerts des Betriebsvermögens oder des Gesamtwerts der Dienstleistungsgeschäfte in Form von zahlenmäßigen Quoten oder das Erfordernis einer wirtschaftlichen Bedürfnisprüfung[632]. In gleicher Weise ist die Kontingentierung über die Anzahl der Dienstleistungsvorgänge oder das Gesamtvolumen der erbrachten Dienstleistungen[633] sowie die Kontingentierung der Gesamtzahl natürlicher Personen, die in einem bestimmten Dienstleistungssektor beschäftigt werden dürfen[634] ausgeschlossen. Auch eine Vorgabe bezüglich des spezifischen Typs einer juristischen Person, die Dienstleistungen erbringen darf[635], ist unzulässig, ebenso wie eine Begrenzung der Beteiligung ausländischen Kapitals[636].

(3) Diskriminierungsverbot

Art.V des Protokolls enthält Regelungen zur Gleichbehandlung von Dienstleistungserbringern und Dienstleistungen aller Mitgliedstaaten.

---

630 Art. III Ziff. 1 PM; Haller, S. 73.
631 Art. IV Ziff. 2 lit. a PM.
632 Art. IV Ziff. 2 lit. b PM.
633 Art. IV Ziff. 2 lit. c PM; vgl. hierzu auch Haller, S. 74.
634 Art. IV Ziff. 2 lit. d PM.
635 Art. IV Ziff. 2 lit. e PM.
636 Art. IV Ziff. 2 lit. f PM.

Sicherzustellen ist, daß eine Gleichbehandlung dergestalt erfolgt, daß die Wettbewerbsbedingungen nicht zugunsten der Dienstleistungserbringer und Dienstleistungen des eigenen Mitgliedstaats verändert werden[637].

(4) Transparenz

Alle von dem Protokoll von Montevideo betroffenen Maßnahmen der Mitgliedstaaten sowie die diesbezüglich von den Mitgliedstaaten unterzeichnete internationale Übereinkommen sind von diesen unverzüglich zu veröffentlichen. Ebenso besteht ein Auskunftsrecht der anderen Mitgliedstaaten bezüglich solcher den Handel mit Dienstleistungen beeinträchtigenden Maßnahmen[638]. Falls ein Mitgliedstaat seine Verpflichtungen nach dem Protokoll verletzt, kann jeder andere Mitgliedstaat die Handelskommission des Mercosur hierüber unterrichten[639].

(5) Anerkennung

Eine Verpflichtung zur gegenseitigen Anerkennung von Ausbildungen, Zulassungen, Registrierungen o.ä. wird durch das Protokoll von Montevideo ausdrücklich nicht begründet[640]. Jedoch sollen die zuständigen staatlichen Stellen „ermutigt" werden, wechselseitig annehmbare Kriterien zu erarbeiten und der Gruppe Gemeinsamer Markt Empfehlungen über die gegenseitige Anerkennung vorzuschlagen[641].

(6) Wettbewerbsschutz

Durch das Protokoll von Montevideo wird der Anwendungsbereich des Wettbewerbsschutzprotokolls des Mercosur auch auf Dienstleistungen ausgeweitet. Es erstreckt sich sowohl auf öffentlichrechtliche als auch auf private Dienstleistungserbringer[642].

dd. Ausnahmen

Es bestehen zahlreiche Ausnahmetatbestände, bei deren Erfüllung dem Protokoll zuwiderlaufende Maßnahmen von den Mitgliedstaaten ergriffen werden dürfen. Allerdings ist hervorzuheben, daß diese Maßnahmen keine verdeckte willkürli-

---

[637] Art. V Ziff. 1-3 PM.
[638] Art. VIII Ziff. 1-4 PM.
[639] Art. VIII Ziff. 5 PM.
[640] Art. XI Ziff. 1 PM.
[641] Art. XI Ziff. 2 PM.
[642] Art. XII PM.

che oder nicht gerechtfertigte Diskriminierung bewirken dürfen[643]. Zulässig sind danach Maßnahmen zum Schutz der Moral oder Aufrechterhaltung der öffentlichen Ordnung, jedoch nur wenn eine unmittelbare und ausreichend schwerwiegende Bedrohung der Grundwerte der Gesellschaft besteht[644]. In gleicher Weise sind ausnahmsweise Maßnahmen zur Erhaltung von Leben und Gesundheit von Menschen und Tieren und zum Erhalt der Pflanzenwelt[645] zulässig. Dies gilt auch für Maßnahmen zur Verhinderung irreführender oder betrügerischer Geschäftspraktiken sowie Maßnahmen zum Datenschutz[646].

Ausnahmen von dem Diskriminierungsverbot sind zulässig hinsichtlich der Gewährleistung einer gerechten und effektiven Steuerfestsetzung und –erhebung[647] sowie im Rahmen der Bestimmungen von Doppelbesteuerungsabkommen[648]. Im übrigen sind Ausnahmen bezüglich der Sicherheitsinteressen der Mitgliedstaaten hinsichtlich Offenlegung von Informationen, Dienstleistungen für die Streitkräfte, bezüglich „spaltbarer und fusionierbarer Stoffe" sowie allgemein in Kriegszeiten vorgesehen[649]. Zunächst, d.h. bis zur Verabschiedung spezieller Regelungen auf Mercosur-Ebene, sollte der Bereich des öffentlichen Beschaffungswesens von der Anwendung der Bestimmungen des Dienstleistungsprotokolls ausgenommen bleiben[650]. Bezüglich der Verzerrungseffekte durch Subventionen, die zunächst keine Berücksichtigung im Protokoll von Montevideo fanden, kamen die Mitgliedstaaten überein, daß eine einheitliche Regelung auf Mercosur-Ebene gefunden werden sollte[651].

ee. Schutzklauseln

Ähnlich wie bei der Warenverkehrsfreiheit[652] ist es den Mitgliedstaaten auch bezüglich der Verwirklichung der Dienstleistungsfreiheit gestattet, unter bestimmten Umständen ausnahmsweise Verpflichtungen mit Wirkung ex nunc zu ändern oder zeitweilig auszusetzen, wobei ein Bestandsschutz für bereits erworbene Rechte gilt[653]. Voraussetzung hierfür ist jedoch die Unterrichtung der Gruppe Gemeinsamer Markt unter Angabe der Tatsachen und Gründe zur Rechtfertigung der Änderung oder Aussetzung. Anschließend sind Konsultatio-

---

643 Art. XIII PM.
644 Art. XIII lit. a PM.
645 Art. XIII lit. b PM.
646 Art. XIII lit. c PM.
647 Art. XIII lit. d PM.
648 Art. XIII lit. e PM.
649 Art. XIII lit. c (iii), Art. XIV PM.
650 Art. XV PM.
651 Art. XVI PM.
652 Anhang IV des Vertrages von Asunción.
653 Art. XX Ziff. 1 PM.

nen zwischen den betroffenen Mitgliedstaaten durchzuführen mit dem Ziel eine Einigung über geeignete Maßnahmen sowie deren Geltungszeitraum zu erreichen[654]. Schließlich ist die Einigung von dem Rat des Gemeinsamen Marktes zu billigen[655].

ff. Liberalisierungsprogramm

Teil III des Protokolls führt ein Liberalisierungsprogramm für Dienstleistungen[656] ein, wonach schrittweise im Wege von jährlichen Verhandlungsrunden innerhalb eines Zeitraums von zehn Jahren bis 2007 eine vollständige Liberalisierung des Handels mit Dienstleistungen erreicht werden soll[657]. Dies gilt jedoch nicht für den Bereich der Finanzdienstleistungen[658].

Die Verhandlungsergebnisse im Rahmen des Liberalisierungsprogramms sind von dem Rat des Gemeinsamen Marktes zu billigen ebenso wie die Anwendung der Schutzmaßnahmen[659]. Zuständig für die Durchführung der Verhandlungen ist die Gruppe Gemeinsamer Markt[660], die jedoch unterstützt wird von einer Arbeitsgruppe als Hilfsorgan[661]. Sie hat diese zunächst einzuberufen und anschließend zu überwachen. Der Rahmen, die Kriterien und das Instrumentarium für die Durchführung der Verhandlungen im Bereich der spezifischen Verpflichtungen wird ebenfalls von der Gruppe Gemeinsamer Markt festgelegt. Sie hat weiterhin die Mitteilungen und Konsultationsergebnisse bezüglich der Schutzklauseln entgegenzunehmen sowie auf die gegenseitige Anerkennung von Ausbildungzeugnissen hinzuwirken. Daneben obliegt ihr die regelmäßige Auswertung der Entwicklung des Handels mit Dienstleistungen im Mercosur[662].

---

654 Art. XX Ziff. 2 PM.
655 Art. XXI PM.
656 ausführlich: Dromi San Martino, S. 145 ff.
657 Art. XIX PM.
658 Art. XIX PM.
659 Art. XXI PM.
660 Art. XXII Ziff. 1 PM.
661 Art. XXII Ziff. 2 PM iVm. Resolution der Gruppe Gemeinsamer Markt Nr. 31/98, http://www.mercosur.org.uy/espanol/snor/normativa/resoluciones/1998/res3198.htm; BOM Nr. 7 (1998) (Errichtung einer Arbeitsgruppe zu Dienstleistungen als Hilfsorgan der Gruppe) sowie Resolution der Gruppe Gemeinsamer Markt Nr. 73/98, http://www.mercosur.org.uy/espanol/snor/normativa/resoluciones/1998/res7398.htm; BOM Nr. 9 (1999) (Zusammensetzung, Funktionsabläufe, Kriterien und Instrumentarium der Arbeitsgruppe).
662 Art. XXII Ziff. 1 lit. a-e PM.

gg. Überwachung

Verantwortlich für Durchführung und Anwendung des Dienstleistungsprotokolls ist die Handelskommission des Mercosur. Sie ist zuständig für die Entgegennahme von Informationen oder Beschwerden im Zusammenhang mit dem Dienstleistungsprotokoll bzw. mit Zuwiderhandlungen dagegen. Bei der Reaktion auf solche Beschwerden sind die allgemeinen Mercosur-Verfahrensregeln anzuwenden[663].

hh. Sektorielle Anhänge

Zum Protokoll von Montevideo wurden sektorielle Anhänge zur Konkretisierung der Bestimmungen des Protokolls in den Bereichen Verkehr von natürlichen Personen als Dienstleistungsanbieter, Finanzdienstleistungen, Transportdienstleistungen zu Lande und zu Wasser sowie Lufttransportdienstleistungen verabschiedet[664]. 1999 kam es zum Abschluß eines Rahmenabkommens über Zugangsbedingungen für Versicherungsunternehmen[665].

ii. Verhältnis zum GATS

In der Präambel des Dienstleistungsprotokolls wird ausdrücklich auf die Berücksichtigung des GATS, insbesondere Art.V GATS, im Rahmen des Protokolls hingewiesen[666]. Bezüglich der Transparenzvorschriften des Protokolls sind die Auskunftsstellen gemäß Art.III Abs.4 GATS auch für Auskünfte im Rahmen des Protokolls zuständig[667]. Zu den Ausnahmen vom Anwendungsbereich des Protokolls gehören u.a. auch Maßnahmen hinsichtlich des Steuersystems eines Mitgliedstaats gemäß Art.XIV lit.d GATS[668]. Bezüglich einer Wettbewerbsverzerrung durch Subventionen wird ausdrücklich auf das Verfahren gemäß Art.XV Abs.2 GATS verwiesen, das auch hinsichtlich des Dienstleistungsprotokolls Anwendung findet[669].

Desweiteren wird im Anhang über Finanzdienstleistungen des Protokolls von Montevideo als Grundlage für eine Harmonisierung der Definitionen im Bereich der Finanzdienstleistungen Abs.5 des Anhangs über Finanzdienstleistun-

663 Art. XXIII PM.

664 Entscheidung des Rates Nr. 9/98, abgedruckt in: Rechtsquellen des Mercosur, Teilband II, S. 580.

665 Entscheidung des Rates Nr. 9/99, abgedruckt in: Rechtsquellen des Mercosur, Teilband II, S. 588; vgl. auch Haller, S. 75.

666 Präambel Abs. 5 PM; vgl. Haller, S. 72.

667 Art. VIII Ziff. 4 PM.

668 Art. XIII lit. d PM.

669 Art. XVI Ziff. 2 PM; vgl. auch Dromi San Martino, S. 151.

gen des GATS festgelegt[670]. Aufgrund der genannten Parallelitäten und Verweise auf das GATS wird deutlich, daß sich die Mercosur-Mitgliedstaaten deutlich von der protektionistischen Grundhaltung früherer Integrationsprojekte in Lateinamerika entfernt haben.
Vielmehr wird ein Gleichklang zwischen Freihandelsregeln auf subregionaler und globaler Ebene gesucht. Dies macht deutlich, daß der Integrationsprozess des Mercosur letzlich nur als Zwischenschritt auf dem Weg zu weitergehender Integration auf regionaler und globaler Ebene gesehen wird.

jj. Teilrealisierung der Dienstleistungsfreiheit

Im Hinblick auf die Regelungen zur Verwirklichung der Dienstleistungsfreiheit als Grundfreiheit des Gemeinsamen Marktes ist auffällig, daß im Unterschied zum Liberalisierungsprogramm für den Handel mit Waren wieder der Weg der schrittweisen sektoriellen Integration gewählt wird, wobei auch kein Automatismus in der Beseitigung von Handelsbeschränkungen festgelegt wird, sondern eine solche schrittweise Beseitigung Sektor für Sektor im einzelnen ausgehandelt werden muß.
Dies erinnert einerseits an die wenig erfolgreiche Vorgehensweise der ALADI sowie der anfänglichen bilateralen argentinisch-brasilianischen Integration und ist andererseits ein Indiz dafür, daß die Mercosur-Mitgliedstaaten bei der Liberalisierung von Dienstleistungen wesentlich vorsichtiger voranschreiten wollen als bei der Warenverkehrsfreiheit. Grund hierfür könnte das immer noch stark unterschiedliche Lohnniveau in den Mitgliedstaaten sein.

b. Freiheit des Kapital- und Zahlungsverkehrs

Grundsätzlich wurde vom Rat auch die Liberalisierung dieses Bereichs bis zum Ende der Übergangszeit angestrebt[671]. Bisher wird dieser Bereich durch Vereinbarungen über internationale Operationen zwischen den Mitgliedstaaten geregelt[672]. Eine tatsächliche vollständige Liberalisierung hat jedoch nicht stattgefunden und ist derzeit auch nicht abzusehen[673].

Ein Element zur Verwirklichung eines freien Kapitalverkehrs stellt jedoch die Liberalisierung der Direktinvestitionen dar[674]. In diesem Zusammenhang sind

---

670 Ziff. 5 lit. a PM- Anhang Finanzdienstleistungen.
671 Entscheidung des Rates Nr. 8/93, http://www.mercosur.org.uy/ espanol/snor/normativa/ decisiones/1993/9308.htm, abgedr. in: Galeano Perrone, S. 127.
672 Entscheidungen des Rates Nr. 8/93 und 13/94, abgedr. in Rechtsquellen des Mercosur, Teilband II, S. 768 ff. mit dt. Übersetzung.
673 vgl. Wehner, S. 156; Haller, S. 95; anders: Loschky, S. 74.
674 vgl. hierzu Beutler/Bieber/Pipkorn/Streil, S. 340.

die Regelungen zum Investitionsschutz von herausragender Bedeutung. Aus diesem Grund soll nachfolgend eine Darstellung dieser Bestimmungen erfolgen.

c. Investitionsschutz

Im Bereich des Kapitalschutzes existieren mehrere Abkommen zwischen den Mitgliedstaaten. Die Verpflichtung zu gleicher Behandlung von Investoren aus dem Inland und anderen Mercosur-Mitgliedstaaten ergibt sich aus dem Protokoll von Colonia vom Januar 1994[675]. Zwar gibt es von den Grundsätzen des Protokolls ausgenommene Bereiche, jedoch sollen diese „so schnell wie möglich" beseitigt werden[676]. Im Verhältnis zu Drittstaaten ist das Protokoll von Buenos Aires vom August 1994 anwendbar[677]. Grundsätzlich verbleibt es gegenüber Drittstaaten bei der Regelungsbefugnis der Mitgliedstaaten, die allerdings zur gegenseitigen Information und Konsultation verpflichtet sind[678]. Zu ergänzen ist in diesem Zusammenhang, daß nationale Programme zur Investitionsförderung grundsätzlich durch Mercosur-Recht nicht berührt werden[679]. Somit ist eine Unterscheidung zwischen intrazonalen und extrazonalen Investitionen vorzunehmen. Intrazonale Investitonen sind einerseits Investitionen der Unternehmen auf ihrem Heimatmarkt, aber im Hinblick auf den regionalen Markt, andererseits Investitionen von im Mercosur ansässigen Unternehmen in einem anderen Mercosurstaat. Diese Gruppe stellt derzeit noch den Hauptanteil an Direktinvestitionen im Mercosur[680]. Extrazonale Investitionen sind Direktinvestitionen von nicht im Mercosur ansässigen Unternehmen des privaten Sektors im Mercosur[681]. Während intrazonale Investitionen besonders sensibel auf eine Harmonisierung der Wettbewerbsregeln, die rechtlichen Rahmenbedingungen im allgemeinen, die Wirtschafts- und Technologiepolitik, Investitionsanreize und Subventionen, steuerliche Regeln, Finanzpolitik sowie die wirtschaftliche Situation des Landes reagieren, sind hinsichtlich des „ob" der extrazonalen Investitionen auch die globale Unternehmensstrategie multinationaler Konzerne und die Strategie für die Positionierung im gemeinsamen Markt sowie der makroökonomische Kontext der gesamten Region maßgeblich[682]. Bezüglich der Frage, in welchem Land der Region die Investition erfolgen soll, sind ebenfalls die rechtli-

---

675 *Protocolo para la Promoción y Protección Recíproca de Inversiones* vom 17.01.1994, Integración Latinoamericana 198-199 (1994), S. 81 ff.

676 Samtleben, WM 1994, S. 1998.

677 *Protocolo sobre Promoción y Protección de Inversiones Provenientes de Estados No Partes del Mercosur* vom 05.08.1994, Integración Latinoamericana 203 (1994), S. 91 ff.

678 Samtleben, WM 1994, S. 1998.

679 Samtleben, WM 1994, S. 1997.

680 Jardel/Barraza, S. 137.

681 Jardel/Barraza, S. 137.

682 Jardel/Barraza, S. 138.

chen Rahmenbedingungen, die Politik sektorieller Investitionsanreize, steuerliche Voraussetzungen, Wechselkurspolitik u.ä. wichtig[683]. Aus diesem Grund ist eine Harmonisierung auf allen vorgenannten Gebieten Voraussetzung, um einen Investitionswettlauf zwischen den einzelnen Mitgliedstaaten zu verhindern.

Von herausragender Wichtigkeit für beide Arten von Investitionen ist jedoch die Rechtssicherheit hinsichtlich des Schutzes dieser Investitionen.

aa. Intrazonale Investitionen

Das Protokoll von Colonia betreffend die Förderung und den gegenseitigen Schutz der Investitionen im Mercosur[684] betrifft Investitionen innerhalb des Mercosur während das Protokoll über die Förderung und den gegenseitigen Schutz der Investitionen Investitionen von außerhalb der Region betrifft.

(1) Zielsetzung nach dem Protokoll von Colonia

Ziel des Protokolls von Colonia ist es, gegenseitige Investitionen innerhalb des Mercosur zu fördern und angemessen zu schützen und gleichzeitig eine Gleichbehandlung von Investoren aus anderen Mercosur-Mitgliedstaaten mit nationalen Investoren zu gewährleisten[685].

(2) Zulassung

Investitionen aus einem anderen Mitgliedstaat erfordern zunächst eine Zulassung durch den Empfängermitgliedstaat. Ist diese Zulassung erteilt, sind die für die günstige Entwicklung der Investition erforderlichen Genehmigungen zu erteilen[686].

(3) Meistbegünstigung

Investitionen bzw. Investoren aus Mitgliedstaaten des Mercosur sind keinesfalls ungünstiger zu behandeln als solche aus Drittstaaten[687].

---

683 Jardel/Barraza, S. 138.
684 abgedr. in: Rechtsquellen des Mercosur Teilband II, S. 739, im folgenden: PC.
685 Art. 2 PC.
686 Art. 2 Ziff. 2 PC.
687 Art. 3 Ziff. 2 Alt. 2 PC.

(4) Diskriminierungsverbot

Die Gleichbehandlung von Investitionen bzw. Investoren aus Mitgliedstaaten des Mercosur mit nationalen Investitionen und Investoren ist zu gewährleisten[688].

(5) Vorzugsbehandlung

Eine im Vergleich zu den Bestimmungen des Protokolls von Colonia günstigere Behandlung der Investitionen aus einem Mitgliedstaat durch einen anderen Mitgliedstaat, etwa durch bilaterale Abkommen, sind ausdrücklich zulässig und haben dann Vorrang gegenüber den Bestimmungen des Protokolls[689]. Dies gilt jedoch ausdrücklich nicht für bilaterale Abkommen mit Drittstaaten. Diesen gegenüber ist eine günstigere Behandlung als gegenüber den übrigen Mitgliedstaaten nicht zulässig[690].

(6) Umgehungsverbot

Eine Festlegung von Bedingungen für die Errichtung, Ausweitung oder Aufrechterhaltung der Investitionen, wie etwa Verpflichtungen zur Ausführung von Waren oder zum Erwerb lokaler Waren oder Dienstleistungen, ist unzulässig[691].

(7) Enteignungen

Die Mitgliedstaaten verpflichten sich in dem Protokoll von Colonia nicht dazu, auf Verstaatlichungen oder Enteignungen oder Maßnahmen gleicher Wirkung zu verzichten. Allerdings ist in den genannten Fällen erforderlich, daß die betreffende Maßnahme aus Gründen des öffentlichen Nutzens ergriffen wird. Daneben gilt ein Verbot einer diskrimierenden Grundlage solcher Maßnahmen sowie das Erfordernis eines ordnungsgemäßen rechtlichen Verfahrens[692]. Ebenso ist eine „vorherige, angemessene und wirksame“[693] Entschädigung zu leisten, die dem tatsächlichen Wert der enteigneten Investition im Zeitpunkt der Enteignung entspricht[694].

---

688 Art. 3 Ziff. 1, 2 Alt. 1 PC.

689 Art. 7 PC.

690 vgl. Art.1 des Protokolls von Buenos Aires, abgedr. in: Rechtsquellen des Mercosur, Teilband II, S. 762.

691 Art. 3 Ziff. 4 PC.

692 Art. 4 Ziff. 1 Abs. 1PC.

693 „previa, adecuada y efectiva“.

694 Art. 4 Ziff. 1 Abs. 2 PC.

(8) Überweisungen

Den Investoren aus den Mitgliedstaaten des Mercosur ist die freie Überweisung des Investitionskapitals in andere Mitgliedstaaten und die Rücküberweisung der Gewinne aus den Investitionen in den Ursprungsstaat der Investition zu gewährleisten. Dies umfaßt insbesondere den freien Verkehr von Zusatzkapital, Gewinnen, wiederkehrenden Leistungen, Lizenzgebühren, Honoraren, Verkaufserlösen, Entschädigungen, Lohnzahlungen u.ä[695].

(9) Streitbeilegung

Streitigkeiten zwischen den Mitgliedstaaten bezüglich des Protokolls von Colonia unterliegen dem allgemeinen Streitschlichtungssystem des Mercosur[696]. Bezüglich Streitigkeiten über die Bestimmungen des Protokolls zwischen einem Investor und einem Mitgliedstaat soll zunächst eine Lösung im Wege der Konsultation gesucht werden[697]. Scheitert eine solche gütliche Beilegung, kann der Investor nach sechs Monaten zwischen der Einleitung eines der folgenden Verfahren wählen[698]. Möglich ist die Anrufung des zuständigen Gerichts des betreffenden investitionsempfangenden Mitgliedstaats, die Wahl des Mercosur-Streitbeilegungssystems für Private oder die Anrufung eines internationalen Schiedsgerichts, nämlich entweder des Internationalen Zentrums für die Beilegung von Investitionsstreitigkeiten (ICSID)[699] oder eines ad-hoc-Schiedsgerichts, das an die Regeln der Schiedsgerichtsbarkeit der Kommission der Vereinten Nationen für das Internationale Handelsrecht (UNCITRAL) gebunden ist[700]. Die Entscheidungsfindung hat auf der Grundlage der Bestimmungen des Protokolls von Colonia, des Rechts des betreffenden Mitgliedstaats einschließlich dessen Kollisionsrecht, der geschlossenen Einzelabkommen sowie der Grundsätze des internationalen Rechts auf dem Gebiet zu erfolgen[701]. Die Schiedssprüche sind für die Streitparteien verbindlich und vollstreckbar, ein Rechtsmittel existiert nicht[702].

---

[695] Art. 5 PC.
[696] Art. 8 PC.
[697] Art. 9 Ziff. 1 PC.
[698] Art. 9 Ziff. 2 PC.
[699] Art. 9 Ziff. 4 lit. a PC.
[700] Art. 9 Ziff. 4 lit. b PC.
[701] Art. 9 Ziff. 5 PC.
[702] Art. 9 Ziff. 6 PC.

(10) „acquis communautaire“

Das Protokoll von Colonia gehört zum „acquis communautaire“ des Mercosur, d.h. bei Aufnahme eines neuen Mitglieds tritt dieser automatisch dem Protokoll bei[703].

bb. Extrazonale Investitionen

Im Verhältnis zu Drittstaaten ist das Protokoll von Buenos Aires über Förderung und Schutz von Investitionen aus Nicht-Vertragsstaaten des Mercosur vom August 1994 anwendbar[704], dessen Bestimmungen weitgehend parallel zu denen des Protokolls von Colonia sind.

cc. Absicht der Investitionsförderung

So wie im Protokoll von Montevideo häufig auf das GATS Bezug genommen wird[705], so wird im Protokoll von Colonia über die Möglichkeit der Anrufung internationaler Schiedsgerichte ein Bezug zu den Regelungen des internationalen Rechts hergestellt[706]. Dies macht den Willen der Mercosur-Staaten zur Eingliederung ihrer Volkswirtschaften in die Weltwirtschaft über die Herstellung von Kompatibilität der rechtlichen Bestimmungen des Mercosur mit denen des internationalen Rechts deutlich. Unterstrichen wird dies im Fall der Kapitalverkehrsfreiheit auch durch den Abschluß des Protokolls von Buenos Aires über Förderung und Schutz von Investitionen aus Nicht-Vertragsstaaten des Mercosur, dessen Bestimmungen weitgehend parallel zu denen des Protokolls von Colonia sind.
Damit wird auch deutlich, daß im Gegensatz zu den protektionistischen Bestimmungen früherer Integrationsprojekte in Lateinamerika[707] Investitionen aus Drittstaaten nicht blockiert, sondern ausdrücklich gefördert werden sollen[708].

d. Niederlassungsfreiheit

Im Recht des Mercosur wird der Niederlassungsfreiheit anders als im europäischen Gemeinschaftsrecht keine eigenständige Bestimmung eingeräumt[709].

---

[703] Art. 12 PC; vgl. Menem, S. 203.
[704] *Protocolo sobre Promoción y Protección de Inversiones Provenientes de Estados No Partes del Mercosur* vom 05.08.1994, Integración Latinoamericana 203 (1994), S. 91 ff.
[705] vgl. o. C. III. 4.a. bb. (6).
[706] Haller, S. 77.
[707] vgl. o. B. I. 1.; B. II. 1.
[708] so auch Haller, S. 77.
[709] vgl. hierzu Art. 43 EG; vgl. Loschky, S. 71.

Vielmehr ist der Inhalt und der Umfang dieser Grundfreiheit aus dem Protokoll von Montevideo zur Dienstleistungsfreiheit und dem Protokoll von Colonia zur Kapitalverkehrsfreiheit herzuleiten. So ist etwa im Protokoll von Montevideo die Rede von der Realisierung der Dienstleistungsfreiheit mittels „kommerzieller Präsenz“ [710] oder mittels Präsenz natürlicher Personen eines Mitgliedstaats im Gebiet eines anderen Mitgliedstaats[711]. Die Gründung von Zweigniederlassungen wird ausdrücklich als Beispiel für den Anwendungsbereich des Protokolls genannt und wird daher wohl als Ausfluß der Dienstleistungsfreiheit gesehen[712]. Im europäischen Gemeinschaftsrecht wird die Gründung von Zweigniederlassungen dem Wortlaut von Art. 43 Abs. 1 Satz 2 EG nach der Niederlassungsfreiheit zugerechnet. Demgegenüber wird der Hauptanwendungsbereich des Art. 43 EG, nämlich die Gründung einer Hauptniederlassung durch einen Staatsangehörigen eines anderen Mitgliedstaates, durch die bestehenden Mercosur-Regelungen wohl nicht erfasst. Ein eigenständiges Niederlassungsrecht von Staatsangehörigen eines Mitgliedstaates im Gebiet eines anderen Mitgliedstaates existiert damit nicht. Von einer umfassenden Verwirklichung dieser Grundfreiheit kann daher nicht gesprochen werden, jedoch ist das Recht zur Gründung von Zweigniederlassungen durchaus als Schritt auf dem Weg in diese Richtung zu sehen.

e. Freier Personenverkehr

In dem Bereich der Freizügigkeit sind bisher weder Maßnahmen verwirklicht worden noch existiert ein Zeitplan für die Liberalisierung diesbezüglich[713]. Nach wie vor wird auf nationaler Ebene zwischen inländischen und ausländischen Arbeitnehmern unterschieden[714]. Zwar wird im Protokoll von Montevideo die Präsenz natürlicher Personen eines Mitgliedstaates in einem anderen Mitgliedstaat ausdrücklich erlaubt[715], jedoch nur im Zusammenhang mit der Ausübung der Dienstleistungsfreiheit und daher wohl nur insoweit, als diese natürlichen Personen als Arbeitnehmer des anderen Mitgliedstaates „entsendet“ werden. Ein Recht zur Arbeitsaufnahme bei einem Unternehmen des Gastmitgliedstaates, wie dies etwa durch Art. 39 EG[716] eingeräumt wird[717], ist aus dem Protokoll damit nicht herzuleiten.

---

[710] Art. II Ziff. 2 lit. c PM.
[711] Art. II Ziff. 2 lit. d PM.
[712] Art. II Ziff. 2 lit. c PM.
[713] Samtleben, WM 1996, S. 2003.
[714] Dromi, Código del Mercosur, Bd.1, S. 186; BID, Mercosur Report Nr. 1 (Juli –Dezember 1996), S. 37 f. und Nr. 2 (Januar –Juli 1997), S. 21ff.
[715] Art. II Ziff. 2 lit. d PM.
[716] Art. 48 EGV.
[717] vgl. hierzu Wölker, in: Groeben/Thiesing/Ehlermann, Art. 48 Rn. 28, 39.

Zu erwähnen ist jedoch, daß die Gruppe der Arbeits- und Sozialminister der Mitgliedstaaten innerhalb des Rates damit beauftragt wurde, die Koordinierung der Arbeitsgesetzgebung voranzubringen[718]. Des weiteren wurde eine Arbeitsgruppe (Nr.11) gebildet, die individual- und kollektivarbeitsrechtliche Fragen in diesem Zusammenhang erörtern soll[719].
1998 wurde darüberhinaus ein Abkommen über Sozialrecht vereinbart, das die schrittweise Angleichung der arbeits- und sozialrechtlichen Vorschriften vorsieht[720].

f. Heterogene Realisierung der Grundfreiheiten im Mercosur

Die Verwirklichung der Grundfreiheiten im Mercosur muß als sehr heterogen bezeichnet werden. Die Freizügigkeit der Arbeitnehmer wurde bisher kaum verwirklicht. Es existiert nicht einmal ein Zeitplan diesbezüglich. Hier herrscht wohl angesichts der hohen Arbeitslosenquote in den Mitgliedstaaten und angesichts des unterschiedlichen Lohnniveaus und des stark unterschiedlichen Entwicklungsniveaus erhöhte Sensibilität und die Befürchtung, von ausländischen Arbeitskräften „überflutet“ zu werden[721].
Demgegenüber ist das Maß der Liberalisierung im Bereich von Waren, Dienstleistungen, Kapitalverkehr und in gewissem Umfang auch im Bereich der Niederlassungsfreiheit relativ hoch. Andererseits darf nicht vergessen werden, daß wichtige Sektoren der Wirtschaft gänzlich vom Anwendungsbereich der entsprechenden Bestimmungen ausgenommen sind und Gegenstand von Sonderregelungen oder Schutzklauseln sind. Die Verwirklichung der Grundfreiheiten mit Ausnahme der Freizügigkeit der Arbeitnehmer muß daher qualitativ als relativ fortgeschritten, jedoch quantitativ als noch immer stark lückenhaft und unvollständig gelten.

g. Wettbewerbsrecht

Ein Gemeinsamer Markt erfordert einerseits die Beseitigung oder Kontrolle von wettbewerbsverfälschenden Maßnahmen, die von Staaten ausgehen und andererseits die Gewährleistung, daß der Gemeinsame Markt keine Beeinträchtigung durch das wettbewerbsverfälschende Verhalten Privater erfährt[722].

---

[718] Entscheidung des Rates Nr. 16/91.
[719] Resolution der Gruppe Gemeinsamer Markt Nr. 20/95.
[720] González Bianchi, RDM 2/1998, S. 145.
[721] so auch Haller, S. 95.
[722] vgl. Beutler/Bieber/Pipkorn/Streil, S. 345; Menem, S. 204; Velasco San Pedro, S. 183.

aa. Protokoll zum Schutz des Wettbewerbs des Mercosur

Das Protokoll zum Schutz des Wettbewerbs des Mercosur[723] betrifft in erster Linie den Bereich nichtstaatlicher wettbewerbsbeeinträchtigender Maßnahmen.

(1) Ziele

Die Ziele des Protokolls stehen vor der Erkenntnis, daß angemessene Wettbewerbsbedingungen ein Erfordernis für einen funktionierenden freien Verkehr von Waren und Dienstleistungen darstellen[724].

Die Wettbewerbsregeln sollen ein Instrumentarium zur Sicherstellung des freien Zugangs zum Markt darstellen[725] und dem gleichmäßigen und harmonischen Ausbau der intrazonalen Handelsbeziehungen dienen[726]. Zudem soll eine Erhöhung der Wettbewerbsfähigkeit der Mercosur-Unternehmen herbeigeführt[727] und eine Sicherstellung der gleichmäßigen Verteilung der Vergünstigungen des wirtschaftlichen Integrationsprozesses erreicht werden[728].

(2) Anwendungsbereich

Der persönliche Anwendungsbereich des Wettbewerbsschutzprotokolls ist äußerst umfassend. So sind die Regeln nach dem Wortlaut des Protokolls auf natürliche und juristische Personen des öffentlichen und privaten Rechts „oder andere Stellen" anwendbar[729]. Hinsichtlich der juristischen Personen werden Unternehmen, die ein staatliches Monopol ausüben, ausdrücklich eingeschlossen, jedoch nur soweit die Wettbewerbsregeln nicht die ordnungsgemäße Erfüllung gesetzlicher Aufgaben beeinträchtigen[730]. Damit haben sich praktisch sämtliche Teilnehmer am Wirtschaftsleben unabhängig von ihrer Rechtsform an die Wettbewerbsregeln zu halten.

---

[723] Entscheidung des Rates Nr. 18/96, abgedr. in: Rechtsquellen des Mercosur, Teilband I, S. 291; im folgenden: WP.

[724] WP, Erwägungen Abs. 1, 2; vgl. auch Dromi San Martino, S. 158; so bereits Entscheidung des Rates Nr. 21/94.

[725] WP, Erwägungen Abs. 4; Menem, S. 204.

[726] WP, Erwägungen Abs. 3; Etcheverry, Derecho de la competencia, S. 222.

[727] WP, Erwägungen Abs. 3; Velasco San Pedro, S. 183.

[728] WP, Erwägungen Abs. 4; Etcheverry, Derecho de la competencia, S. 222.

[729] Art. 2 Abs. 1WP; Etcheverry, Derecho de la competencia, S. 223.

[730] Art. 2 Einziger Unterabs. WP; hierzu ausführlich: Velasco San Pedro, S. 185, der die Ausnahmeregelung als „Irrweg" kritisiert.

Erforderlich ist zunächst jedoch, daß die Handlungen des betreffenden Akteurs Auswirkungen auf den Wettbewerb haben[731]. Dies bedeutet, daß eine Teilnahme am Wirtschaftsverkehr vorliegen muß.

Hinsichtlich des sachlichen Geltungsbereichs werden in dem Protokoll selbst keine Ausnahmen festgelegt. Allerdings sind die Sonderregelungen für den Automobil- und den Zuckersektor zu beachten, die diese beiden Sektoren für eine Übergangszeit von der Anwendung der allgemeinen Marktregelungen[732] und damit auch der Wettbewerbsregeln ausnehmen.

Bezüglich des territiorialen Anwendungsbereichs ist das Protokoll Bestandteil des Vertrages von Asunción[733] und gilt damit für alle Mitgliedstaaten. Des weiteren wird es damit auch automatisch für Neumitglieder des Mercosur rechtsverbindlich. Der Beitritt zum Vertrag von Asunción bewirkt ipso iure den Beitritt zum Wettbewerbsschutzprotokoll[734]. Dieses gehört also zum „acquis communautaire" des Mercosur. Nach dem Wortlaut sind die Bestimmungen des Protokolls grundsätzlich anzuwenden auf alle Handlungen, die Auswirkungen auf den Wettbewerb innerhalb des Mercosur haben. Eine Festlegung, daß diese Handlungen von dem Territorium der Mitgliedstaaten oder von Unternehmen mit Sitz innerhalb des Gemeinsamen Marktes ausgehen müssten, erfolgt nicht. Damit wird deutlich, daß die Wettbewerbsregeln auch exterritorial anzuwenden sind (Auswirkungsprinzip)[735]. Es kommt folglich einzig darauf an, daß das Verhalten, das von innerhalb oder außerhalb des Mercosur ausgehen kann, Auswirkungen auf den Wettbewerb innerhalb des Mercosur haben kann[736].

Das Wettbewerbsrecht des Mercosur ist nicht anzuwenden (sondern lediglich das nationale Wettbewerbsrecht der Mitgliedstaaten), wenn die betreffende Handlung von einer in einem Mitgliedstaat ansässigen Einrichtung begangen wird und sich die Auswirkungen auf den Wettbewerb nur auf diesen Mitgliedstaat beschränken[737]. Entscheidend ist also, ob der zwischenstaatliche Handel beeinträchtigt wird. Ist dies nicht der Fall, wird nach dem Wortlaut im Unterschied zu der Regelung bei Nichteingreifen der Ausnahmeregelung des Art.3 WP lediglich eine tatsächliche Beeinträchtigung erfaßt, nicht bereits der Versuch hierzu. Eine weitere Präzisierung dahingehend, ab wann eine tatsächliche Be-

---

731 Art. 2 Abs. 1 WP; Velasco San Pedro, S. 183 f.
732 s.o. C. III. 2.a. cc., C. III. 2.b. cc.
733 Art. 33 WP.
734 Art. 36 WP.
735 vgl. hierzu ausführlich: Mestmäcker, S. 154 ff.
736 vgl. hierzu: Mestmäcker, S. 154 ff.; Loschky, S. 78.
737 Art. 3 WP; hierzu Velasco San Pedro, S. 184.

einträchtigung bzw. eine Beeinträchtigung des zwischenstaatlichen Handels vorliegt, erfolgt im Protokoll nicht und bleibt somit der Praxis vorbehalten.

(3) Wettbewerbsverstoß

Die Verhaltensweisen, die einen Wettbewerbsverstoß im Sinne des Wettbewerbsschutzprotokolls darstellen, sind in dessen Bestimmungen ausdrücklich genannt.

(a) Beeinträchtigung des Wettbewerbs oder des Marktzugangs durch individuelle oder abgestimmte Handlungen

Ein Verstoß ist gegeben, wenn eine Begrenzung, Beschränkung, Verfälschung oder Verzerrung des Marktzugangs bewirkt oder bezweckt wird[738]. Der Versuch ist also bereits ausreichend. Dies kann durch Handlungen jedweder Art und Weise, individuell oder abgestimmt erfolgen. Worin genau der Unterschied zwischen den im Protokoll differenziert aufgeführten Auswirkungen auf den Wettbewerb oder den Marktzugang liegen, ist nicht eindeutig zu erkennen. Zurückgreifend auf die Interpretation hinsichtlich des argentinischen und brasilianischen Wettbewerbsrechts wird hierzu die Auffassung vertreten, die unterschiedlichen Begriffe stellten in Wirklichkeit Synonyme dar und unterstrichen lediglich die Absicht, alle möglichen beschränkenden Formen erfassen zu wollen[739]. Das Protokoll unterscheidet jedoch zwischen einer Beeinträchtigung des Wettbewerbs einerseits und des Marktzugangs andererseits. Eine Beeinträchtigung des Wettbewerbs liegt vor, wenn ein kompetitiver Verhaltensprozeß im Rahmen der Teilnahme am wirtschaftlichen Leben vorliegt[740].Eine Einschränkung des Marktzugangs wird von diesem Begriff damit umfaßt. Die besondere Erwähnung in Art. 4 WP verdankt diese Variante einer Wettbewerbsbeeinträchtigung wohl der besonderen Bedeutung, die dem freien Zugang zu einem Markt im Rahmen eines chancengleichen Wettbewerbs beigemessen wird[741].

Unter individuellen Handlungen sind autonome, einseitige Handlungen einer Person oder Körperschaft zu verstehen. Das Wettbewerbsschutzprotokoll nennt beispielhaft Handlungen, die hier in Betracht kommen, so die diskriminierende Anwendung von Preisen und Konditionen gegenüber Handelspartnern, die unbegründete Verweigerung des Verkaufs von Gütern bzw. der Erbringung von Dienstleistungen oder die Verhinderung des Zugangs neuer Unternehmen zum

---

[738] Art. 4 WP; vgl. Menem, S. 205.
[739] Ramos, S. 69.
[740] Hefermehl/Baumbach, S. 39.
[741] vgl. hierzu auch: WP, Erwägungen Abs. 4; Ramos, S. 72.

Markt[742]. Erfaßt werden damit einerseits horizontale Wettbewerbsbeschränkungen. Solche sind gegeben, wenn der Wettbewerb zwischen Wettbewerbern derselben Stufe beschränkt wird. Ebenfalls werden vertikale Wettbewerbsbeschränkungen erfaßt. Diese liegen vor bei Auswirkungen auf vor- oder nachgelagerte Wirtschaftsstrukturen, namentlich bei Beeinträchtigung der wettbewerblichen Handlungsfreiheit eines Lieferanten oder Abnehmers[743]. Unter welchen Voraussetzungen solche einseitigen Handlungen tatsächlich geeignet sind, den Wettbewerb bzw. den Marktzugang und den Handel zwischen den Mitgliedstaaten zu beeinträchtigen, wird die Praxis zu klären haben. Denkbar wäre hier das Vorliegen einer gewissen wirtschaftlichen Macht oder eines bedeutenden Marktanteils des betroffenen Akteurs[744].

Nicht nur individuelle Handlungen, sondern auch abgestimmte Handlungen können zu Wettbewerbsbeeinträchtigungen führen. Solche abgestimmten Handlungen liegen vor bei bewußtem und gewolltem Zusammenwirken mehrerer Akteure zum Zweck oder mit der Folge der Koordinierung ihres Wettbewerbsverhaltens[745].

Nach dem Wortlaut von Art.4 WP ist ein Verstoß gegen die Wettbewerbsregeln gegeben, wenn eine Einschränkung des Wettbewerbs bezweckt oder bewirkt wird. Der Begriff „bezweckt" in Abgrenzung zu „bewirkt" mit einer Unterscheidung der beiden Begriffe legt die Schlußfolgerung nahe, daß bereits der Versuch einer Wettbewerbsbeeinträchtigung für einen Verstoß gegen die Bestimmungen des Protokolls ausreichend sein soll. Eine tatsächliche Beeinträchtigung ist nach dieser Alternative nicht erforderlich. Im Unterschied hierzu stellt auch ein bloßes Bewirken einer Wettbewerbsbeeinträchtigung einen Verstoß dar. Ein vorheriges oder gleichzeitiges Bezwecken ist nach dem Wortlaut des Art.4 WP nicht erforderlich. Es kommt lediglich auf die tatsächliche Auswirkung an. Zur Feststellung von Wettbewerbsbeeinträchtigungen ist zunächst der für eine solche Beeinträchtigung maßgebliche Markt (*mercado relevante*) zu identifizieren[746]. Hierfür ist zunächst festzustellen, welche Waren oder Dienstleistungen im konkreten Fall in Konkurrenz zueinander stehen (sachlich relevanter Markt). Desweiteren ist der örtlich bzw. räumlich relevante und der zeitlich relevante Markt festzulegen[747].

---

742 Art. 6 WP.
743 Ramos, S. 74.
744 vgl. Velasco San Pedro, S. 186.
745 hierzu ausführlich: Menem, S. 204; Ramos, S. 74.
746 Menem, S. 206.
747 hierzu ausführlich: Menem, S. 206; Ramos, S. 85ff.

(b) Der Mißbrauch einer marktbeherrschenden Stellung

Neben einer Beeinträchtigung des Wettbewerbs bzw. des Marktzugangs stellt auch der Mißbrauch einer marktbeherrschenden Stellung[748] einen Verstoß gegen das Wettbewerbsschutzprotokoll dar, sofern hierdurch der Handel zwischen den Mitgliedstaaten beeinträchtigt wird[749]. Aus dem Wortlaut des Art. 4 WP ist zu schliessen, daß das bloße Innehaben einer marktbeherrschenden Stellung noch nicht die Tatbestandsmäßigkeit herbeiführt, sondern ein mißbräuchliches Ausnutzen[750] dieser Stellung hinzukommen muß[751]. Dies wird bestätigt durch die Regelung des Art.5 WP, in der ausdrücklich statuiert wird, daß die Eroberung eines Marktes per se keinen Wettbewerbsverstoß darstellt, soweit sie auf einem natürlichen Prozeß, etwa höherer Wettbewerbsfähigkeit, und nicht auf einem wettbewerbswidrigen Verhalten beruht[752]. Das mißbräuchliche Ausnutzen einer marktbeherrschenden Stellung stellt lediglich dann einen Verstoß gegen die Mercosur-Wettbewerbsregeln dar, wenn durch die betreffende Handlung der Handel zwischen den Mitgliedstaaten beeinträchtigt wird. Hier kommt es also auf die tatsächliche Auswirkung an, weder das bloße Vorliegen einer marktbeherrschenden Stellung noch deren Mißbrauch ist ausreichend. Kommt es zu ei-

---

[748] Eine präzise Definition des Begriffs der beherrschenden Stellung erfolgte im Wettbewerbssschutzprotokoll nicht. Der EuGH hat für die vergleichbaren Bestimmungen des EGV folgende Definition geprägt: „Mit der beherrschenden Stellung im Sinne dieses Artikels (Art. 86 EGV) ist die wirtschaftliche Machtstellung eines Unternehmens gemeint, die dieses in die Lage versetzt, die Aufrechterhaltung eines wirksamen Wettbewerbs auf dem relevanten Markt zu verhindern, indem sie ihm die Möglichkeit verschafft, sich seinen Wettbewerbern, seinen Abnehmern und schließlich den Verbrauchern gegenüber in einem nennenswerten Umfang unabhängig zu verhalten", EuGH, Urteil v. 14.02.78, Rs. 27/76, United Brands, Slg.1978, S. 207, 286; Urteil v. 11.12.80, Rs. 31/80, L'Oreal, Slg. 1980, S. 3775, 3793; Urteil v. 09.11.83, Rs. 322/81, Michelin, Slg. 1983, 3461, 3503, 3505.

[749] Art. 4 WP; Etcheverry, Derecho de la competencia, S. 224.

[750] Es existiert keine durch das Protokoll erfolgt Festlegung des Begriffs des mißbräuchlichen Ausnutzens. Der EuGH definiert dies für das europäische Wettbewerbsrecht als „die Verhaltensweisen eines Unternehmens in beherrschender Stellung, die die Struktur eines Marktes beeinflussen können, auf dem der Wettbewerb gerade wegen der Anwesenheit des fraglichen Unternehmens bereits geschwächt ist, und die die Aufrechterhaltung des auf dem Markt noch bestehenden Wettbewerbs oder dessen Entwicklung durch die Verwendung von Mitteln behindern, welche von den Mitteln eines normalen Produkt- oder Dienstleistungswettbewerbs auf der Grundlage der Leistungen der Marktbürger abweichen", EuGH, Urteil v. 21.02.73, Rs. 6/72, Continental Can, Slg. 1973, S. 215, 246; Urteil v. 11.12.80, Rs. 31/80, L'Oreal, Slg. 1980, S. 3775, 3794; Urteil v. 09.11.83, Rs. 322/81, Michelin, Slg. 1983, S. 3461, 3514; Mestmäcker, Europäisches Wettbewerbsrecht, S. 389 ff.; Ramos, S. 104.

[751] Etcheverry, Derecho de la competencia, S. 224; Velasco San Pedro, S. 186; vgl. Loschky, S. 79.

[752] Velasco San Pedro, S. 186.

ner solchen Beeinträchtigung nicht, sind die Bestimmungen des Wettbewerbsschutzprotokolls nicht anzuwenden. Für den Fall, daß die Auswirkungen sich lediglich auf dem Gebiet eines Mitgliedstaates bemerkbar machen, ist nationales Recht des betreffenden Mitgliedstaates maßgeblich[753].

(c) Beispielskatalog

Im Wettbewerbsschutzprotokoll selbst werden beispielhaft, allerdings ohne Einteilung in Kategorien, Verhaltensweisen genannt, die den Tatbestand der wettbewerbsbeschränkenden Handlungen[754] erfüllen[755]. Hierzu gehören vor allem die Festsetzung, Erzwingung oder Anwendung von Preisen und Geschäftsbedingungen, die Beeinträchtigung der Produktion von Gütern, der Erbringung von Dienstleistungen, der Forschung, der technischen Entwicklung oder der Investitionen, die Aufteilung der Märkte und Versorgungsquellen, die Diskriminierung gegenüber Handelspartnern durch Anwendung unterschiedlicher Bedingungen oder Lieferverweigerung, Kopplungsgeschäfte, Behinderung des Marktzugangs sowie Verkauf unter Selbstkostenpreis[756]. Diese Aufzählung ist nach dem Wortlaut des Protokolls („unter anderen") nicht abschließend[757], es sind also neben den genannten noch weitere Handlungen, die den Tatbestand der wettbewerbsbeeinträchtigenden Handlung erfüllen, denkbar[758].

(d) Verschuldensunabhängigkeit

Für das Vorliegen eines Verstosses gegen die Wettbewerbsbestimmungen ist kein Verschulden erforderlich[759].

(4) Kontrolle von Handlungen, Verträgen und Fusionen

Von den Mitgliedstaaten sind gemeinsame Vorschriften zur Kontrolle von wettbewerbsbeeinträchtigenden Handlungen und Verträgen, die zu einer Beherrschung des relevanten Marktes führen können, zu verabschieden[760]. Hiermit sind einerseits Regelungen über die Freistellung wettbewerbsbeeinträchtigender Ver-

---

753 Art. 3 WP; vgl. auch Etcheverry, Derecho de la competencia, S. 219.
754 Art. 4 WP.
755 Art. 6 WP.
756 hierzu ausführlich: Velasco San Pedro, S. 187 f.
757 Art. 6 Abs. 1 WP.
758 Etcheverry, Derecho de la competencia, S. 224.
759 Art. 4 WP.
760 Art. 7 WP.

haltensweisen andererseits Regelungen bezüglich der Fusionskontrolle gemeint[761].

(5) Unternehmen mit staatlichem Monopol

Die Tätigkeit von Unternehmen, denen von Seiten des Staates monopolartige Rechte verliehen werden, ist ein Beispiel dafür, daß neben staatlichen Maßnahmen wie Zöllen, Abgaben oder mengenmäßigen Beschränkungen des Handels zwischen den Mitgliedstaaten für die Beeinträchtigung des intrazonalen Handels und die Beschränkung des Wettbewerbs auch Beschränkungen durch ordnungspolitische Eingriffe in Betracht kommen[762].

Die Wettbewerbsschutzregeln gelten nicht nur für private natürliche oder juristische Personen, sondern in gleicher Weise für juristische Personen öffentlichen Rechts, also etwa öffentliche Unternehmen oder Körperschaften[763]. Allerdings ist hierfür Voraussetzung, daß die betreffende Person sich am Wirtschaftsverkehr beteiligt[764]. Ist dies der Fall, besteht hier gemäß dem Wettbewerbsschutzprotokoll eine Gleichbehandlung von privaten und öffentlichen Unternehmen[765]. Dies hat den Zweck, einen Mißbrauch des Einflusses des Staates auf das öffentliche Unternehmen zur Umgehung der Wettbewerbsregeln zu verhindern[766].

(6) Durchführungsorgane

Mit der Durchführung des Protokolls wird die Handelskommission des Mercosur betraut. Dieser wird der Ausschuß zum Schutz des Wettbewerbs zur Seite gestellt[767], der nach dem Wortlaut des Protokolls ein zwischenstaatliches Organ ist[768], das sich aus den mit der Durchführung betrauten nationalen Organen zu-

---

761 Ramos, S. 135 ff.

762 vgl. Art. XVII GATT.

763 Art. 2 Einziger Unterabsatz WP.

764 vgl. Art. 2 Abs. 1 WP „..actos..que produzcan efectos sobre la competencia“, „Handlungen, die sich auf den Wettbewerb auswirken“.

765 Eine Sonderregelung gilt jedoch gemäß Art. 2 Einziger Unterabsatz WP für Unternehmen, die ein staatliches Monopol betreiben. Die Wettbewerbsregeln werden auch auf diese Unternehmen angewendet, jedoch nur soweit dies die ordnungsgemäße Ausübung gesetzlicher Aufgaben nicht verhindert.Eine Unterscheidung zwischen privaten oder öffentlichen Unternehmen wird hier nicht getroffen, maßgeblich ist also allein die Ausübung eines von Seiten des Staates übertragenen Monopols. Somit kommen für den Anwendungsbereich der Sonderregelung insbesondere auch die privatisierten Unternehmen in den Bereichen Telekommunikation, Öl-, Wasser-, Strom-, und Gasversorgung in Betracht.

766 Ramos, S. 170.

767 Art. 8 WP.

768 „òrgano de naturaleza intergubernamental“.

sammensetzt[769]. Der Ausschuß erarbeitet und legt der Handelskommission die Durchführungsregelung zur Zustimmung vor[770].

(7) Verfahren

Eine Antragstellung für die Durchführung des Verfahrens kann durch eine rechtlich betroffene Partei erfolgen[771]. Die nationalen Durchführungsorgane leiten das im Protokoll vorgesehene Verfahren von Amts wegen oder auf begründeten Antrag ein. Der Antrag ist zusammen mit einer fachlichen Vorbewertung an den Ausschuß zum Schutz des Wettbewerbs weiterzuleiten[772]. Der Ausschuß führt eine fachliche Vorprüfung durch und schließt diese mit der Eröffnung der Untersuchung oder der Einstellung des Verfahrens unter Vorbehalt der Zustimmung durch die Handelskommission ab[773].

Der Ausschuß hat im Fall von Dringlichkeit oder der Gefahr eines nicht wiedergutzumachenden Schadens für den Wettbewerb –ebenfalls unter Vorbehalt der Zustimmung durch die Handelskommission- die Anwendung vorläufiger Maßnahmen festzusetzen. Es sind die Maßnahmen anzuordnen, die dem Ausschuß notwendig erscheinen. Ausdrücklich sind als Beispiele erwähnt die sofortige Beendigung der die Untersuchung veranlassenden Verhaltensweise sowie die Wiederherstellung der vorherigen Situation[774]. Wird die vorläufige Maßnahme nicht befolgt, kann von dem Ausschuß ein tägliches Ordnungsgeld in Höhe von bis zu 1% des Bruttoumsatzes des letzten Geschäftsjahres[775] gegen die zuwiderhandelnde Partei festgesetzt werden[776]. Zuständig für die Vollstreckung sowohl bezüglich der vorläufigen Maßnahme als auch bezüglich des Ordnungsgelds ist das nationale Durchführungsorgan des Staates, in dem die beschuldigte Partei ansässig ist[777]. Diese Zuständigkeitsregelung gilt auch bezüglich der endgültigen Entscheidung[778].

---

769 Art. 8 WP; Etcheverry, Derecho de la competencia, S. 226; Velasco San Pedro, S. 190; Loschky, S. 80.
770 Art. 9 WP.
771 Art. 10 Alt. 2 WP.
772 Art. 10 WP; zum Verfahren: Velasco San Pedro, S. 190.
773 Art. 11 WP.
774 Art. 13 Abs. 1 WP.
775 WP-Anhang (Entscheidung des Rates Nr. 2/97), Art. 2, abgedruckt in: Rechtsquellen des Mercosur, Teilband I, S. 311.
776 Art. 13 Ziff. 1 WP.
777 Art. 13 Ziff. 2 WP.
778 Art. 20 Ziff. 1 WP.

Die Untersuchung wird von dem nationalen Durchführungsorgan des Staates, in dem die beschuldigte Partei ansässig ist, vorgenommen[779]. Dabei wird dieses unterstützt durch die Durchführungsorgane der übrigen Mitgliedstaaten durch die Beibringung von Informationen, Unterlagen oder sonstigen geeigneten Mitteln[780]. Das Protokoll statuiert ausdrücklich ein garantiertes Recht des Beschuldigten auf Verteidigung während der Untersuchung[781]. Nach Beendigung der Untersuchung hat das zuständige nationale Organ dem Ausschuß ein abschließendes Gutachten vorzulegen[782].
Anschließend benennt der Ausschuß unter Berücksichtigung des Gutachtens die wettbewerbsverletzende Verhaltensweise und ordnet die geeigneten Sanktionen an[783]. Treten innerhalb des Ausschusses Meinungsverschiedenheiten bezüglich des Ablaufs des Verfahrens auf, kann die Handelskommission um Stellungnahme ersucht werden[784].
Kann nach der Untersuchung im Ausschuß keine Einigkeit über die zu ergreifenden Maßnahmen erzielt werden, ist die Handelskommission unter Beifügung der Schlußfolgerungen des Ausschusses hierüber zu unterrichten[785]. Die Handelskommission entscheidet dann unter Berücksichtigung des Gutachtens und der Schlußfolgerungen[786]. Gelangt auch die Handelskommission nicht zu einer Entscheidung, so entscheidet die Gruppe Gemeinsamer Markt durch Beschluß[787]. Scheitert auch dies, ist das Streitbeilegungsverfahren nach dem Protokoll von Brasilia einzuleiten[788].

(8) Rechtsfolgen

Zunächst ist die unzulässige Verhaltensweise innerhalb einer von dem Ausschuß genau zu bestimmenden Frist zu beenden[789]. Wird die Untersagungsverfügung nicht befolgt, verhängt der Ausschuß ein tägliches Ordnungsgeld[790] in Höhe von bis zu 1% des Bruttoumsatzes des letzten Geschäftsjahres[791]. Die Vollstreckung sowohl der Untersagungsverfügung als auch des Ordnungsgeldes obliegt dem

[779] Art. 15 Abs. 1 WP.
[780] Art. 16 WP.
[781] Art. 15 Ziff. 2 WP.
[782] Art. 18 WP.
[783] Art. 19 WP.
[784] Art. 17 WP.
[785] Art. 19 einziger Unterabsatz WP.
[786] Art. 20 WP.
[787] Art. 21, 20 Ziff.2 WP.
[788] Art. 21 einziger Unterabsatz WP.
[789] Art. 27 WP.
[790] Art. 27 Ziff. 1 WP.
[791] WP-Anhang (Entscheidung des Rates Nr. 2/97), Art. 2, abgedruckt in: Rechtsquellen des Mercosur, Teilband I, S. 311.

nationalen Durchführungsorgan des Mitgliedstaates, auf dessen Gebiet die zuwiderhandelnde Partei ansässig ist[792].

Mehrere endgültige Maßnahmen stehen kumulativ oder alternativ zur Verfügung. Hierbei handelt es sich um Ordnungsgeld, Ausschluß vom öffentlichen Beschaffungswesen oder Verbot des Vertragsschlusses mit öffentlichen Finanzeinrichtungen[793]. Die Höhe des Ordnungsgeldes beträgt bis zu 150% der durch den Wettbewerbsverstoß erzielten Gewinne oder bis zu 100% der eingesetzten Aktivmittel oder bis zu 30% des Bruttoumsatzes des Unternehmens im letzten Geschäftsjahr. Untergrenze der Höhe des Ordnungsgeldes ist der erzielte Vorteil, sofern dieser berechenbar ist[794].
Zudem kann der Ausschuß den zuständigen nationalen Behörden eine Empfehlung dahingehend geben, daß Vergünstigungen und Erleichterungen bei der Abgabenzahlung dem gegen die Wettbewerbsregeln Verstoßenden nicht zu gewähren sind[795]. Die Schwere der Sanktionsmaßnahme soll abhängig sein von der Schwere des Verstosses und von dem dadurch entstandenen Schaden[796].

(9) Beendigungsverpflichtung

Der Beschuldigte hat in jedem Stadium des Verfahrens die Möglichkeit, eine Beendigungsverpflichtung einzugehen, ohne hierdurch die vorgeworfenen Tatsachen einzugestehen oder die Rechtswidrigkeit anzuerkennen[797]. Die Erklärung des Beschuldigten muß dessen Verpflichtungen sowie die Höhe des täglichen Ordnungsgelds bei Zuwiderhandlung enthalten. Die Höhe des täglichen Ordnungsgelds kann bis zu 1% des Bruttoumsatzes des letzten Geschäftsjahres betragen[798]. Gleichfalls ist eine Verpflichtung zu laufender Information des nationalen Durchführungsorgans durch Vorlage von Berichten erforderlich[799]. Die Erfüllung der Verpflichtungen führt zur Aussetzung des Verfahrens und nach einer festgelegten Frist zur Verfahrensbeendigung[800]. Die Vollstreckung der Beendigungsverpflichtung obliegt, wie auch die vorläufigen Maßnahmen und Sanktionen[801] im Hauptverfahren, dem nationalen Durchführungsorgan[802].

---

792 Art. 27 Ziff. 1, 2 WP.
793 Art. 28 Abs. 1 WP; Etcheverry, Derecho de la competencia, S. 226; Velasco San Pedro, S. 191.
794 WP-Anhang, Art. 1.
795 Art. 28 Ziff. 1 WP.
796 Art. 29 WP.
797 Art. 22 WP.
798 WP-Anhang Art. 2.
799 Art. 23 WP.
800 Art. 24 WP.
801 Art. 28 Ziff. 2 WP.
802 Art. 26 WP.

(10) Zusammenarbeit

Ausdrücklich wird in dem Protokoll die enge Kooperation der zuständigen nationalen Behörden in den Bereichen Informations- und Erfahrungsaustausch, Ausbildung von Fachleuten und Sammlung von Rechtsprechung bezüglich Wettbewerbsschutz sowie bei der Untersuchung von wettbewerbsschädigenden Verhaltensweisen vereinbart[803].

(11) Staatliche Beihilfen

Eine Regelung des Subventionsbereiches wurde zunächst durch das Protokoll nicht getroffen. Allerdings verpflichteten sich die Mitgliedstaaten, hierzu gemeinsame Vorschriften und Verfahrensweisen auszuarbeiten, wobei die einschlägigen Regelungen der WTO zu berücksichtigen waren[804].

(12) „acquis communautaire“

Die Wettbewerbsregeln sind auch auf Neumitglieder des Mercosur anzuwenden, gehören also zum „acquis communautaire“[805].

bb. Wettbewerbsverzerrende Staatliche Politiken

Ebenfalls zu berücksichtigen ist im Rahmen der Darstellung der Wettbewerbsregeln die Entscheidung des Rates zu staatlichen Politiken, die den Wettbewerb beeinträchtigen[806].

Durch die Entscheidung wurde ein Fachausschuß (Technisches Komitee 4) geschaffen, der zunächst sämtliche wettbewerbsbeeinträchtigenden Maßnahmen in Verbindung mit dem staatlichen Beschaffungswesen sowie solche abgabenrechtlicher Natur, kreditrechtlichter Natur und solche, die Ausnahmen von der gemeinsamen Handelspolitik bedeuten, zu identifizieren hatte[807]. Darauf war unter Berücksichtigung der Kriterien der wirtschaftlichen Effizienz, der allgemeinen Ziele des Mercosur sowie multilateraler Abkommen, etwa der einschlägigen Vorschriften des GATT, zu qualifizieren, welche Maßnahmen mit der Zollunion vereinbar sind und welche nicht. Abschließend oblag es dem Aus-

---

803 Art. 30 WP; vgl. Etcheverry, Derecho de la competencia, S. 222.

804 Art. 32 WP.

805 Art. 36 WP.

806 Entscheidung des Rates Nr. 20/94, abgedr. in: Rechtsquellen des Mercosur, Teilband I, S. 396 mit dt. Übersetzung.

807 BID, Mercosur Report Nr.1 (Juli –Dezember 1996), S. 26.

schuß, einen Vorschlag zur schrittweisen Beseitigung der unvereinbaren und zur Harmonisierung der vereinbaren Maßnahmen zu unterbreiten.

Da staatliche Beihilfen für die Privatwirtschaft nicht ausdrücklich im Protokoll zum Schutz des Wettbewerbs genannt sind, herrschte zunächst Uneinigkeit darüber, ob diese in den Geltungsbereich des Protokolls fallen sollten oder in den Zuständigkeitsbereich des Technischen Komitee 4 (wettbewerbsbeeinträchtigende staatliche Maßnahmen)[808]. Schließlich wurde das Protokoll nach Einfügung eines Artikels über staatliche Beihilfen unter dem Kapitel „Maßnahmen während der Übergangszeit" vom Rat gebilligt[809]. Die Mitgliedstaaten verpflichten sich danach, die Verfahrensregeln und Standards für die Gewährung von staatlichen Beihilfen zu vereinheitlichen. Ebenso verpflichteten sich die Mitgliedstaaten, die Dumping-Praktiken im Mercosur zu untersuchen und bis Ende 2000 Vorschläge zur zukünftigen Behandlung der Materie auf Ebene des Mercosur zu unterbreiten[810].

Der bisher nur schleppend vorangekommene Bereich der Kontrolle und des Abbaus der wettbewerbsbeeinträchtigenden staatlichen Maßnahmen wird angesichts der starken Bedeutung dieser Maßnahmen für Investitionen und Handelsströme als wesentlich für die zukünftige Entwicklung gesehen[811]. Eine vollständige Abschaffung von staatlichen wettbewerbsbeeinträchtigenden Maßnahmen ist derzeit jedoch noch nicht absehbar[812].

cc. Beseitigung von Exportanreizen

Die Mitgliedstaaten haben vereinbart, keine Exportanreize für Exporte in andere Mitgliedstaaten aufrechtzuerhalten oder neu zu schaffen[813]. Dies gilt allerdings nicht für Finanzdienstleistungen. Erlaubt bleiben jedoch Exportanreize für Exporte in Drittländer[814].

---

808 BID, Mercosur Report Nr.1 (Juli –Dezember 1996), S. 27.

809 Entscheidung des Rates Nr. 18/96, abgedr. in Rechtsquellen des Mercosur, Teilband I, S. 301 ff. mit dt. Übersetzung.

810 BID, Mercosur Report Nr.1 (Juli –Dezember 1996), S. 27.

811 BID, Mercosur Report Nr.1 (Juli –Dezember 1996), S. 26.

812 Zwar drängt Argentinien auf die Abschaffung der brasilianischen Praktiken, mit Steueranreizen, kostenlosen Gewerbeflächen und anderen indirekten Beihilfen Unternehmen anzuziehen, die insbesondere seit der Wirtschaftskrise 1998 zugenommen haben, jedoch ist ungewiß, ob Brasilien davon abrückt. Auf der argentinischen Seite werden die Chancen hierfür positiv eingeschätzt, La Nación v. 4.4.2000, S. 4 sowie v. 27.5.2000, S. 3.

813 Entscheidung des Rates Nr. 10/94, abgedr. in Rechtsquellen des Mercosur, Teilband I, S. 389 ff. mit dt. Übersetzung.

814 BID, Mercosur Report Nr.1 (Juli –Dezember 1996), S. 24; Haller, S. 68.

Im Bereich der Exportanreize erging der Schiedsspruch des Mercosur-Schiedsgerichts vom 27.09.1999[815]. Argentinien hielt einige Maßnahmen Brasiliens für Subventionen der Produktion und des Exports von Schweinefleisch und anderer Produkte, die nicht mit dem Mercosurrecht vereinbar seien, da sie Wettbewerbsbeeinträchtigungen zur Folge hätten.
Brasilien war der Ansicht, bei den betroffenen Maßnahmen handele es sich nicht um Subventionen. Im übrigen sei die einige der streitgegenständlichen Maßnahmen betreffende Entscheidung des Rates Nr. 10/94 lediglich ein programmatischer Kompromiß ohne festgelegte Frist zur Umsetzung in nationale Vorschriften. In diesem Punkt folgte das Schiedsgericht der Argumentation Brasiliens[816]. So gab das Schiedsgericht in der Frage der Exportsubventionen Argentinien lediglich teilweise Recht und führte aus, daß ab 29.03.1999 nur für Finanzdienstleistungen Exportsubventionen im international üblichen Rahmen zulässig seien[817]. Das grundsätzliche Verbot von Exportanreizen gilt jedoch nach dem Schiedsspruch ausschließlich für Exporte in andere Mercosur-Staaten[818]. Dies bedeutet, daß für Exporte in Drittstaaten weiterhin solche Anreize zulässig sind.

dd. Unvollständigkeit der Mercosur-Wettbewerbsregeln

Unter den Mitgliedstaaten des Mercosur besteht Einigkeit darüber, daß der Schutz des Wettbewerbs durch die Gewährleistung effektiver Wettbewerbsregeln Voraussetzung und Mittel zur Schaffung eines Gemeinsamen Marktes ist. Durch den freien Wettbewerb und gleiche Wettbewerbsbedingungen soll eine Steigerung des intrazonalen Handels sowie eine Steigerung der Wettbewerbsfähigkeit der Mercosur-Unternehmen erreicht werden[819]. Zentrales Element des Wettbewerbsrechts des Mercosur ist das Wettbewerbsschutzprotokoll von 1996[820].
Dessen Anwendungsbereich erstreckt sich grundsätzlich auf sämtliche Teilnehmer am Wirtschaftsverkehr in allen Wirtschaftssektoren, wobei sowohl natürliche als auch juristische Personen des privaten und des öffentlichen Rechts, erfasst werden. Wettbewerbswidrig ist in erster Linie die Beeinträchtigung des Handels zwischen den Mitgliedstaaten. Diese kann einerseits durch eine Beschränkung des Wettbewerbs bzw. des Marktzugangs, andererseits durch den Mißbrauch einer marktbeherrschenden Stellung hervorgerufen werden. Eine

---

815 „*Carne de Cerdo*“, http://www.mercosur.org.uy/espanol/snor/normativa /LAUDOS.HTM; BOM Nr. 11 (1999).
816 Mercosur-Schiedsgericht, Schiedspruch v. 27.09.1999, Gründe Nr. 75.
817 Mercosur-Schiedsgericht, Schiedspruch v. 27.09.1999, Entscheidung Nr. II, Gründe Nr. 79.
818 Mercosur-Schiedsgericht, Schiedspruch v. 27.09.1999, Entscheidung Nr. II.
819 Dromi San Martino, S. 155.
820 Dromi San Martino, S. 155, 156.

Ausnahmeregelung gilt für Unternehmen, die ein staatliches Monopol ausüben. Sie sind bei der Ausübung ihrer gesetzlich übertragenen Aufgaben von der Anwendung der Wettbewerbsregeln ausgenommen. Die diesbezüglichen Voraussetzungen und Schranken blieben ungeregelt. Ein Mißbrauch der Ausnahmeregelung wird daher nur bei einer engen Auslegung der Norm sowie einer zügigen Beseitigung der entsprechenden Monopole zu verhindern sein[821]. Keine Regelung fanden in dem Wettbewerbsschutzprotokoll die Freistellung wettbewerbswidriger Handlungen und die Kontrolle von wirtschaftlichen Konzentrationen. Immerhin wurde vereinbart, die diesbezüglichen Regelungen nachzuholen[822]. Dies gilt auch für den äußerst wichtigen Bereich der staatlichen Beihilfen. Wie die Erfahrungen im Bereich der Europäischen Gemeinschaft zeigen, sind Subventionen oft ein wesentlich größeres Hindernis für gleichen und freien Wettbewerb als Zölle, Abgaben oder mengenmäßige Beschränkungen. Somit wird ein reibungsloses Funktionieren und die Effizienz der Wettbewerbsregeln wesentlich von einer schnellen Regelung auch des Bereichs der staatlichen Beihilfen abhängen. Bezüglich wettbewerbsverzerrender staatlicher Politiken wurde dies bereits erkannt und entsprechende Maßnahmen eingeleitet[823]. Hinsichtlich der Verfahrensregelungen fällt auf, daß mercosurtypisch in den Durchführungsorganen das Konsensprinzip vorherrscht. Das Risiko von Meinungsverschiedenheiten angesichts unterschiedlicher wettbewerbsrechtlicher Praxis in den Mitgliedstaaten besteht und wurde in dem Protokoll auch berücksichtigt. Erst wenn eine Konsenslösung auch in der Handelskommission und der Gruppe Gemeinsamer Markt nicht zustandekommt, wird die Anrufung des ad-hoc-Schiedsgerichts nach dem Protokoll von Brasilia erforderlich[824].

h. Koordinierung der Wirtschaftspolitik

Bereits im Vertrag von Asunción verpflichten sich die Mitgliedstaaten zu einer weitgehenden Koordindierung ihrer makroökonomischen Politiklinien (in den Bereichen Außenhandels-, Agrar-, Steuer-, Industrie-, Währungs-, Kapitalmarkt-, Zoll-, Dienstleistungs-, Transport- sowie Kommunikationspolitik) sowie zur Schaffung einer gemeinsamen Handelspolitik gegenüber Drittstaaten[825]. Bezüglich der Koordinierung der Wirtschaftspolitik handelt es sich um ein Instrument, um im gemeinsamen Markt angemessene Wettbewerbsbedingungen zwischen den Mitgliedstaaten zu gewährleisten. Während der Übergangszeit ist dieses Instrument schrittweise und in enger Verbindung mit dem Programm der Han-

[821] s.o. C. III. 4.a. aa. (2).
[822] Art. 32 WP.
[823] s.o. C. III. 4. h. bb.
[824] s.o. C. III. 4.a. aa. (7).
[825] Kapitel I VA; Etcheverry, S. 547; Haller, S. 50.

delsliberalisierung anzuwenden[826]. Wie auch aus dem Programm zur Handelsliberalisierung zu ersehen[827], soll damit der schrittweise erfolgende Zollabbau unterstützt sowie die gesamtwirtschaftlichen Auswirkungen desselben abgemildert werden. Dabei obliegt es der Gruppe Gemeinsamer Markt, konkrete Maßnahmen vorzuschlagen[828], die dann im Rat endgültig verabschiedet werden[829]. Angesichts der immer noch bestehenden wirtschaftlichen Unterschiede der Mercosur-Mitgliedstaaten bestehen hier Schwierigkeiten, da eine sinnvolle Abstimmung der Wirtschaftspolitik bereits einen hohen Integrationsstand voraussetzt[830].

i. Defizite bei der Realisierung eines Gemeinsamen Marktes

Obwohl die Namensgebung „Mercado Común del Sur“ auf das Ziel der Schaffung eines gemeinsamen Marktes hinweist, kann derzeit trotz der vollständigen Beseitigung der Zollschranken innerhalb des Mercosur für die allermeisten Produkte angesichts der Ausnahmen bezüglich einiger, teilweise wichtiger Produkte („Vorbehaltsgüter“) lediglich von der Verwirklichung einer unvollständigen Freihandelszone und einer unvollständigen Zollunion gesprochen werden. Die Realisierung einiger Elemente eines gemeinsamen Marktes wurden ebenfalls begonnen, hier bestehen jedoch nach Qualität und Quantität noch so große Defizite, daß die Realisierung eines gemeinsamen Marktes noch weit entfernt ist[831].

Insbesondere nach der brasilianischen Wirtschaftskrise 1999, der Abwertung der brasilianischen Währung und der damit verbundenen Wettbewerbsverzerrung infolge des Gewinnes an Wettbewerbsfähigkeit der brasilianischen Wirtschaft wird darüber nachgedacht, einen Währungskorb der Mercosur-Währungen, etwa vergleichbar mit der früheren ECU, zu schaffen, um eine Stabilisierung des Warenaustausches sowie einen Zwang zu besserer Abstimmung der Wirtschaftspolitik der Mitgliedstaaten zu erreichen[832].

---

[826] Art. 5 lit. b VA; Haller, S. 50; vgl. Loschky, S. 83 ff.

[827] Anhang I zum VA, Art. 11.

[828] Art. 13 Abs. 2 PHL.

[829] Art. 10 PHL; Salomão Filho/Samtleben, WM 1992, S. 1351.

[830] Salomão Filho/Samtleben, WM 1992, S. 1351; ausführlich: Schvarzer, Problèmes d'Amérique Latine Nr. 33 (1999), S. 92; so auch Haller, S. 51.

[831] So auch Müller-Brandeck-Bouquet, EFAR 5 (2000), S. 567; Almeida, Integración & Comercio 1998, S. 77; Haller, S. 59.

[832] Sangmeister, LADD 16 (1999), S. 86; Levy/Sturzenegger, CE 37, Nr. 110 (2000), S. 94 f. halten eine bessere Koordinierung der Wirtschaftspolitiken jedoch für eine Voraussetzung, die vor Einführung einer gemeinsamen Währung erfüllt sein müßte.

Auch die Idee der Schaffung einer Währungsunion und einer Gemeinschaftswährung im Mercosur findet Unterstützung in der Literatur[833]. Eine solche Währungsunion wird vor allem für den Fall einer weitergehenden (wirtschafts-)politischen Integration als essentiell angesehen[834].

Während der bilateralen Verhandlungen zwischen Argentinien und Brasilien im April 2000 wurde eine als „Mini-Maastricht" bezeichnete Vereinbarung zur Einhaltung ökonomischer Konvergenzkriterien nach dem europäischen Vorbild der entsprechenden Regelungen des Vertrages von Maastricht getroffen. Dabei handelt es sich um die Staatsverschuldung, das Haushaltsdefizit sowie die Inflationsrate. Langfristig soll dies zur Schaffung einer Gemeinschaftswährung führen[835].

5. Die relevanten GATT/WTO-Bestimmungen

Erklärtes Ziel des Mercosur ist die GATT/WTO-konforme Ausgestaltung der Integration. Demgemäß soll nachfolgend eine Darstellung der für die Einschätzung der GATT/WTO-Konformität der von den Mercosur-Mitgliedstaaten gewählten Integrationsform relevanten Bestimmungen erfolgen.

a. Grundsatz und Ausnahmen

Eines der Grundprinzipien des GATT ist der Grundsatz der Meistbegünstigung[836]. Danach sind die Mitgliedstaaten verpflichtet, alle Handelsvorteile, die sie einem oder mehreren Staaten einräumen, unverzüglich und bedingungslos auch alle anderen GATT- Vertragsparteien zu gewähren[837].

Für Handelszugeständnisse, die lediglich auf einen abgegrenzten Kreis von Staaten oder Staatengruppen beschränkt sind, also auch im Rahmen von Integrationsvereinbarungen oder Assoziierungsabkommen gilt lediglich dann eine Ausnahme von diesem Grundsatz, wenn die Vertragsparteien dieser Abkommen die Schaffung einer Freihandelszone oder einer Zollunion im Sinne des GATT

[833] so Giambiagi, Revista de Economia Politica 17 (1997), S. 5 sowie Integración & Comercio 1999, S. 76 ff.; Eichengreen, S. 4; Drago, RDM 7-1998, S. 11; a. A.: Levy/ Sturzenegger, CE 37, Nr. 110 (2000), S. 95, die kurzfristig eine Dollarbindung für die bessere Alternative halten; vgl. Loschky, S. 85, S. 120.

[834] Eichengreen, S. 33; Menem, RDM 9-1998, S. 6; ausführlich: Giambiagi, Integración & Comercio 1999, S. 76 ff.

[835] Diaz Porta/Hebler/Kösters, S. 25; Dromi, Mercosur Hoy, S. 23.

[836] Art. I GATT; vgl. Senti, Die Welthandelsordnung, S. 36 ff.

[837] Hoda, S. 18; Beise, S. 98; vgl. Herdegen, § 7, Rn. 23.

beabsichtigen[838]. Ausreichend ist unter bestimmten Voraussetzungen auch die Vorstufe hierzu[839]. Diese Privilegierung ist umstritten.

So wird die Ansicht vertreten, daß der Sinn von Freihandelszonen oder Zollunionen die Gewährleistung eines freieren Handels sei und somit mit der Zielsetzung des GATT übereinstimme[840]. Im übrigen könne in kleineren Einheiten eine wesentlich tiefergehende Integration stattfinden als auf der allgemeinen GATT-Ebene, wodurch wenigstens in diesen kleineren Einheiten das Ziel eines möglichst weitgehenden Freihandels zügiger erreicht werden könne und damit regionale Integrationsabkommen eine Ergänzung der allgemeinen GATT-Regelung darstelle[841]. Die Gegenmeinung stellt auf den Universalitätsgedanken ab und sieht die Bildung von Freihandelszonen oder Zollunionen mit der Einräumung von speziellen Präferenzen den Mitgliedstaaten gegenüber als hierzu im Widerspruch stehend an[842]. Zwar werde der intrazonale Handel liberalisiert, was in der Regel handelschaffend wirke, jedoch finde eine Abschließung des Marktes nach außen mit der Folge einer Handelsumlenkung statt, was letzlich zu einer Minderung der Weltwohlfahrt führe[843]. Die Regelung des Art. XXIV sei lediglich eine aus Realitätssinn zugestandene Ausnahmeregelung, im Vordergrund stehe eher die Duldung als die wohlwollende Anerkennung als freihandelsfördernd[844]. Die Frage, ob die Bildung von regionalen Freihandelszonen eher handelssteigernde oder handelssenkende Effekte auf die Nichtmitglieder solcher Zonen hat, konnte bisher weder von der Wissenschaft noch durch empirische Analyse mit letzter Sicherheit beantwortet werden[845]. In einer Studie der WTO selbst wird jedoch betont, daß regionale Integrationsabkommen keinen wesentlich negativen Effekt auf die weltweite Handelsliberalisierung und ihr positives ökonomisches Ergebnis hätten[846]. Wenn sich in einigen Freihandelszonen der Anteil des Intra-Handels gegenüber dem Extra-Handel erhöht hat, so liegt dies nicht etwa an einem Rückgang des Extra-Handels, sondern in erster Linie durch eine Steigerung des Intra-Handels, etwa durch räumliche Nähe, kulturelle Affinität oder Intitiative privater Unternehmer. Eine negative Beein-

---

[838] Art. XXIV GATT.

[839] vgl. hierzu Vedder, in: Grabitz/Hilf, Art. 238, Rn. 32; Haller, S. 304.

[840] Prieß/Berrisch, S. 134; vgl. Bail, EuZW 1990, S. 440; Ipsen/Haltern, S. 57.

[841] Senti, S. 457; Meng, in: Klein/Meng/Rode, S. 54.

[842] vgl. Bail, EuZW 1990, S. 434; Ipsen/Haltern, S. 58; Bhagwati, The World Economy, Vol. 20 (1997), Nr.3, S. 259 ff.

[843] Hailbronner/Bierwagen, JA 1988, S. 322.

[844] vgl. hierzu die Haltung der Mercosur-Mitgliedstaaten, die die subregionale Integration lediglich als Zwischenschritt auf dem Weg zu weiterer Handelsliberalisierung ansehen, vgl. Präambel des Vertrages von Asunción.

[845] Senti, S. 456; Serra Puche, S. 126; Kennedy, S. 3; a.A. unter Aufgabe seiner früher vertretenen Ansicht: Bhagwati, From GATT to the WTO, S. 60.

[846] WTO, Regionalism and the World Trading System, 1995.

flussung des Welthandels durch die Schaffung von Handelsblöcken sei nicht zu belegen[847]. Demzufolge ist jedenfalls grundsätzlich von der Möglichkeit einer handelsfördernden Wirkung der Schaffung weiterer Freihandelszonen auszugehen[848].

b. Zulässigkeit nach Art. XXIV GATT

Die Zulässigkeit einer solchen Freihandelszone nach dem GATT ist an die Erfüllung verschiedener Voraussetzungen geknüpft[849].

---

847 Senti, S. 456; Molsberger, S. 23; Nunnenkamp, Zeitschrift für Wirtschaftspolitik 43 (1994), S. 259f; Borrmann, S. 34; Woolcock, S. 119; Gibb, in: Gibb/Michalak, S. 29.

848 Serra Puche, S. 126; Gibb, in: Gibb/Michalak, S. 29; Prieß/Berrisch, S. 134; vgl. Bail, EuZW 1990, S. 440; Ipsen/Haltern, S. 57.

849 Art. XXIV GATT wird allgemein als wenig gelungen angesehen, insbesondere hinsichtlich der Bestimmungen in Abs. 4-9, da die Begriffe nicht klar gefaßt seien und das Regel-Ausnahme-Verhältnis nicht eindeutig zu erkennen sei; vgl. Serra Puche, S. 126; Hailbronner/Bierwagen, JA 1988, S. 322. Auch durch die Vereinbarung zur Auslegung des Art. XXIV GATT im Rahmen der Uruguay-Runde, 33 ILM 34 (1994), konnte die Unbestimmtheit der Kriterien des Art. XXIV in den wesentlichen Punkten nicht erhellt werden, so Meng, in: Klein/Meng/Rode, S. 55. Desweiteren ist angesichts des Wortes „accordingly“ (demgemäß) in Abs. 5, womit dieser sich auf Abs. 4 bezieht, das Verhältnis des Abs. 4 zu den Abs. 5-9 verschiedenen Interpretationen zugänglich. Es wird die Meinung vertreten, Abs. 4 sei als zentrale Vorschrift des Art.XXIV zu sehen, die lediglich durch Abs. 5-9 präzisiert werde, so Senti, S. 120; Ott, S. 28. Demgemäß wäre ein Abkommen, das bereits Abs. 4 entspricht, nicht mehr an Abs. 5-9 zu messen, vgl. Dam, S. 276; Ott, S. 28. Im Gegenzug bedeute jedoch eine Erfüllung der Kriterien der Abs. 5-9 automatisch auch eine Zulässigkeit nach Abs. 4; vgl. Huber, S. 33; Ott, S. 28. Schließlich besteht auch die Ansicht, für die Zulässigkeit gem. Art. XXIV müßten sowohl die Erfordernisse nach Abs. 4 als auch nach Abs. 5-9 nebeneinander erfüllt werden; Hilpold, RIW 1993, S. 661; Jaeger, S. 210; Ott, S. 29.
Gegen die erstgenannte Ansicht spricht hauptsächlich die weitgehende Unbestimmtheit von Abs. 4. Eine juristisch exakte Prüfung allein des Abs. 4 isoliert erscheint schwer vorstellbar, wenngleich die Rechtsnormeigenschaft des Abs. 4 anerkannt ist; vgl. Steinberger, S. 102. Vielmehr wird in Abs. 4 der Grundgedanke formuliert, der schließlich seine detaillierte Ausformung in den Bestimmungen der Abs. 5-9 findet; vgl. Imhoof, S. 63; Jackson, World Trade and the Law of GATT, S. 600; Steinberger, S. 140; Bratschi, GATT, S. 86; Ott, S. 29. So hat eine wechselbezügliche Zusammenschau des Abs. 4 mit den Abs. 5-9 zu erfolgen; vgl. Steinberger, S. 140. Gefordert wird auch, eine fallbezogene Auslegung des Abs. 4 vorzunehmen, die auch in die Prüfung der Abs. 5-9 einzufliessen habe; dies entspräche der pragmatisch und nicht streng juristisch orientierten Praxis des GATT, so Hilpold, RIW 1993, S. 661; Huber, S. 34; Ott, S. 29.

aa. Liberalisierung annähernd des gesamten Handels

Nach der Definition in Art. XXIV Abs. 8 lit. b GATT handelt es sich bei einer Freihandelszone um eine Gruppe von zwei oder mehr Zollgebieten, zwischen denen die Zölle und beschränkenden Handelsvorschriften für annähernd den gesamten Handel („*substantially all the trade*“) mit den aus den teilnehmenden Gebieten der Zone stammenden Waren beseitigt werden[850].

bb. Verlagerung von Handelsströmen

Gemäß Art. XXIV Abs. 5 lit. a und b. GATT dürfen Zollunionen und Freihandelszonen die Zölle und Handelsvorschriften mit den an der Union oder Zone nicht teilnehmenden Staaten in ihrer Gesamtheit nicht höher oder einschränkender gestalten als vor der Bildung der Zollunion oder Freihandelszone. Somit gilt ein Verbot von restriktiveren Regelungen als vor Gründung der Zollunion bzw. Freihandelszone. Im Detail ist umstritten, ob mit dem Begriff „in ihrer Gesamtheit“ (*on the whole*) der Durchschnittsaußenhandelszoll jedes einzelnen Produkts gemeint ist oder ob maßgeblich der Durchschnittswert aller Zölle ist, der als Bemessungsgrundlage heranzuziehen ist[851]. Gleichfalls umstritten ist, ob der arithmetische oder der gewichtete Durchschnitt für die Berechnung des Zolltarifs maßgeblich sein soll[852]. Zwar beinhaltet die Interpretationserklärung zu Art. XXIV Abs. 5 des GATT 1994[853] eine eindeutige Stellungnahme der Verhandlungspartner, daß bei der allgemeinen Belastung durch Zölle und andere Handelsvorschriften ein insgesamt gewichteter Durchschnittszollsatz zugrunde gelegt werden soll[854]. Offen bleibt, ob diese Bemessungsgrundlage lediglich für die Zukunft gelten sollte, oder ob dadurch auch eine rückwirkende Klärung einer umstrittenen Frage stattfindet[855].

cc. Überwachung

Abs.12 des Art. XXIV GATT statuiert die Verpflichtung der Vertragsstaaten zur eigenständigen Überwachung der Einhaltung der GATT-Vorschriften auf ihrem Staatsgebiet. Zurückgehend auf einen Abkommensentwurf[856] im Rahmen der Verhandlungen der Uruguay-Runde wurden die Bestimmungen zur Kontrolle

---

850 s. o. C. III. 1.a.

851 Senti, S. 459; Prieß/Berrisch, S. 135; Dam, GATT, S. 277; Jackson, World Trade and the Law of GATT, S. 612; Ott, S. 30.

852 Senti, S. 120; vgl. auch Hilpold, RIW 1993, S. 662.

853 33 ILM 28 (1994).

854 Prieß/Berrisch, S. 136; Senti, S. 459.

855 vgl. Ott, S. 31.

856 Dok. MTN.TNC/W/35, S. 307-310.

der GATT-Konformität von Freihandelszonen und Zollunionen verschärft[857]. Im übrigen wurde die Zulässigkeit des GATT-Streitschlichtungsmechanismus zur Durchsetzung der Verpflichtungen aus Art. XXIV Abs. 12 GATT festgelegt[858]. Die Erklärung macht weiter deutlich, daß die Kontrolle der GATT-Konformität der Freihandelszonen nach Art.XXIV GATT verstärkt werden soll[859].

c. Zulässigkeit nach der „Ermächtigungsklausel" (*enabling clause*)

Bereits die Notifizierung der ALADI erfolgte nicht unter Art. XXIV GATT, sondern unter der sogenannten *enabling clause*[860], die als Ausnahme von dem Meistbegünstigungsprinzip die Vereinbarung von Präferenzsystemen zwischen Entwicklungsländern ermöglicht[861] und auch nach Inkrafttreten des GATT 1994 fortbesteht[862]. Nachdem der Mercosur aber ein „Abkommen beschränkter Reichweite" unter dem Dach der ALADI darstellt[863], beriefen sich auch die Mercosur-Staaten bei der GATT-Notifizierung durch den Generalsekretär der ALADI im Jahr 1992 auf die enabling clause[864]. Die Notifizierung führte im Gegensatz zu dem Vorgehen bei der Notifizierung der ALADI oder bilateralen Integration zwischen Argentinien und Brasilien[865] nach Intervention der USA zu der Einsetzung einer Arbeitsgruppe des GATT[866], wobei jedoch offen blieb, ob die Untersuchung auf der Grundlage des Art. XXIV GATT oder der Ermächtigungsklausel erfolgen sollte[867]. Für die Beurteilung des Mercosur nach der enabling clause spricht, daß es sich bei den Mitgliedstaaten nach allgemeiner Ansicht um Entwicklungsländer im Sinne der enabling clause handelt, daß auch die ALADI, die weit mehr Mitgliedstaaten umfaßt, darunter auch die Mercosur-Staaten, auf dieser Grundlage anerkannt wurde, ebenso wie sämtliche Abkommen beschränkter Reichweite im Rahmen der ALADI, wie etwa der Andenpakt[868].

---

857 Prieß/Berrisch, S. 134.
858 33 ILM36 (1994).
859 vgl. Prieß/Berrisch, S. 135, S. 164.
860 GATT, BISD 26 S/ 203; span.: *Cláusula de Habilitación.*
861 ausführlich: Hoda, S. 9; Hilpold, RIW 1993, S. 665 f.; Vedder, in: Grabitz/Hilf, Art. 238, Rn. 32; Salomão Filho/Samtleben, WM 1992, S. 1387; Ruiz Díaz Labrano, S. 391; Beise, S. 101; Prieß/Berrisch, S. 135, S. 164; Senti, Die Welthandelsordnung, S. 39.
862 vgl. hierzu WTO-Übereinkommen, Anlage 1A, Art. 1(b)IV, 33 ILM 24 (1994); Beise, S. 101; Samtleben, WM 1996, S. 1998; Hilpold, RIW 1993, S. 668.
863 s. o. B. I. 2.
864 Integración Latinoamericana 180 (1992), S. 88; Samtleben, WM 1996, S. 1998; Ruiz Díaz Labrano, S. 391.
865 Akte von Buenos Aires, s. o. C. I. 1.e.
866 Ruiz Díaz Labrano, S. 392; ausführlich: Haller, S. 312 ff..
867 Samtleben, WM 1996, S. 1998 m. w. N.; Haller, S. 315.
868 Ruiz Díaz Labrano, S. 394.

d. GATT-Praxis

In der bisherigen GATT-Praxis konnte bezüglich zahlreicher notifizierter Regionalabkommen nicht festgestellt werden, ob diese mit den GATT-Bestimmungen vereinbar sind oder nicht. Obwohl bis 1996 von fast achtzig gemeldeten Regionalabkommen lediglich vier mit Art.XXIV voll vereinbar erklärt wurden[869], erfolgte in Bezug auf die anderen Abkommen weder ein Verbot noch eine andere Art der Regulierung[870]. Vielmehr kamen die in Auftrag gegebenen Untersuchungen zu keinem endgültigen Ergebnis hinsichtlich der GATT-Konformität der Abkommen[871]. Dies läßt jedoch die Schlußfolgerung zu, daß selbst jetzt, nach Einführung des WTO-Streitschlichtungssystems mit im Vergleich zu dem GATT-Streitschlichtungssystem wesentlich größerer Sanktionsmöglichkeiten, wegen der rechtlich problematischen Feststellung eines eindeutigen Verstosses gegen die GATT-Bestimmungen mit einer Verhinderung von Zusammenschlüssen der geschilderten Art kaum zu rechnen sein dürfte[872].

6. Der Mercosur als WTO-konforme Freihandelsorganisation

Trotz der noch nicht vollständigen Liberalisierung aller Wirtschaftsbereiche kann der Mercosur wegen der Beseitigung annähernd aller Schranken tarifärer und nichttarifärer Art für den freien Warenverkehr mindestens als Freihandelszone im Sinne von Art. XXIV Abs. 8 GATT bezeichnet werden[873]. Ob der Mercosur darüberhinaus auch als Zollunion zu qualifizieren ist, erscheint angesichts der zahlreichen Ausnahmen für die Anwendung des Gemeinsamen Außenzolls weniger eindeutig, dürfte jedoch zu bejahen sein[874]. Trotz des Ziels der Schaffung eines Gemeinsamen Marktes und trotz der teilweisen Verwirklichung einiger charakteristischer Merkmale hierfür, kann angesichts der erheblichen qualitativen und quantitativen Defizite von der Existenz eines Gemeinsamen Marktes im Mercosur derzeit noch nicht gesprochen werden.

Wie gesehen erfolgte eine Liberalisierung annähernd des gesamten Handels zwischen den Mitgliedern der Freihandelszone bzw. Zollunion. Im übrigen fand

---

869 Ott, S. 37; bis Herbst 1999 stieg diese Zahl auf rund hundert an, Senti, S. 454, WTO, Annual Report 1999, S. 94 f.

870 Prieß/Berrisch, S. 134; Jackson, The World Trading System, S. 141.

871 Benedek, S. 67.

872 in diesem Sinne auch: Hilpold, RIW 1993, S. 666; Haller, S. 317, S. 377; vgl. Prieß/Berrisch, S. 134; vgl. Mauderer, S. 38.

873 s. o. C. III. 2.i.

874 s. o. C. III. 3.b.

eine Verlagerung von Handelsströmen im Sinne des GATT nicht statt[875], so daß von der GATT/WTO-Konformität des Mercosur selbst dann auszugehen ist, wenn eine Beurteilung nicht nach der *enabling clause*, sondern nach Art. XXIV GATT erfolgt[876].

Charakteristisch ist im übrigen, daß der Prozeß der wirtschaftlichen Integration im Mercosur offener ist als z.B. im Fall der Europäischen Gemeinschaft. So soll im Gegensatz zur EG kein „innerer Protektionismus“ stattfinden, sondern der Prozeß der wirtschaftlichen Integration im Mercosur einhergehen mit einer Öffnung hin zu den Weltmärkten[877].

Bisher wurde trotz der Verpflichtungen hierzu in den Verträgen keine wirklich übereinstimmende Wirtschaftspolitik, v.a. Brasiliens und Argentiniens erreicht. Stattdessen besteht nach wie vor wirtschaftspolitische Instabilität in beiden Ländern, wie die Wirtschaftskrise in Brasilien von 1998 und die damit einhergehende Abwertung des brasilianischen Real, unter der die anderen Mercosur-Mitgliedstaaten noch heute leiden, und die derzeitige Wirtschaftskrise in Argentinien zeigt. Dazu kommen instabile makroökonomische Bedingungen wie Inflation, alljährliche Budgetdefizite, stark schwankende Devisenreserven und staatlich verordnete Wechselkurse. Zusammen mit der Möglichkeit, bestimmte Produkte von der Zollfreiheit auszunehmen führt dies letzlich zu nicht unerheblichen Wettbewerbsverzerrungen und so zu einer Behinderung des Warenaustauschs. Wichtigstes Ziel müßte es daher sein, wirtschaftspolitische Stabilität und möglichst übereinstimmende koordinierte wirtschaftspolitische Zielsetzungen zu verfolgen[878]. Ansätze hierzu finden sich in den Gesprächen der letzten Zeit mit dem geplanten „Mini-Maastricht“ immerhin. Es zeigt sich, daß jedenfalls das Problem erkannt wurde und es Absicht aller Seiten ist, Schritte zur Lösung zu unternehmen. Eine weitere Schwierigkeit der Mercosur-Mitgliedstaaten ist, daß zwar der intrazonale Warenaustausch seit Gründung des Mercosur stetig zugenommen hat, jedoch ein kompetitiver Außenhandel kaum vorhanden ist. Grund hierfür ist die bereits erwähnte Möglichkeit, besonders sensible Bereiche von der Liberalisierung auszunehmen. Hierbei ist festzustellen, daß die Handelssteigerungen teilweise auf von den Regierungen festgelegte Im-

---

[875] Sangmeister, LADD 16 (1999), S. 86; Diaz Porta/Hebler/Kösters, S. 22; Gassner/Wolf, IFO-Schnelldienst 16/95, S. 27.

[876] So auch: Chatterjee, JWTL 26 (1992), S. 67; vgl. auch Haller, S. 321.

[877] Gibb/Michalak, S. 255; Etcheverry, S. 545; Sanchez Bajo, Nordic Journal of Latin American and Caribbean Studies 1999, S. 74.

[878] Gwynne, in: Gibb/Michalak, S. 204; Sangmeister, LADD 16 (1999), S. 88; Diaz Porta/Hebler/Kösters, S. 22.

port/Exportquoten zurückzuführen sind, also zu einer intrazonalen Steigerung des Warenaustauschs durch Diskriminierung von Drittstaaten[879].

Zwar sind die Anfangserfolge des Mercosur, insbesondere die beträchtliche Steigerung des intrazonalen Warenaustauschs, beeindruckend[880], vermögen jedoch nicht darüber hinwegzutäuschen, daß der Großteil der ehrgeizigen Ziele bisher nicht erreicht wurde. So wurden die Vorgaben des Vertrages von Asunción bislang nur fragmentarisch umgesetzt, da zahlreiche Detailfragen, vor allem technischer und wirtschaftspolitischer Art, entweder noch eingeführt oder erst noch verhandelt werden müssen[881]. Hervorzuheben ist jedoch, daß selbst ein Mercosur auf dem derzeitigen Stand mit einer funktionierenden Freihandelszone einen bisher in der Geschichte der lateinamerikanischen Integrationsbemühungen noch nie dagewesenen Erfolg darstellt[882]. Angesichts der von Anfang an beabsichtigten Flexibilität und geringen Institutionalisierung des Integrationsprozesses erscheint jedoch die Gefahr von Rückschlägen, eventuell sogar ein Zurückfallen hinter Erreichtes, besonders groß[883]. Daher wird entscheidend für die zukünftige Entwicklung noch mehr als die buchstabengetreue und den zeitlichen Vorgaben gemäße Umsetzung der vertraglichen Verpflichtungen auch die Sicherung des bisher Erreichten und die Festigung des Integrationsprozesses sein.

Durch die Verpflichtung der Mitgliedstaaten des Mercosur, gegenüber Dritten nur noch gemeinsam Außenhandelspolitik zu betreiben, wurde der Mercosur zu einem Handelsblock, der zunehmend ernstgenommen wird, wie das 4+1-Abkommen mit den USA 1991 („Rosengarten Abkommen“)[884] oder die interregionalen Abkommen mit der EU zeigen. Dies kann den Verlust der Möglichkeit der Mitgliedstaaten zum Abschluß bilateraler Handelsabkommen, wie etwa das Angebot Mexikos an Argentinien zur Schaffung einer bilateralen Freihandelszone, kompensieren. Aufgrund einiger Schwierigkeiten und Rückschläge im Integrationsprozess wird teilweise Skepsis bezüglich der zukünftigen Entwicklung geäußert. So wird angeführt, es sei – trotz kurzzeitiger makroökonomischer Stabilitätsperioden – von einer echten Überwindung der chronischen instabilen Wirtschaftsverhältnisse in Lateinamerika nicht auszugehen[885]. Ein Beleg dafür könnte die Wirtschaftskrise von 1998 sein. Weiterhin sei eine echte Koordinie-

---

879 Schirm, S. 94.

880 ausführlich: Schvarzer, Problèmes d'Amérique Latine Nr. 33 (1999), S. 79, S. 83 ff.; Sanchez Bajo, Nordic Journal of Latin American and Caribbean Studies 1999, S. 72.

881 Gwynne, in: Gibb/Michalak, S. 204; Sangmeister, in: LADD 16 (1999), S. 88; Schirm, S. 10.

882 Schirm, S. 109; Floreal Gonzalez, Integración & Comercio 1999, S. 89.

883 Giambiagi, Integración & Comercio 1999, S. 68.

884 hierzu: Dandeker, Law and Policy in International Business 24 Nr. 1 (1992), S. 157 ff.

885 Schirm, S.111; vgl. Giambiagi, Integración & Comercio 1999, S. 76 ff.

rung der Wirtschaftspolitiken der Mitgliedstaaten bisher nicht gelungen. In der Konsequenz könnte dies zu Wettbewerbsverzerrungen infolge von Interessendivergenzen führen. Auch Wechselkursschwankungen seien dadurch zu erwarten[886]. Ebenfalls könnte zur Untermauerung dieser These die Wirtschaftskrise von 1998 und die damit einhergehende Abwertung des Real herangezogen werden. Echte Gemeinschaftsinstitutionen, die in der Lage wären, unabhängig vom politischen Tagesgeschäft in den Mitgliedstaaten die Integration voranzutreiben und neue Impulse zu geben[887], sind bisher nicht vorgesehen. Da in den Organen des Mercosur lediglich Vertreter der Mitgliedstaaten sitzen, ist die Gefahr des Durchsetzens nationaler Interessen und damit einhergehender Streitigkeiten stets vorhanden. Eine Institution, die ausschließlich dem Gemeinschaftswohl und den Zielen der Organisation verpflichtet ist und die aufgrunddessen etwa für objektiv gleiche Wettbewerbsbedingungen für alle sorgen könnte, existiert nicht[888].

Trotz der dargestellten Rückschläge, Schwierigkeiten und Hemmnisse ist der Integrationsprozeß des Mercosur irreversibel[889] und sind langfristig die Chancen des Mercosur, seine ehrgeizigen Ziele zu erreichen, positiv einzuschätzen. Einerseits führten die Anfangserfolge zu einer integrationsfreundlichen Haltung bei allen maßgeblichen gesellschaftlichen Kräften[890]. Die weiteren Integrationsschritte und –ziele sind vertraglich bindend festgelegt und bisher hat sich kein Mitgliedstaat für ein Abrücken von diesen ausgesprochen, so daß ein vertragstreues Verhalten auch in Zukunft zu erwarten ist. Die Intensivierung des intrazonalen Handels mit stetig wachsendem Warenaustausch hat insbesondere bei den betroffenen Wirtschaftssektoren ein Interesse an der weiteren Fortführung der Integration geweckt. Zwar ist nach wie vor für jegliche Intensivierung der politische Wille der Regierungen maßgeblich, jedoch dürfte sich die Zustimmung von gesellschaftlichen Kräften, die Vorteile in der Integration sehen, wie etwa exportorientierte Unternehmen oder Gewerkschaften, hier als unterstützend erweisen[891]. Desweiteren kann sich der Integrationsprozess in den Mitgliedstaaten auf weitgehende Akzeptanz in den Massenmedien, bei Akademikern und Intellektuellen sowie in der öffentlichen Meinung als Ganzes stützen[892].

Der in der Präambel des Vertrages von Asunción zum Ausdruck gekommene Beweggrund der Mitgliedstaaten, mit der Gründung des Mercosur eine adäquate Antwort auf die Blockbildung auf globaler Ebene zu geben, wird sich eher noch

---

886 Schirm, S.111.
887 Arbuet-Vignali, S. 28.
888 Faria, S. 51; Floreal Gonzalez, Integración & Comercio 1999, S. 90.
889 Arbuet-Vignali, S. 27; Almeida, Integración & Comercio 1998, S. 72 .
890 Schirm, S. 110; Pose, Geosur XXI (2000), Nr. 243/244, S. 24.
891 vgl. Samtleben, EuZW 1998, S. 65; Schirm, S. 110.
892 Arbuet-Vignali, S. 27; Barbosa/César, S. 295.

verstärken. Aus diesem Grund besteht die Motivation zur fortschreitenden Integration auch in der Zukunft. Dies gilt insbesondere aufgrund der marginalen Lage Südamerikas im internationalen System, die die Mercosur-Staaten bei der Wahrnehmung ihrer Interessen zu einem geschlossenen Auftreten als Block zwingt[893]. In wirtschaftlicher Hinsicht ist für eine stärkere Präsenz auf den Weltmärkten sowohl eine gesteigerte Wettbewerbsfähigkeit der Mercosur-Unternehmen als auch eine koordinierte Wirtschaftspolitik erforderlich. Eine immer stärker werdende Vernetzung wird letzlich zu einer Festigung der Integration und einem Bedürfnis nach weiterer Intensivierung führen. Dies gilt insbesondere für Internationale Unternehmen sowie Joint-ventures[894]. Die gemeinsame bzw. ähnliche Sprache sowie eine beträchtliche kulturelle Affinität der Mercosur-Mitgliedstaaten aufgrund gemeinsamer Geschichte und Mentalität erleichtert die Kommunikation untereinander und die Entstehung eines Gemeinschaftsgefühls. Wichtigster Punkt dürfte wohl die Existenz eines sehr starken politischen Willens zur Integration[895] sein. Dies muß umso höher bewertet werden, als trotz der Wirtschaftskrise 1998 und ihrer Auswirkungen die Mitgliedstaaten nicht der Versuchung erlegen sind, in eine protektionistische Wirtschaftspolitik zurückzufallen, sondern sich weiter deutlich für eine Fortsetzung der Zusammenarbeit und für eine noch stärkere Intensivierung des Mercosur-Projektes ausgesprochen haben. Dementsprechend wird der Integrationsprozeß des Mercosur vielfach als Kern und Projektionspunkt der Integration in ganz Lateinamerika angesehen[896].

D. Das Interinstitutionelle Kooperationsabkommen

Das Interinstitutionelle Kooperationsabkommen vom 29. Mai 1992[897] stellt das erste nicht lediglich mit einem der Mitgliedstaaten des Mercosur, sondern mit der Gesamtorganisation geschlossene Abkommen dar[898].

I. Parteien

Das Abkommen wurde zwischen dem Rat des Mercosur einerseits und der Europäischen Kommission andererseits geschlossen. Damit handelt es sich genau-

---

893 Da Motta Veiga, Integración & Comercio 1997, S. 20; Schirm, S.110.
894 Schirm, S.110.
895 vgl. Arbuet-Vignali, S. 27.
896 so Niloco, S. 307; Diaz Labrano, S. 414; Pisonero, Economía Exterior 1998, S. 19; Mayor Zaragoza, RDM 7-1998, S. 10.
897 Bull. EG 5-1992, Ziff. 1.2.32.
898 Loschky, S. 124.

genommen nicht um ein Abkommen zwischen beiden Organisationen, sondern lediglich zwischen zwei Organen. Hintergrund dieser Vorgehensweise war der geringe Entwicklungsstand des Mercosur zu diesem Zeitpunkt, was sich bereits an seiner fehlenden Völkerrechtspersönlichkeit zeigt[899].

II. Zielsetzung

Die Hauptziele des Abkommens waren politischer Art. Einerseits sollte auf der Grundlage der traditionell engen Beziehungen zwischen Lateinamerika und Europa die Verbundenheit der Europäischen Gemeinschaft mit der neuentstandenen Freihandelsorganisation ausgedrückt werden. Andererseits sollten die Mitgliedstaaten dadurch zu der Fortsetzung des Integrationsprozesses ermutigt werden. In praktischer Hinsicht sollte Hilfestellung bei der Bewältigung von Anfangsschwierigkeiten im Integrationsprozess geleistet werden[900].

III. Inhalt

Der Inhalt des Abkommens ist Spiegelbild zu der Absicht der Hilfestellung bei der weiteren Integration.

1. Informationsaustausch

Von dem vereinbarten umfangreichen Austausch von Informationen erfaßt werden sollen alle technischen, wirtschaftlichen und juristischen Fragen im gegenseitigen Interesse. Im Hinblick auf Erfassung, Analyse, Veröffentlichung und Verbreitung der Informationen in diesen Bereichen soll eine engere Kooperation zu einer effektiveren Arbeitsweise führen[901].

2. Technische Hilfe

Mit dem Begriff der technischen Hilfe sind hauptsächlich Studien und Analysen und die Übertragung in jeglicher Form von Kenntnissen und Erfahrungen im Zusammenhang mit zur Erreichung des Integrationsziel erforderlichen Maßnahmen gemeint[902].

---

899 vgl. Wehner, S. 189; vgl. Loschky, S. 124.
900 vgl. Menem, S. 117; Morelli de Bracali, S. 224 ff.; Loschky, S. 124.
901 Art. 3 IKA.
902 Art. 5 IKA.

3. Integrations-Know-How

Des weiteren sollen Seminare, Konferenzen, Kurse und Austauschpraktika zur Ausbildung des Personals der Organe der beiden Organisationen im Bereich des Integrations-Know-How beitragen[903].

4. Institutionelle Unterstützung

Ziel ist die Stärkung der Fähigkeiten und der Effizienz in den Institutionen des Mercosur mit allen geeigneten Maßnahmen, einschließlich die Entsendung von europäischen Spezialisten und die Verbesserung der materiellen Infrastruktur[904].

5. Das Gemeinsame Beratende Komitee

Von Mercosur-Rat und EU-Kommission wurde ein Gemeinsames Beratendes Komitee eingesetzt, welches eine Belebung und Intensivierung des interinstitutionellen Dialogs zum Ziel hat. Weiterhin soll von diesem Gemeinsamen Beratenden Komitee die Einhaltung und Ausführung der Aktivitäten, die auf der Grundlage des Abkommens durchgeführt werden, gefördert und gesichert werden. Bezüglich der Zusammensetzung wurde lediglich festgelegt, daß das Gemeinsame Beratende Komitee aus Vertretern der Mercosur-Gruppe einerseits und der EU-Kommission andererseits besteht[905]. Der Rang der jeweiligen Vertreter bestimmt sich nach den Erfordernissen der Tagesordnung der Sitzungen. Das Gemeinsame Beratende Komitee trifft sich regelmäßig zweimal jährlich, jedoch können einvernehmlich weitere Sitzungen einberufen werden. Die Tagesordnung wird informell durch beide Seiten festgelegt[906].

Zusammenfassend ist wesentliches Kennzeichen des Abkommens die europäische Unterstützung der institutionellen Entwicklung des Mercosur sowie allgemein die Zurverfügungstellung von Integrations-Know-How. Dies wird angesichts der jahrzehntelangen Integrationserfahrungen auf europäischer Ebene als äußerst gewinnbringend für den Mercosur angesehen[907]. Gleichwohl wurde schnell deutlich, daß der beschränkte Rahmen für den weiteren Ausbau der Beziehungen angesichts des zunehmenden organisatorischen Entwicklungsstandes nicht mehr ausreichen würde[908].

---

903 Art. 4 IKA.
904 Art. 6 IKA.
905 Art. 7 IKA.
906 Art. 7 IKA.
907 vgl. Menem, S. 117; Morelli de Bracali, S. 224 ff.
908 vgl. die Ansicht der EG-Kommission, Kom (94) 428, S. 14.

E. Das Interregionale Rahmenabkommen

Die nächste Etappe der Zusammenarbeit zwischen beiden Organisationen stellt das sogenannte Interregionale Rahmenabkommen vom 15. Dezember 1995[909] dar. Nachdem die im Interinstitutionellen Kooperationsabkommen festgelegten Instrumente relativ gut funktionierten, kam das Bedürfnis nach einer Weiterentwicklung auf, dessen Resultat das Rahmenabkommen ist[910]. Bereits diese Bezeichnung deutet daraufhin, daß mit dem Abkommen nicht der Endpunkt der Beziehungen zwischen beiden Regionen erreicht ist, sondern dieses vielmehr die Grundlage für eine weitere Intensivierung bildet. Die zukünftige Ausgestaltung der Beziehungen, die im zweiten Teil der Arbeit eingehend behandelt wird, erfolgt so im Rahmen und nach den Vorgaben des Abkommens vom 15. Dezember 1995.

---

909 ABl. 1996 L 69/4 mit Beschluß des Rates über die vorläufige Anwendbarkeit einiger Bestimmungen vom 20. November 1995, ABl. 1996 L 69/1.

910 vgl. die Feierliche gemeinsame Erklärung des Rates der Europäischen Union und der Europäischen Kommission einerseits und der Mitgliedstaaten des Mercosur andererseits vom 22. Dezember 1994, ABl. C 377 v. 31.12.1994; Bull. EU 12-1994, Nr. 1.3.80; vgl. hierzu auch: Wehner, S. 190; Loschky, S. 125.

Kapitel 2:

Die zukünftige Ausgestaltung der Interregionalen Assoziierung und deren Modellfunktion

Die zukünftige Entwicklung der Beziehungen zwischen der Europäischen Union und dem Mercosur hängt entscheidend vom Ausgang der Verhandlungen ab, die im Jahr 2000 begannen und auf der Grundlage und zur konkreten Ausgestaltung des im folgenden näher zu untersuchenden „Interregionalen Rahmenabkommens“ stattfinden. Der Erfolg der Verhandlungen und die sich daraus ergebende Form der zukünftigen Beziehungen spielt eine erhebliche Rolle bei der Beantwortung der Frage nach einer möglichen Modellfunktion der biregionalen Zusammenarbeit.

A. Das Interregionale Rahmenabkommen als Grundlage der Interregionalen Assoziierung

Erster Ansatzpunkt für die Aufnahme und den Gang der Verhandlungen ist das Abkommen vom 15.12.95, auf dessen Grundlage, auch in institioneller Hinsicht, die Verhandlungen stattfinden. Aus diesem Grund soll zunächst eine intensive Betrachtung des Abkommens die Voraussetzungen und den Hintergrund der konkreten Ausgestaltung beleuchten.

I. Motivation zu einer rechtlichen Vertiefung der Beziehungen

Auf den Hintergrund des Abschlusses wird ausdrücklich im Abkommen selbst Bezug genommen. Erwähnung finden die tiefen historischen, kulturellen, politischen und wirtschaftlichen Bindungen zwischen den beiden Regionen ebenso wie die gemeinsamen Werte. Hierzu wird Bezug genommen auf die Charta der Vereinten Nationen sowie auf die Prinzipien von Demokratie, Rechtsstaat und Menschenrechten[911]. Ebenso wird auf die Deklaration von Rio de Janeiro von 1992 über Umweltschutz sowie auf die Abschlußverlautbarung des Sozialgipfels von Kopenhagen vom März 1995 verwiesen. Auch wird betont, daß die regionalen Integrationsprozesse als geeignetes Instrument für eine nachhaltige wirtschaftliche und soziale Entwicklung im Rahmen des globalen Wirtschaftssystems sowie zur Annäherung zwischen den Völkern und damit einer Stabilisierung der internationalen Beziehungen angesehen werden. Bemerkenswert ist das eindeutige Bekenntnis zu einem Freihandel unter Beachtung der internationalen

[911] Präambel IRA.

Regeln und den Normen der WTO, bezeichnet als „offener Regionalismus“[912]. Erwähnung finden in gleicher Weise die Erfahrungen mit der regionalen Integration auf beiden Seiten, die im Wege des gegenseitigen Erfahrungsaustausches für beide Integrationsprozesse förderlich sein sollen. Ebenso wird Bezug genommen auf die bereits bestehenden, hauptsächlich bilateralen Vereinbarungen zwischen den beiden Organisationen bzw. ihren Mitgliedstaaten im allgemeinen und auf das Abkommen vom 29.05.1992 im besonderen.

Damit wird klargestellt, daß das interregionale Rahmenabkommen auf den vorangegangenen Vereinbarungen aufbaut, daß also die Kontinuität der beiderseitigen Beziehungen gewahrt bleibt. Deutlich tritt ebenfalls hervor, daß das IRA lediglich als erster Schritt zur Vorbereitung einer weitergehenden Zusammenarbeit zwischen den beiden Freihandelsorganisationen angesehen wird[913]. Gleichzeitig wird nochmals betont, daß als „Fundament“ der gegenseitigen Beziehungen und auch des Abkommens die Einhaltung der demokratischen Prinzipien sowie der Menschenrechte anzusehen ist[914].

II. Zielsetzung

Es ist zu differenzieren zwischen kurzfristigen und langfristigen Zielen des Interregionalen Rahmenabkommens[915]. Kurzfristiges und allgemeines Ziel des Abkommens ist zunächst die Stärkung der bereits bestehenden Beziehungen[916], langfristig soll eine weitere Intensivierung der Beziehungen zwischen den beiden Regionen zur Vorbereitung einer interregionalen Assoziierung erfolgen[917]. In Bezug auf die Intensivierung der Beziehungen soll das Hauptaugenmerk auf die Bereiche Handel, Wirtschaft und Integrationszusammenarbeit gerichtet

---

912 Präambel IRA.
913 Präambel IRA.
914 Art. 1 IRA; Dromi/ Molina del Pozo, S. 36.
915 vgl. Dromi/ Molina del Pozo, S. 42f.
916 Art. 2 Abs. 1 IRA.
917 Art. 2 Abs. 1 IRA; Dromi/Molina del Pozo, S. 41 f.; Mitteilung der Kommission an den Rat und an das Europäische Parlament v. 10.11.1994, KOM (94) 428; Bull. EU 10-1994, Nr. 1.3.51: „Das Endziel ist die Schaffung einer interregionalen Assoziation EG-Mercosur basierend auf einer ausgeglichenen und solidarischen Zusammenarbeit in den Bereichen Politik, Wirtschaft und Handel, insbesondere durch die schrittweise Einrichtung einer Freihandelszone im Industrie- und Dienstleistungssektor und die gegenseitige und schrittweise Liberalisierung im Agrarsektor unter Berücksichtigung der Sensibilität bezüglich einiger Produkte“.

sein[918], wobei die Formulierung „und andere Bereiche von gemeinsamem Interesse“[919] weitere Möglichkeiten offenläßt.

Im Bereich Handel soll Ziel des Abkommens die Förderung sowohl der Steigerung als auch der Diversifizierung des gegenseitigen Austausches von Wirtschaftsgütern sein[920]. Die spätere schrittweise und gegenseitige Liberalisierung dieses Austauschs soll vorbereitet und die für eine interregionale Assoziierung erforderlichen Rahmenbedingungen sollen unter besonderer Berücksichtigung der Sensibilität bezüglich bestimmter Güter geschaffen werden[921].

Ziel der Zusammenarbeit im Bereich Wirtschaft ist ein erhöhtes Wirtschaftswachstum sowie eine erhöhte Wettbewerbsfähigkeit auf globaler Ebene ebenso wie die Förderung des technischen und wissenschaftlichen Fortschritts, der Schaffung von Arbeitsplätzen und allgemein der Erhöhung des Lebensstandards[922].

Ziel der Integrationszusammenarbeit ist die Unterstützung des Mercosur-Integrationsprozesses[923].

Ziel der Institutionellen Zusammenarbeit ist die Intensivierung der gegenseitigen Beziehungen durch verstärkten und regelmäßigen Kontakt zwischen den Organen der beiden Freihandelsorganisationen[924].

III. Rechtsgrundlagen aus europäischer Sicht

Problematisch ist, daß sich die im Abkommen geregelten Materien nicht ausschließlich in eine gemeinschaftsrechtliche Rechtsgrundlage einordnen lassen. Die EG-Kommission sah die Grundlagen des Abkommens „insbesondere“ in Art. 133 EG und in Art. 181 EG i.V.m Art. 300 Abs. 2 S. 1 und Abs. 3 Unterabs.1 EG[925], also im Bereich der gemeinsamen Handelspolitik und im Bereich der Entwicklungszusammenarbeit. Diese Formulierung bedeutet jedoch, daß

---

918 Art. 2 Abs. 2 IRA.

919 Art. 2 Abs. 1 IRA.

920 hierzu auch: Entscheidung des Mercosur-Rates Nr. 5/95, http://www.mercosur.org.uy/espanol/snor/normativa/decisiones/1995/9505.htm; Art. 3.

921 Art. 4 IRA; vgl. Dromi/ Molina del Pozo, S. 43.

922 Art. 10 IRA.

923 Art. 18 IRA.

924 Art. 19 IRA.

925 Art. 113 EGV und Art. 130y i.V.m Art. 228 Abs. 2 S. 1 und Abs. 3 Unterabs. 1 EGV Kom (95) 504, S.1c.

möglicherweise auch noch andere Rechtsgrundlagen in Betracht kommen, wobei diese weder von der Kommission noch in der Entscheidung des Rates genannt werden.

IV. Kompetenzverteilung

Für die genannten Bereiche der Handelspolitik und der Entwicklungszusammenarbeit besteht aus europäischer Sicht eine ausschließliche Kompetenz der Gemeinschaft[926], so daß eine Beschlußfassung im Rat mit qualifizierter Mehrheit nach vorheriger Stellungnahme des Europäischen Parlamentes ausreichend gewesen wäre. Wegen der von der Kommission gewählten Formulierung („insbesondere") ist jedoch zu fragen, welche weiteren, eventuell bei den Mitgliedstaaten verbliebenen, Kompetenzen hier tangiert sein könnten. Vor allem der Bereich der Investitionsförderung liegt eindeutig im Kompetenzbereich der Mitgliedstaaten[927]. Weiterhin ist zweifelhaft, ob die anderen Bereiche des Abkommens sich denen der gemeinsamen Handelspolitik oder Entwicklungszusammenarbeit zuordnen lassen. Dabei ist zu berücksichtigen, daß auch nicht für alle Bereiche der Entwicklungszusammenarbeit eine Gemeinschaftskompetenz besteht.

Hinsichtlich des Mercosur ist festzustellen, daß die Organe vor dem Abschluß des Protokolles von Ouro Preto lediglich zuständig für „Verwaltung und Durchführung des Vertrages" (von Asunción) „und der besonderen Abkommen" waren [928]. Erst durch das genannte Protokoll wurde dem Mercosur Völkerrechtssubjektivität zuerkannt[929] und klargestellt, daß er alle zur Erreichung seiner gesetzten Ziele notwendigen Maßnahmen treffen und entsprechende Abkommen schließen kann[930]. Die Vertretung des Mercosur nach außen wurde dem Rat des Gemeinsamen Marktes übertragen. Dieser kann Verträge im Namen des Mercosur mit dritten Staaten oder Staatengruppen aushandeln und abschließen, wobei auch eine Delegierung dieser Zuständigkeit an die Gruppe Gemeinsamer Markt erfolgen kann[931]. Problematisch ist jedoch, daß in den einzelnen Mitgliedstaaten die verfassungsmäßigen Befugnisse zur Übertragung von Kompetenzen auf die Gemeinschaftsebene nicht gegeben sind[932].

---

926 hinsichtlich der Außenkompetenzen der EG grundlegend: Vedder, S. 15 ff. sowie Vedder, EuR 1996, S. 311 ff.

927 IRELA, Documento de Base 1996, S. 31.

928 Art. 9 VA.

929 Art. 34 POP.

930 Art. 35, 36 POP.

931 Art. 8 Abs. 4 POP.

932 Dromi/ Ekmekdjian/ Rivera, S. 42; Dromi, S. 26.

V. Parteien

In dem Abkommen selbst findet sich eine ausdrückliche Definition der Parteien. Danach handelt es sich auf der einen Seite um „die Gemeinschaft *oder* die Mitgliedstaaten oder um die Gemeinschaft *und* die Mitgliedstaaten" gemäß der jeweiligen Zuständigkeit nach dem Gemeinschaftsrecht und auf der anderen Seite um „den Mercosur *oder* seine Mitgliedstaaten"[933] gemäß dem Mercosur-Gründungsvertrag[934]. Konflikte wegen der teils unklaren Kompetenzabgrenzung werden mit dieser Formulierung vermieden. Obwohl beide Wirtschaftsorganisationen Völkerrechtssubjektqualität haben, wurde auch wegen der beiderseits beschränkten Kompetenzen[935] und der problematischen Abgrenzung derselben das Rahmenabkommen nicht nur von diesen selbst, sondern zugleich auch von den Mitgliedstaaten unterzeichnet[936]. Voraussetzung für das Inkrafttreten des Abkommens war demnach die Ratifizierung auch durch sämtliche Mitgliedstaaten sowohl der Europäischen Gemeinschaft als auch des Mercosur. Es handelt sich deshalb um einen sogenannten Gemischten Vertrag[937], obwohl die Rechtnatur des Abkommens zu Beginn der Verhandlungen im Unklaren blieb[938] und diese Unklarheit vom Europäischen Parlament und dessen Ausschuß für auswärtige Angelegenheiten wegen des Bestehens rechtlicher Unsicherheit ausdrücklich gerügt wurde[939].

VI. Inhalt

Der Inhalt des Interregionalen Rahmenabkommens läßt sich in mehrere Themenbereiche gliedern.

1. Förderung der Integration

Wie bereits beim Interinstitutionellen Kooperationsabkommen nimmt die Förderung der Integration und die Hilfestellung hierzu einen wichtigen Platz ein.

---

[933] Kursivsetzungen durch den Verfasser.
[934] Art. 32 IRA.
[935] s. o. C. IV. 2.
[936] Samtleben, WM 1994, S. 1997; Haller, S. 244.
[937] IRELA, Dossier 1997, S. 38; Wehner, S. 192; vgl. dazu Vedder, S. 224 ff.
[938] vgl. Kom (95) 504, S.1a; Bull.EU 6-1995, Ziff.1.4.108.
[939] PE-Dok A 4 – 118/96, S. 5f, S. 15; vgl. hierzu Senti, Integration 2000, S. 211.

a. Integrations-Know-How-Transfer

In den einzelnen Mitgliedstaaten des Mercosur setzte sich die Erkenntnis durch, daß Informationen über Erfahrungen während der fortschreitenden Integration anderer Freihandelsorganisationen sehr hilfreich für die Bewältigung dementsprechender Schwierigkeiten im Integrationsprozess des Mercosur sein könnten. Hier wurde an erster Stelle an die Erfahrungen der Europäischen Gemeinschaft gedacht, die als Hauptquelle für diesbezüglichen Informationsaustausch angesehen wird[940].

b. Stärkung der Integration

Die Zusammenarbeit der Vertragsparteien in allen in dem Abkommen genannten Bereichen soll darauf gerichtet sein, den Integrationsprozeß des Mercosur zu unterstützen. Die durchzuführenden Maßnahmen sollen daher unter besonderer Berücksichtigung der spezifischen Erfordernisse des Mercosur erfolgen. Diese Unterstützung des Mercosur-Integrationsprozesses soll hauptsächlich in Informationsaustausch, vor allem dem Aufbau von elektronischen Datennetzen, institutioneller Schulung, gemeinsamen Studien und Projekten sowie technischer Unterstützung bestehen[941].

c. Interinstitutionelle Zusammenarbeit

In diesem Bereich soll sich die Kooperation möglichst breit und durch jedes Mittel des Informationsaustauschs abspielen, insbesondere über elektronische Datennetze. Auch Erfahrungsaustausch sowie Beratung gehören zum Umfang der Zusammenarbeit[942].

2. Dialogmechanismus

Den sich ständig intensivierenden informellen Gespräche zwischen beiden Organisationen wurde ein formeller Rahmen zugedacht.

a. Politischer Dialog

Es wird ein regelmäßiger politischer Dialog stattfinden, der die Annäherung zwischen der EU und dem Mercosur begleiten und festigen soll[943]. Dieser Dia-

---

[940] Menem, Mercosur, S.117; Morelli de Bracali, in: Stahringer de Caramuti, S. 224f.
[941] Art. 18 IRA.
[942] Art. 19 IRA.
[943] Dromi/Molina del Pozo, S. 46; Haller, S. 247.

log wird unter anderem in den Organen, die mit dem Abkommen geschaffen werden, stattfinden[944].

b. Dialog in Wirtschafts- und Handelsfragen

In Art. 5 des Abkommens wird festgelegt, daß kein Sektor der Wirtschaft von dem stattzufindenden Dialog auszuschließen ist[945]. Die Gespräche finden in dem institutionellen Rahmen des Abkommens periodisch statt und behandeln insbesondere die Themen Marktzugang, Handelsliberalisierung (tarifäre und nichttarifäre Handelshindernisse) und Handelsregeln sowie Wettbewerbsbeeinträchtigungen, Ursprungsregeln und Ausnahme-/ Sonderregeln (ausgenommene Güter). Ebenso sind Thema des Dialogs die Beziehungen zu Drittstaaten, die Kompabilität der Liberalisierung mit den WTO-Normen sowie die Identifizierung der für die Parteien besonders sensiblen und besonders wichtigen Produkte. Des weiteren soll eine Kooperation und ein Informationsaustausch im Bereich Dienstleistungen stattfinden[946].

3. Förderung und Schutz von Investitionen

Als Ziel des Abkommens wird ebenfalls die Schaffung eines stabilen und attraktiven Umfeldes als Voraussetzung für die Steigerung der Investitionen im beiderseitigen Nutzen genannt[947]. Die zur Umsetzung der genannten Ziele u.a. zur Verfügung stehenden Maßnahmen sind die Instrumentalisierung des systematisches Austausches und der Verbreitung von Informationen über gesetzliche und sonstige Voraussetzungen für Investitionen, die Förderung des Abschlusses von Investitionsförderungs- und Investitionsschutzabkommen sowie Doppelbesteuerungsabkommen zwischen den Mitgliedstaaten der EU einerseits und den Mitgliedstaaten des Mercosur andererseits sowie die Förderung von Gemeinschaftsunternehmen[948].

4. Sektorielle Zusammenarbeit

Neben allgemeinen Bestimmungen finden sich auch auf einzelne konkrete Sektoren bezogene Regelungen zur Zusammenarbeit.

[944] Art. 3 IRA.
[945] Dromi/Molina del Pozo, S. 47; Haller, S 248.
[946] Art. 5 IRA.
[947] Art. 12 IRA.
[948] Art. 12 IRA.

a. Industrienormen

Die Kooperation im Bereich der Normen dient der Förderung der Angleichung der Qualitätsstandards und bezieht sich ausdrücklich sowohl auf Agrar- als auch auf Industrieprodukte. Ziel ist des weiteren eine gegenseitige Anerkennung dieser Normen[949].

b. Zollfragen

Ziel der Kooperation in Zollfragen ist in erster Linie die Verbesserung des rechtlichen Rahmens der Handelsbeziehungen. Daneben soll jedoch durch die Zusammenarbeit auch die Zollstruktur der beiden Partner gestärkt werden. Hier wird ausdrücklich auf die interinstitutionelle Zusammenarbeit verwiesen[950]. Konkret soll ein Informationsaustausch stattfinden, neue Verfahrensweisen im Bereich der internationalen Zollkoordinierung entwickelt werden, die bestehenden Zollverfahren vereinfacht werden und technische Unterstützung sowie Austausch von Beamten der Zoll- und Finanzbehörden erfolgen[951]. Langfristig ist der Abschluß eines diesbezüglichen Vertragsprotokolls zwischen der EU und dem Mercosur beabsichtigt[952].

c. Statistiken

Ziel dieser Vereinbarung ist die Herstellung von Vergleichbarkeit bzw. Übereinstimmung der auf beiden Seiten gesammelten statistischen Daten durch Angleichung der Methoden zur Erhebung dieser Daten und schließlich die darauf basierende Nutzung der gewonnenen Daten[953].

d. Geistiges Eigentum

Ziel dieser Kooperation ist die Investitionsförderung, die Förderung des Technologietransfers, des Warenaustauschs und damit zusammenhängender wirtschaftlicher Aktivitäten sowie die Verhinderung von Wettbewerbsverzerrung auf diesem Gebiet. Der Begriff des geistigen Eigentums soll folgende Bereiche umfassen: Urheberrechte und damit zusammenhängende Rechte, Warenzeichen und Handelsmarken, geographische Angaben sowie Herkunftsbezeichnungen, Industriepläne und –modelle, Patente und Schaltpläne[954].

---

949 Art. 6 IRA.
950 Art. 7 Abs. 1 IRA.
951 Art. 7 Abs. 2 IRA.
952 Art. 7 Abs. 3 IRA.
953 Art. 8 IRA.
954 Art. 9 IRA.

e. Industrielle Zusammenarbeit

Die Bestimmung des Art. 11 IRA hat die Herstellung von Kontakt zwischen Unternehmen der beiden Wirtschaftsräume, insbesondere kleiner und mittlerer Unternehmen, im Blick. Ziel ist die Steigerung des Handelsvolumens sowie der Investitionen, Joint ventures und Technologietransfer. Ebenso soll die Modernisierung und die Diversifizierung der jeweiligen Wirtschaft unterstützt werden. Rechtliche Hindernisse, die stärkerer industrieller Zusammenarbeit im Wege stehen, sollen erkannt und durch Maßnahmen zur strikten Einhaltung der Wettbewerbsregeln und deren gesetzliche Anpassung an die Erfordernisse des Marktes beseitigt werden[955].

Die zur Umsetzung konkret dieser Bestimmungen zur Verfügung stehenden Maßnahmen sind folgende[956]:
Intensivierung der organisierten Kontakte zwischen Teilnehmern beider Seiten mittels Konferenzen, technischer Seminare, Besichtigungen, Teilnahme an allgemeinen und sektoriellen Messen und Unternehmerzusammenkünften;
Initiativen zur Unterstützung der Kooperation zwischen kleinen und mittleren Unternehmen, etwa die Förderung von joint ventures, die Erstellung von Informationsnetzen, die Förderung von Handelsbüros, Know-How-Transfer bezüglich Spezialkenntnissen, von Subunternehmen, angewandter Forschung, Lizenzen und Franchising;
Förderung der Zusammenarbeit zwischen Wirtschaftsverbänden und anderen wirtschaftlichen Akteuren beider Seiten zur Herstellung eines Dialogs zwischen verschiedenen Netzwerken;
Aus- und Fortbildungsmaßnahmen und Unterstützung der Forschung

f. Energiesektor

Des weiteren soll eine Kooperation im Bereich Energie stattfinden mit dem Zweck der Annäherung dieser Sektoren der beiden regionalen Wirtschaftssysteme. Die zur Verfügung stehenden Maßnahmen sind der Informationsaustausch durch das Organisieren von Treffen, der Technologietransfer, die Beteiligung von ökonomischen Akteuren beider Seiten an gemeinsamen Projekten zum Fortschritt im Bereich Technologie oder Infrastruktur, technische Schulungsprogramme, Dialog über Energiepolitik sowie der Abschluß spezifischer Abkommen zwischen beiden Seiten[957].

---

955 Art. 11 IRA.
956 Art. 11 IRA.
957 Art. 13 IRA.

g. Infrastruktur und Transport

Ziel der Kooperation in diesem Bereich ist die Modernisierung und Restrukturierung der Transportsysteme sowie das Aufzeigen von Lösungen für den Personen- und Güterverkehr. Maßnahmen hierfür sind der Informationsaustausch bezüglich Verkehrspolitik sowie Schulungsprogramme für die in diesem Bereich Tätigen. Im Hinblick auf die geplante interregionale Assoziierung soll in diesem Rahmen besonderer Augenmerk auf den Ausbau der internationalen Transportsysteme gelegt werden[958].

h. Wissenschaft und Technik

Die Kooperation in diesem Bereich dient der Schaffung von dauerhaften Beziehungen zwischen den wissenschaftlichen Kreisen beider Regionen sowie dem Austausch von Informationen und Erfahrungen in den jeweiligen Regionen auf dem Gebiet von Wissenschaft und Technik[959].

Hierfür zur Verfügung stehende Maßnahmen sind gemeinsame Forschungsprojekte, der Austausch von Wissenschaftlern zur Förderung der gemeinsamen Forschung, der Vorbereitung von Projekten und für die Ausbildung auf hoher Ebene, gemeinsame Kongresse von Wissenschaftlern mit dem Zweck des Informationsaustauschs, des Aufbaus von Verbindungen und dem Erkennen der Forschungsbereiche von gemeinsamem Interesse sowie die Verbreitung der Forschungsergebnisse und stärkere Verknüpfung des öffentlichen und des privaten Sektors. Hierzu soll von den Vertragsparteien im Einvernehmen ein Programm zu Art und Leitlinien dieser Zusammenarbeit bestimmt werden[960].

i. Telekommunikation und Informatik

Die Kooperation in diesem Bereich soll eine wirtschaftliche und soziale Entwicklung des Sektors bewirken. Gleichzeitig ist Zweck die Förderung der Informationsgesellschaft sowie die Modernisierung der Gesellschaft speziell in diesem Bereich. Als Maßnahmen zur Zielerreichung werden die Ermöglichung eines Dialogs über die verschiedenen Aspekte der Informationsgesellschaft sowie Informationsaustausch über Normung, Nachweise von Kompatibilität und Zertifikate in diesem Bereich, die Verbreitung der neuen Informationstechnologien und der Telekommunikation, insbesondere im Bereich digitaler Datenüber-

---

[958] Art. 14 IRA.
[959] Art. 15 IRA.
[960] Art. 15 IRA.

tragung und der Netze hierzu und die Schaffung neuer Dienstleistungen in diesem Bereich sowie die Förderung gemeinsamer Projekte zur Forschung und zur technischen und industriellen Entwicklung im Bereich der neuen Kommunikationstechniken und der Informationsgesellschaft genannt[961].

5. Zusammenarbeit in nichtökonomiebezogenen Bereichen

Neben der Zusammenarbeit im wirtschaftlichen Bereich ist im Interregionalen Rahmenabkommen auch eine Zusammenarbeit in verschiedenen nicht wirtschaftsbezogenen Themengebieten vorgesehen.

a. Umweltschutz

Unter Berücksichtigung des Ziels der nachhaltigen Entwicklung sorgen die Vertragsparteien für die Respektierung des Umweltschutzes und einer vernünftigen Nutzung der natürlichen Resourcen in den verschiedenen Bereichen der regionalen Zusammenarbeit. Dabei soll besonders auf weltweite Auswirkungen von Umweltschutzfragen geachtet werden.
Als Maßnahmen stehen zur Verfügung der Austausch von Informationen und Erfahrungen sowie Normen und Verschriften, die Umwelterziehung und –schulung, technische Unterstützung, gemeinsame Forschungsprojekte und erforderlichenfalls institutionelle Unterstützung[962].

b. Bildung und Ausbildung

Weiter wird in dem Abkommen vereinbart, daß die Bildung und die Lehre bezüglich regionaler Integration sowohl für Jugendliche als auch im Rahmen der Berufsausbildung, aber auch an den Universitäten und firmeninternen Lehrgängen gestärkt werden soll. Dabei sollen besonders Kontakte zwischen den Bildungseinrichtungen der beiden Regionen intensiviert werden[963].

c. Kommunikation, Information und Kultur

Weiteres Ziel des Abkommens ist es, die Bekanntheit der einen Region in der jeweils anderen sowie die Akzeptanz der Integration in der Gesellschaft steigern. Zu diesem Zweck sollen die kulturellen Bindungen intensiviert werden und die Informationspolitik bezüglich der Art, der Ziele und der Reichweite des Integrationsprozesses entsprechend angepaßt werden.

---

[961] Art. 16 IRA.
[962] Art. 17 IRA.
[963] Art. 20 IRA.

In diesem Rahmen sollen auch Kongresse von Medienvertretern beider Seiten stattfinden[964].

d. Kampf gegen den Drogenhandel

Die Vertragsparteien kommen überein, im Kampf gegen den Drogenhandel und seine Auswirkungen, auch finanzieller Art, durch gegenseitige Auskunft und bessere Koordinierung der zuständigen Stellen zusammenzuarbeiten[965].

6. Sonstige Bestimmungen

Schließlich enthält das Abkommen einige relevante Bestimmungen, die sich keinem der dargestellten Bereiche zuordnen lassen.

a. Evolutivklausel

Bemerkenswerterweise ist in dem Abkommen etwa eine Evolutionsklausel enthalten, aufgrund welcher weitere Kooperationsbereiche im gegenseitigen Einvernehmen der Vertragsparteien aufgenommen werden können. Jede der Parteien hat das Recht, Vorschläge hierzu zu formulieren[966].

b. Mittel für die Zusammenarbeit

Bezüglich der Finanzierung der in dem Abkommen vorgesehenen Maßnahmen kommen die Vertragsparteien überein, daß von diesen die erforderlichen finanziellen und sonstigen Mittel zur Verfügung zu stellen sind. Weiterhin wird der Europäischen Investitionsbank aufgegeben, ihre Tätigkeit im Mercosur zu intensivieren[967].

c. Bilaterale Abkommen

Bemerkenswert ist die Regelung, wonach nicht nur bestehende bilaterale Abkommen ihre Gültigkeit behalten, sondern von den Mitgliedstaaten des Mercosur und der EU auch in Zukunft bilaterale Abkommen abgeschlossen werden können[968]. In dieser Regelung wird deutlich, wie vorsichtig die Mitgliedstaaten beider Organisationen bei der Übertragung von Souveränitätsrechten auf die Or-

---

964 Art. 21 IRA; vgl. hierzu Zapatero Vicente, S. 5.
965 Art. 22 IRA.
966 Art. 23 IRA; vgl. Dromi/Molina del Pozo, S. 58; Haller, S. 250.
967 Art. 24 IRA.
968 Art. 31 IRA.

ganisation, besonders im Bereich der Wirtschaftsbeziehungen sind[969]. Wie dargestellt[970], besteht keine vollständige und endgültige Klarheit über die Rechtsgrundlagen des Abkommens und die Kompetenzverteilung in den genannten Bereichen.

Durch die ausdrückliche Regelung des Art. 31 und die damit verbundene Freiheit der Mitgliedstaaten, jederzeit „an den jeweiligen Freihandelsorganisationen vorbei" bilaterale Abkommen zu schließen, wird die Bedeutung des Interregionalen Rahmenabkommens zumindest formal ausgehöhlt. Es liegt an den Mitgliedstaaten, ob von dieser Freiheit Gebrauch gemacht oder zugunsten von allgemein und für alle verbindlichen Regelungen auf den Abschluß bilateraler Abkommen verzichtet wird. Letzteres würde die praktische Bedeutung der Organisationen und die der regionalen Integrationsprozesse im allgemeinen erhöhen und letzlich die Verhandlungsposition der Region nach außen erheblich stärken.

d. Vertragsdauer und Inkrafttreten

Das Abkommen gilt als auf unbestimmte Zeit geschlossen, besitzt allerdings aufgrund der Ausfüllungsbedürftigkeit eine Art Übergangscharakter[971]. Es tritt am ersten des auf die beiderseitige Notifizierung des Abschlusses des Ratifizierungsprozesses folgenden Monats in Kraft. Der Ratifizierungsprozeß sollte sich dabei nach den internen Regelungen in den jeweiligen Organisationen richten[972]. Inzwischen ist diese Notifizierung erfolgt und das Abkommen tatsächlich am 1. Juli 1999 in Kraft getreten[973], nachdem sich auf europäischer Seite Frankreich und auf Seiten des Mercosur Paraguay lange geweigert hatten, das Abkommen zu ratifizieren.

Anzumerken ist, daß zahlreiche Bestimmungen bereits vorab vorläufig in Kraft getreten waren, nämlich diejenigen im eindeutigen gemeinschaftlichen Kompetenzbereich[974].

e. Vertragsverstöße und Sanktionen

Schließlich verpflichten sich die Vertragsparteien zu einer vollständigen Erfüllung der in dem Abkommen vereinbarten Verpflichtungen. Alle dazu erforderlichen Maßnahmen sind zu treffen und müssen von den Vertragsparteien über-

---

969 vgl. Dromi/ Molina del Pozo, S. 29.
970 s. o. A. III.
971 Arnaud, S. 150
972 Art. 34 IRA.
973 Bull. EU 7/8-1999 Ziff. 1.4.149.
974 Beschluß des Rates Nr. 96/205/EG v. 20.11.1995, ABl. L 1996 Nr. 69/ 1 ff.

wacht werden[975]. Sollte eine der Vertragsparteien der Ansicht sein, die andere Partei hätte eine der Verpflichtungen aus dem Abkommen nicht erfüllt, so kann sie „geeignete Maßnahmen“ ergreifen. Unter „geeigneten Maßnahmen“ sind solche zu verstehen, die gemäß den Regeln des allgemeinen Völkerrechts getroffen werden[976]. Dabei ist jedoch die Maßnahme zu wählen, die am wenigsten das Funktionieren des Abkommens beeinträchtigt. Zuvor ist außer in Fällen außerordentlicher Dringlichkeit die Gemischte Kommission eingehend über den Sachverhalt zu informieren, damit diese die Situation prüfen und eine für beide Seiten akzeptable Lösung finden kann. Wird eine solche Lösung nicht gefunden, so ist die ergriffene Maßnahme der Gemischten Kommission unverzüglich bekanntzugeben. Auf Antrag der anderen Vertragspartei befaßt sich die Gemischte Kommission mit der Situation. Nach Art. 35 Abs. 2 IRA ist unter „Fall außerordentlicher Dringlichkeit“ ein materieller Vertragsbruch einer der beiden Seiten zu verstehen. Ein solcher materieller Vertragsbruch liegt vor, wenn es sich um ein Verstoß gegen das Abkommen handelt, der nicht von den Regeln des allgemeinen Völkerrechts gedeckt ist, oder um eine Verletzung der wesentlichen Elemente des Abkommens nach Art.1, also die Respektierung der demokratischen Prinzipien sowie der Menschenrechte.

7. Rechtliche Bestimmtheit

Bei der Untersuchung der Regelungen des Abkommens ist deutlich der Charakter eines „Rahmenabkommens“ sichtbar. Tatsächlich gehen viele Bestimmungen über den Charakter von programmatischen Klauseln, also Leitlinien, die der zukünftigen konkreten Ausfüllung bedürfen[977], nicht hinaus. An mehreren Stellen wird ausdrücklich auf den erforderlichen Abschluß weiterer, ausfüllender Abkommen verwiesen. Gleichzeitig existiert eine „Evolutivklausel“[978], die die Parteien zu Vorschlägen für eine weitere Ausgestaltung der Beziehungen durch Änderung des Interregionalen Rahmenabkommens selbst oder durch den Abschluß von Zusatzabkommen ermuntert[979]. Andererseits existieren in dem Abkommen auch pragmatische Klauseln mit relativ konkreten Bestimmungen, die unmittelbar ohne weitere Umsetzung zur Anwendung kommen können[980]. Eine eindeutige Trennung von Vertragsbestimmungen, die dem kurzfristigen Ziel der Stärkung der Beziehungen dienen und solchen, die im Hinblick auf das Langzeitziel einer Interregionalen Assoziierung, festgelegt wurden, läßt sich kaum ziehen, da die Mittel zur Stärkung der Beziehungen letzlich auch der Intensivie-

[975] Art. 35 IRA.
[976] Art. 35 Abs. 3 IRA.
[977] vgl. Dromi/Molina del Pozo, S. 51.
[978] Art. 23 IRA.
[979] vgl. Dromi/Molina del Pozo, S. 58.
[980] vgl. Dromi/Molina del Pozo, S. 51.

rung derselben und damit der Vorbereitung der Interregionalen Assoziierung dienen und umgekehrt[981].

VII. Instrumente zur Umsetzung der Ziele

Die nach dem Abkommen zur Verfügung stehenden Instrumente zur Umsetzung der Bestimmungen sind Dialog und Kooperation. Die Kooperation findet statt insbesondere durch Informationsaustausch, technische Unterstützung, gemeinsame Projekte, Technologietransfer sowie Schulungen. Diese Aufzählung ist jedoch nicht abschließend, vielmehr soll die Kooperation mit allen angemessenen Formen stattfinden[982].
Hervorzuheben ist jedoch der durch das Abkommen geschaffene Dialogmechanismus, der regelmäßige und institutionalisierte Gespräche auf verschiedenen Ebenen vorsieht[983]. Entstanden ist die Regelung aufgrund der positiven Erfahrungen mit den informellen Gesprächen, die zwischen 1992 und 1994 stattfanden und als Katalysator für den Ausbau der interregionalen Beziehungen angesehen wurden[984]. In diesem Zusammenhang ist die Konsultationsklausel des Abkommens zu erwähnen. Die Parteien verpflichten sich zu gegenseitigen Konsultationen in allen von dem Abkommen betroffenen Bereichen[985]. Sinn dieser „Operativklausel“[986] ist eine gewisse Flexibilisierung des starren und institutionalisierten Dialogmechanismus in den Organen. So können im Hinblick auf die Sitzungen der Organe bereits Vorklärungen stattfinden und Vorarbeiten geleistet werden oder auf der anderen Seite Nachbereitungen der Treffen erfolgen[987].

VIII. Institutionelle Struktur

Die institutionelle Struktur bietet den Rahmen für die Durchführung der vereinbarten Maßnahmen und die Weiterentwicklung und Ausgestaltung des Abkommens.

---

[981] a.A. Dromi/Molina del Pozo, S. 51 f., die die programmatischen Klauseln als solche zur Vorbereitung der Interregionalen Assoziierung und die pragmatischen Klauseln als solche zur Erreichung der kurzfristigen Ziele ansehen.
[982] Art. 18 IRA; Dromi/Molina del Pozo, S. 50.
[983] vgl. hierzu auch die Gemeinsame Erklärung zum politischen Dialog zwischen der Europäischen Union und dem Mercosur, ABl. 1996 Nr. L 69/21 f.
[984] Anacoreta Correia, S.; Dromi/Molina del Pozo, S. 46.
[985] Art. 30 IRA.
[986] Dromi/Molina del Pozo, S. 58.
[987] Dromi/Molina del Pozo, S. 57.

1. Kooperationsrat

Wichtigstes Organ zur Durchführung der Verhandlungen für die weitere Fortentwicklung der Beziehungen ist der Kooperationsrat.

a. Zusammensetzung

Der Kooperationsrat setzt sich aus Delegierten von Rat und Kommission der EU einerseits und Delegierten von Rat und Gruppe Gemeinsamer Markt des Mercosur andererseits zusammen[988]. Die Präsidentschaft wird abwechselnd von einem Vertreter der EU und des Mercosur ausgeübt[989]. Der Kooperationsrat tritt periodisch immer dann zusammen, „wenn die Umstände es erfordern“ [990].

b. Aufgaben

Dem Kooperationsrat obliegt die Überwachung der Umsetzung des Abkommens sowie die Prüfung aller im Zusammenhang mit den Zielen des Abkommens auftretenden bilateralen oder internationalen Fragen von gemeinsamem Interesse[991].

c. Befugnisse

Der Kooperationsrat kann geeignete Vorschläge zur Erreichung der Ziele des Abkommens formulieren, wobei dies im Einvernehmen mit beiden Vertragsparteien zu geschehen hat[992]. In diesem Rahmen steht ihm insbesondere das Recht zu, Empfehlungen bezüglich der Bildung einer interregionalen Assoziation auszusprechen, deren Verwirklichung als Langzeitziel des Rahmenabkommens angestrebt und vorgesehen ist[993]. Der Kooperationsrat kann seine Befugnisse ganz oder teilweise an die Gemischte Kommission delegieren[994], deren Geschäftsordnung er bestimmt[995]. Desweiteren hat der Kooperationsrat die Befugnis, weitere Organe[996] zu seiner Unterstützung bei der Wahrnehmung seiner

988 Art. 26 Abs. 1 IRA.
989 Art. 26 Abs. 3 IRA.
990 Art. 25 Abs. 1 IRA.
991 Art. 25 Abs. 2 IRA.
992 Art. 27 Abs. 1 IRA.
993 Art. 27 Abs. 2 IRA.
994 Art. 27 Abs. 4 IRA.
995 Art. 27 Abs. 3 IRA.
996 Dromi/Molina del Pozo, S. 56, bezeichnen diese als „ad-hoc-Organe“.

Aufgaben zu schaffen und entscheidet selbst über deren Zusammensetzung, Aufgaben und Funktionsweise[997].

Angesichts dieser Kompetenzen sowie der Tatsache, daß der Gemischten Kommission ausdrücklich[998] die Aufgabe der Unterstützung des Kooperationsrates zugewiesen ist, kann geschlossen werden, daß dieser das Hauptorgan des Assoziierungsprozesses sein soll[999].

2. Gemischte Kommission

Die Gemischte Kommission stellt ein dem Kooperationsrat untergeordnetes Organ dar.

a. Zusammensetzung

Die gemischte Kommission besteht aus nicht näher bestimmten Vertretern der EU einerseits und des Mercosur andererseits, wobei die Präsidentschaft abwechselnd ausgeübt wird[1000]. Die gemischte Kommission trifft sich in der Regel einmal jährlich, abwechselnd in Brüssel und in einem Mitgliedstaat des Mercosur, jedoch können außerordentliche Sitzungen im beiderseitigen Einvernehmen einberufen werden[1001].

b. Aufgaben

Die wesentliche Aufgabe der Gemischten Kommission besteht in der Unterstützung des Kooperationsrates bei der Erfüllung seiner Aufgaben[1002].
Generell ist die Gemischte Kommission mit der Ausarbeitung von dem Kooperationsrat zu unterbreitenden Vorschlägen zur Verwirklichung des Langzeitziel einer interregionalen Assoziierung EU-Mercosur betraut[1003].
Insbesondere obliegt ihr die Förderung der Intensivierung der Handelsbeziehungen in Übereinstimmung mit den Zielen des Abkommens, der Meinungsaustausch über jede im gemeinsamen Interesse stehende Frage im Zusammenhang mit Handelsliberalisierung und Kooperation. Darin eingeschlossen sind auch zukünftige Kooperationsprogramme und die Mittel zu deren Umsetzung. Des-

---

997 Art. 28 IRA.
998 Art. 27 Abs. 1 IRA.
999 vgl. Europäisches Parlament PE-Dok A 4 – 118/96, S. 11 Ziff. 17; Dromi/Molina del Pozo, S. 54.
1000 Art. 27 Abs. 1 IRA.
1001 Art. 27 Abs. 2 IRA.
1002 vgl. Dromi/Molina del Pozo, S. 54; Haller, S. 252.
1003 Art. 27 Abs. 5 IRA.

weiteren unterbreitet die Gemischte Kommission dem Kooperationsrat Vorschläge zur Beschleunigung der Vorbereitungsphase für die Handelsliberalisierung und die Intensivierung der Zusammenarbeit mit besonderem Augenmerk auf der erforderlichen Koordinierung dieser Maßnahmen[1004].

c. Befugnisse

Die Befugnisse der Gemischten Kommission zur Erfüllung ihrer Aufgaben werden ihr vom Kooperationsrat nach dessen Ermessen übertragen[1005].

3. Subkommission für Handel

Die Subkommission für Handel stellt ein eher technisches Organ dar, das mit vorbereitenden Aufgaben betraut ist.

a. Zusammensetzung

Die Subkommission für Handel besteht aus Beamten der EU einerseits und des Mercosur andererseits[1006].

b. Aufgaben

Die Subkommission für Handel stellt die Verwirklichung der Ziele des Abkommens bezüglich des Handels sicher und bereitet die Arbeiten für die Handelsliberalisierung vor[1007]. Einmal im Jahr erstattet sie der Gemischten Kommission Bericht über ihre Arbeit und legt dieser Vorschläge zur Handelsliberalisierung vor[1008].

c. Befugnisse

Die Subkommission kann sämtliche technischen Studien und Analysen anfordern, die sie für die Erfüllung ihrer Aufgaben als notwendig erachtet[1009].

In der Hierarchie der Organe ist die Subkommission für Handel unter der Gemischten Kommission angesiedelt, was sich einerseits darin zeigt, daß sie dieser

[1004] Art. 27 Abs. 5 IRA.
[1005] Art. 27 Abs. 4 IRA.
[1006] Art. 29 Abs. 2 IRA.
[1007] Art. 29 Abs. 1 IRA.
[1008] Art. 29 Abs. 3 IRA.
[1009] Art. 29 Abs. 2 IRA.

Bericht zu erstatten hat und andererseits darin, daß die Geschäftsordnung der Subkommission von der Gemischten Kommission genehmigt werden muß[1010].

4. Ergänzende Treffen

Ergänzend zu erwähnen sind hinsichtlich der institutionellen Struktur einerseits die Gipfel der Staatschefs von Europäischer Union und Mercosur, die sporadisch stattfinden und politische Leitlinien der Zusammenarbeit vorgeben. Des weiteren finden einmal jährlich Ministerversammlungen statt, die die Tätigkeit der durch das Abkommen geschaffenen Organe ergänzen[1011].

IX. Grundzüge des Interregionalen Rahmenabkommens

Der Abschluß des Abkommens wurde teilweise euphorisch aufgenommen, weil zum ersten Mal ein juristischer Rahmen für die Kooperation zwischen zwei Wirtschafträumen, die beide als Freihandelszonen bzw. Zollunionen im Sinne des Art. XXIV GATT anzusehen sind, geschaffen wird[1012]. Begrüßt wird dies inbesondere auch deshalb, weil bezüglich der beiden Kooperationspartner ein erhebliches wirtschaftliches und politisches Ungleichgewicht bestehe[1013]. Gerade weil jedoch Erfahrungen oder Modelle für eine solche Zusammenarbeit fehlten, werden teilweise die weiteren Perspektiven der Kooperation eher pessimistisch gesehen[1014]. Tatsächlich sind die programmatischen Klauseln in dem Abkommen gegenüber den pragmatischen Klauseln deutlich in der Überzahl. Trotz dieser Schwäche ist das Abkommen insgesamt positiv zu beurteilen, da angesichts der flexiblen Handhabung sowie des Bewußtseins beider Seiten, daß das Rahmenabkommen nicht den Endpunkt in der Entwicklung der gegenseitigen Beziehungen darstellt, sondern ein weiteres Voranschreiten auf dem eingeschlagenen Weg erforderlich ist, weitere Schritte zu erwarten sind. Hervorzuheben ist hier, daß die Verhandlungen zur Bildung einer Freihandelszone stetig vorangehen. Im übrigen darf nicht übersehen werden, daß das Rahmenabkommen und die folgenden Schritte in Abhängigkeit von deren Ausgestaltung möglicherweise ein Modell für weitere Abkommen dieser Art bieten könnten. Entgegen der Kritik[1015] ist daher bereits die bloße Existenz des Abkommens ein ermutigender

---

1010 Art. 29 Abs. 4 IRA.

1011 vgl. Wehner, S. 205.

1012 IRELA, Informe 1995, S. 9.

1013 so etwa Aldecoa Luzárraga, RIE 1995, S. 786.

1014 so Wehner, S. 195, der auf die erhebliche Ausfüllungsbedürftigkeit der Regelungen des Abkommens hinweist.

1015 Wehner, S. 195.

Ansatz im Hinblick auf die Beziehungen verschiedener Freihandelszonen untereinander.

B. Interessenlage im Hinblick auf die Schaffung einer Interkontinentalen Freihandelszone

Die in dem Interregionalen Rahmenabkommen vorgesehenen Verhandlungen zur konkreten Ausgestaltung der zu schaffenden Interregionalen Assoziierung finden vor einem Hintergrund statt, der angesichts der zahlreichen, teils gegensätzlichen Interessen auf beiden Seiten als äußerst komplex bezeichnet werden muß. Um die Erfolgsaussichten des Projektes beurteilen zu können, erscheint eine eingehende Auseinandersetzung mit den maßgeblichen Faktoren angebracht.

I. Interessen der Europäischen Union

Für die Europäische Union bestünde mit der Schaffung einer Freihandelszone die Aussicht auf eine umfassende Marktöffnung im Mercosur mit hohen Wachstumschancen in zahlreichen Bereichen.

Dies beträfe etwa den Automobilsektor. Bereits jetzt sind ca. 40% der im Mercosur importierten Kraftfahrzeuge europäischer Herkunft. Der Anteil des Automobilsektors am interregionalen Handelsvolumen beträgt 30% und ist einer der sich am dynamischsten entwickelnden, obwohl beide Regionen bisher noch hohe Zölle in diesem Sektor aufrechterhalten. Derzeit weisen die Exporte der EU in den Mercosur in diesem Sektor die höchsten Wachstumsraten auf. Dieser Effekt würde sich bei einer weiteren Marktöffnung voraussichtlich noch verstärken, weshalb eine solche für die EU höchst vorteilhaft wäre[1016].

Hinsichtlich des Bereichs der Dienstleistungen liegt zwar das Protokoll über den Dienstleistungsverkehr vom 15.12.1997 vor, in dem ein Zeitraum von zehn Jahren für die Liberalisierung des Sektors vorgesehen ist, jedoch existiert noch keine konkrete Vereinbarung zwischen den Mitgliedstaaten diesbezüglich. In den letzten Jahren hat sich der Handelsüberschuß zugunsten der EU in diesem Bereich weiter vergrößert, 1996 lag er bei 1,5 Milliarden US-Dollar[1017].

[1016] Haller, AW-Prax 2001, S. 383; IRELA, Informe 1999, S.3; Niess, LADD 16 (1999) 41, S. 19.

[1017] IRELA, Informe 1999, S. 3.

Im Bereich Telekommunikation ist der Prozeß der Privatisierungen im Mercosur noch nicht abgeschlossen, vor allem in Brasilien, wo erst seit kurzem das Monopol der staatlichen Telefongesellschaft wegfiel und Lizenzen zum Aufbau von „mirror telephone companies“ vergeben wurden, um Wettbewerb zu gewährleisten. Es ist insgesamt mit einem hohen Wachstumspotential in diesem Bereich zu rechnen[1018].

Der Ausbau der Infrastruktur, insbesondere der grenzüberschreitenden, im Mercosur wird bei zunehmendem Warenaustausch immer dringlicher. Ziel ist hier einerseits der Abbau der physischen Integrationshindernisse durch den Auf- und Ausbau der Transportwege, welcher noch nicht in angemessener Weise fortgeschritten ist, und andererseits die effektive Nutzung der knappen Energie. Hier sind hohe Investitionen erforderlich, wobei anzunehmen ist, daß diese nicht von den Mitgliedstaaten allein aufgebracht werden können. So bieten sich Investoren aus der EU weitere Möglichkeiten, wobei diese den Vorteil von bereits vorhandenen Erfahrungen mit dem Aufbau von Transport- und Kommunikationsnetzen in einem multinationalen Integrationssystem aufweisen können[1019].

Im Bereich Kapitalgüter erfolgt eine Senkung des gemeinsamen Außenzolls ab 2001 (Paraguay und Uruguay 2006) auf 14%. Dies ist für die europäischen Unternehmen äußerst vorteilhaft, da ca. 53% der EU-Exporte aus dem Bereich Maschinenbau und Industrieprodukte kommen[1020].

Die Einführung eines gemeinsamen Außenzolls für Informatikprodukte ist für 2006 vorgesehen. Vor allem Brasilien hat sich zu einem bedeutenden Exporteur in diesem Sektor entwickelt, welcher einen Anteil von 11% an den gesamten Mercosur-Exporten hat[1021].

Im Finanz- und Banksektor erfolgten bereits massive Investitionen aus der EU[1022]. Der Grund hierfür ist die Überlegung, daß im europäischen Finanzmarkt ein weiteres Wachstum nicht zu erwarten sei, sondern vielmehr eine Marktsättigung eingetreten sei. Desweiteren sind die Gewinnspannen durch die starke Konkurrenz, durch ein im Vergleich zu der ersten Hälfte der 90er Jahre niedrigeres Zinsniveau sowie durch den Verlust von Wechselkurstransaktionen gerin-

---

1018 vgl. Eßer, S. 45; IRELA, Informe 1999, S.3; vgl. auch Muela, Economía Exterior 1998, S. 124; vgl. Niess, LADD 16 (1999) 41, S. 19.

1019 vgl. Muela, Economía Exterior 1998, S. 132; IRELA, Informe 1999, S. 3.

1020 IRELA, Informe 1999, S. 3.

1021 IRELA, Informe 1999, S. 3.

1022 vgl. Niess, LADD 16 (1999) 41, S. 19.

ger geworden. Als Konsequenz aus diesen Tatsachen erfolgte eine Neuorientierung bezüglich Investitionen in Richtung der „emerging markets“[1023].

Zusammenfassend bestünden in den genannten Bereichen, in denen bereits zwischen 1990 und 1997 insgesamt ein Wachstum von 343% beobachtet werden konnte, große Wachstumschancen für europäische Unternehmen. Da in diesen Bereichen im Mercosur ein besonders hohes Zollniveau besteht, würde sich eine weitergehende Marktöffnung gerade hier besonders positiv auf die Exportchancen der europäischen Unternehmen auswirken[1024].
Desweiteren hätte eine interregionale Freihandelszone zur Folge, daß europäische Unternehmen, die bereits jetzt in den Mercosurstaaten ansässig sind, um dort für den südamerikanischen Markt zu produzieren, dafür erforderliche Rohmaterialien oder Einzelteile aus Europa einführen könnten, ohne Zölle bezahlen zu müssen. Zugute käme der europäischen Industrie sicher auch die Erfahrung mit dem Agieren in multinationalen Märkten.
Wegen des hohen Verarbeitungsgrades und damit der hohen Wertschöpfung der europäischen Exportgüter würde sich ein Anstieg der Exporte von Fertigwaren positiv auf die Beschäftigung in der EU auswirken. Eine interregionale Freihandelszone würde die Marktpräsenz Europas im Mercosur sicherstellen. Damit könnte ein „NAFTA-Effekt“ (Verringerung des Handelsvolumens mit Mexiko) vermieden werden, gerade auch vor der Perspektive einer gesamtlateinamerikanischen Freihandelszone (FTAA)[1025].

II. Interessen des Mercosur

Größter Vorteil für den Mercosur wäre der Zugang von Nahrungsmitteln und Agrargütern zum europäischen Markt. Damit bestünde die Chance, das derzeitige Handelsbilanzdefizit mit der EU, welches 41% des gesamten Außenhandelsdefizits des Mercosur ausmacht, zu korrigieren. Zudem würde die Schaffung von strategischen Allianzen mit europäischen Unternehmen gefördert, was zu einem Transfer von Technologie, zu einem Austausch von know-how sowie zu einer Einbindung kleiner und mittlerer Unternehmen, z.B. durch Nachunternehmerverträge führen könnte. Weiterer Vorteil wäre eine mögliche Anziehung ausländischer Direktinvestitionen für exportorientierte Bereiche[1026]. In politischer Hinsicht stellt für den Mercosur die Option eines Abkommens mit der EU

[1023] hierzu ausführlich: Rodríguez Iciarte, Economía Exterior 1998, S. 33 ff.; Eßer, S. 45.
[1024] Eßer, S. 42; IRELA, Informe 1999, S. 4.
[1025] Eßer, S. 42.
[1026] Marin, Economía Exterior 1998, S. 10 f.; IRELA Special Report, S. 12; IRELA, Informe 1999, S. 5.

ein Gegengewicht zu den FTAA-Verhandlungen dar[1027], auch angesichts einer bestehenden Konkurrenzsituation USA - Europa hinsichtlich des Marktzugangs im Mercosur[1028].

III. Aussicht auf Handelssteigerung

Für eine Prognose der zukünftigen Entwicklung der Beziehungen zwischen beiden Organisationen sind folgende Fakten zu berücksichtigen:
Die EU ist weltweit die größte Quelle für Außenhandel mit einem Handelsvolumen von 6 Milliarden US-Dollar täglich. Nach Schätzungen der Europäischen Kommission hätte ein Freihandelsabkommen einen Anstieg der Mercosur-Exporte in die EU um 1,3-1,4% zur Folge, in umgekehrter Richtung sei mit einem Anstieg um 2,4-3,4% zu rechnen[1029].
Bemerkenswert ist, daß durch ein EU-Mercosur-Freihandelsabkommen eine größere Handelssteigerung zugungsten der Mercosur-Staaten als durch die FTAA erwartet wird[1030].

IV. Einfluß des Privaten Sektors

Die Unternehmergruppen gewinnen zunehmend an Einfluß im Zusammenhang mit der konkreten Umsetzung der bestehenden sowie mit dem Abschluß weiterer Abkommen. Auf Seiten der Unternehmer wächst das Bewußtsein, daß für einen ungehinderten Warenaustausch im Interesse der Privatwirtschaft eine weitergehende Liberalisierung erforderlich ist[1031]. Die Erfahrungen des Privatsektors mit den bestehenden Regelungen sind für die Überlegungen über zukünftige Regelungen wesentlich. Auch die Dynamik der tatsächlichen Intensivierung der Handelsbeziehungen durch die Ausweitung der Handelsströme erzeugt Druck für eine auch formell weitergehende Integration[1032]. Die zunehmende Wichtigkeit des Privatsektors zeigt sich ebenfalls in der Schaffung des Unternehmerforums Mercosur-EU (FEMUE), dessen Ziel es ist, die Interessen des Sektors zu formulieren und zu artikulieren und in dem bereits in drei Arbeits-

---

1027 Müller-Brandeck-Bouquet, EFAR 5 (2000), S. 578; IRELA, Dossier 1997, S. 46.
1028 Arnaud, S. 140
1029 IRELA, Informe 1999, S. 6; Haller, AW-Prax 2001, S. 383; vgl. auch Müller-Brandeck-Bouquet, EFAR 5 (2000), S. 574.
1030 IRELA, Briefing 1998, S. 7.
1031 Pose, Geosur XXI (2000), Nr. 243/244, S. 24; Sanchez Bajo, Nordic Journal of Latin American and Caribbean Studies 1999, S. 78 ff.
1032 IRELA, Informe 1999, S. 9.

gruppen zu den Themen Marktzugang, Investitionen und Privatisierungen sowie Dienstleistungen Empfehlungen ausgearbeitet wurden[1033].

V. Hindernisse

Trotz der dargestellten Vorteile einer interkontinentalen Freihandelszone für beide Seiten bestehen auch Faktoren, die eine weitergehende Handelsliberalisierung und die Schaffung einer Freihandelszone erschweren.

Offensichtlich sind die Mercosur-Mitgliedstaaten vor allem an einer Reduzierung der EU-Agrarschranken interessiert. Ob eine weitergehende Öffnung der EU für Produkte wie Fleisch, Getreide und Wein möglich ist, muß aufgrund der bereits zutage getretenen und noch zu erwartenden Widerstände der betroffenen Sektoren (und der besonders betroffenen Mitgliedstaaten) bezweifelt werden. Hierzu ist anzumerken, daß Agrar- und Fischereiprodukte ca. 40% der Mercosur-Exporte in die EU ausmachen und daß dieser Sektor im Gegensatz zu allen anderen Bereichen des Handelsverkehrs durch einen beträchtlichen Handelsüberschuß zugunsten des Mercosur gekennzeichnet ist[1034]. Obwohl jedoch schätzungsweise lediglich 2% der Mercosur-Exporte Marktanteile der EU gefährden könnten, besteht hinsichtlich des Agrarsektors eine starke Politisierung und eine besonders hohe Sensibilität in der EU[1035]. Fraglich ist jedoch, ob sich längerfristig grundsätzlich die protektionistische Agrarpolitik der EU halten läßt, auch angesichts der bevorstehenden Verhandlungen im Rahmen der WTO[1036].

Gleichzeitig ist die außenwirtschaftliche Liberalisierung besonders sensibler, aber für die EU besonders interessanter Bereiche wie Industrieprodukte im Allgemeinen und Automobilsektor im Besonderen derzeit im Mercosur noch nicht in Sicht. Aus diesem Grund stellt sich die Frage, in welchen Bereichen dann überhaupt der geplante Freihandel stattfinden soll.

Ein Hindernis für eine interregionale Freihandelszone könnte auch die Tatsache darstellen, daß derzeit von Seiten der Mercosurstaaten immer noch Probleme bestehen, als geschlossener einheitlicher Block aufzutreten. Dies hängt auch mit dem Fehlen echter überstaatlicher regionaler Organe zusammen, wodurch ein

---

1033 Bodemer, LADD 16 (1999) 41, S. 42; vgl. Haller, AW-Prax, S. 384.

1034 Haller, AW-Prax 2001, S. 383; IRELA Special Report, S. 12; IRELA, Informe 1999, S. 8; vgl. Niess, LADD 16 (1999) 41, S. 24.

1035 Bodemer, LADD 16 (1999) 41, S. 38.

1036 hierzu eingehend: Marin, Economía Exterior 1998, S. 14 f.; IRELA, Informe 1999, S. 9; IRELA Special Report, S. 15.

Mangel an Agilität und Konsistenz in den Verhandlungen zutage tritt[1037]. Die Kohäsionsprobleme innerhalb des Mercosur hängen jedoch ebenfalls mit zahlreichen Krisen zusammen wie etwa der politischen Krise infolge der Ermordung des Vizepräsidenten in Paraguay oder der Wirtschaftskrise in Brasilien, die wegen der Abwertung der brasilianischen Währung und der daraus folgenden billigen Exporte Unmut bei den anderen Mercosurmitgliedern hervorrief. Ebenfalls führten die separaten Verhandlungen Brasiliens mit der Andengemeinschaft, die im Juli 1999 zu einem Abkommen über Vorzugszollsätze für 2728 spezifische Produkte im Handel zwischen Brasilien und den Staaten der Andengemeinschaft führten, zu Unstimmigkeiten. Hierzu ist jedoch anzumerken, daß dies letzlich nicht zu einer existenzbedrohenden Krise des Mercosur geführt hat und daß die beschriebenen Unstimmigkeiten mittlerweile als überwunden gelten dürfen[1038].

Des weiteren erfolgen ca. 95% des Warenaustauschs innerhalb des Mercosur ohne Erhebung von Zöllen. Allerdings bestehen nach wie vor beträchtliche nichttarifäre Handelshemmnisse, die zwar von den Mercosur-Organen bereits als „zu beseitigende Maßnahmen" oder „zu harmonisierende Maßnahmen" identifiziert wurden, deren Abbau jedoch bislang noch nicht definitiv mit Zeitplan beschlossen wurde. Diese Schwierigkeiten beim Abbau nichttarifärer Handelshemmnisse wirken jedoch abschreckend auf potentielle europäische Investoren und verringern die Attraktivität des Mercosur als weiträumiger integrierter Markt[1039].

B. Rechtliche Ausgestaltung der Interregionalen Assoziierung unter Berücksichtigung der GATT/WTO-Regeln

Wie eingangs erläutert, waren bisher lediglich Zusammenschlüsse von Staaten Gegenstand von Freihandelszonen im Sinne von Art. XXIV GATT.
Neu wäre die Schaffung einer „überwölbenden" Freihandelszone zwischen mehreren Freihandelszonen. Angesichts der großen Zahl der bei der WTO notifizierten existierenden Freihandelszonen[1040] und dem immer stärkeren Trend zur Integration unterhalb der WTO-Ebene[1041] stellt sich die Frage, ob die Kooperation zwischen der Europäischen Gemeinschaft und dem Mercosur möglicherweise ein Modell für eine künftige Zusammenarbeit zwischen mehreren Freihandelszonen unterhalb der WTO-Ebene darstellen könnte. Angesichts der erheblichen Ausfüllungsbedürftigkeit des IRA ist fraglich, in welcher rechtlichen Form diese

[1037] IRELA, Informe 1999, S. 6; vgl. Niess, LADD 16 (1999) 41, S. 18.
[1038] IRELA, Informe 1999, S. 8; vgl. Pisonero, Economía Exterior 1998, S. 27.
[1039] IRELA, Informe 1999, S. 6.
[1040] s. o. Einführung II. 2.
[1041] Molsberger, S. 22.

Zusammenarbeit ablaufen könnte. Im folgenden soll auf der Grundlage der bisherigen Assoziierungpraxis der Europäischen Gemeinschaft sowie anhand vergleichbarer Konstellationen die mögliche rechtliche Gestalt der entstehenden Freihandelszone dargestellt werden. Anschließend erfolgt eine Untersuchung der Frage, ob eine Zusammenarbeit in dieser Form den bestehenden GATT/WTO-Regeln entspräche beziehungsweise in welcher Form sie diesen entspräche. Dazu sollen die relevanten GATT-Bestimmungen im Überblick dargestellt und die Konformität der Zusammenarbeit mit diesen Bestimmungen geprüft werden.

I. Möglichkeiten zur rechtlichen Ausgestaltung der Interregionalen Assoziierung zwischen der EU und dem Mercosur

Das Ziel der Kooperation zwischen der Europäischen Gemeinschaft und dem Mercosur ist nach dem Interregionalen Rahmenabkommen selbst die Schaffung einer „Interregionalen Assoziierung". Für die Beantwortung der Frage, wie diese Assoziierung im konkreten Fall aussehen könnte, erscheint eine Klärung des Begriffes der „Assoziierung" oder „Assoziation"[1042] in völkerrechtlicher Hinsicht sowie eine Betrachtung der bisherigen Assoziierungspraxis der Europäischen Gemeinschaft angebracht.

1. Völkerrechtlicher Assoziierungsbegriff

Im Völkerrecht ist für den Begriff der Assoziierung der Begriff der Mitgliedschaft in einer Internationalen Organisation maßgeblich. Die Assoziierung ermöglicht zwar die außerordentliche Teilnahme eines Staates oder Territoriums an dem Zweck einer Internationalen Organisation, stellt jedoch ein Minus zur Vollmitgliedschaft dar. Der Umfang der Rechte und Plichten kann im Bereich von 1% bis 99% derjenigen eines Mitglieds variieren[1043]. Hinsichtlich Inhalt und Gestaltungsform der Assoziierung existiert im Völkerrecht keine einheitliche Bestimmung, vielmehr erscheint eine große Vielfalt verschiedener möglicher Inhalte einer Assoziierung denkbar. Dies wird auch von der bisherigen Assoziierungspraxis der Europäischen Gemeinschaft bestätigt[1044].

2. Europarechtlicher Assoziierungsbegriff

Der Europarechtliche Assoziierungsbegriff hat eine im Vergleich zu dem völkerrechtlichen Assoziierungsbegriff differenziertere Ausformung erlangt.

[1042] Beide Begriffe sind sinngleich, so Vedder, in: Grabitz/Hilf, Art. 238, Rn. 3.
[1043] Streinz, S. 261; ausführlich: Seidl-Hohenveldern/Loibl, Rn. 515; Arbuet-Vignali, S. 34.
[1044] vgl. Schweitzer/Hummer, Rn. 692.

a. Begriffsklärung

In Betracht kommt zunächst die sog. „konstitutionelle Assoziierung“, deren Rechtsgrundlage in Art. 182 – 188 EG[1045] zu finden ist. Sie betrifft Entwicklungsländer, die von einem der Mitgliedstaaten politisch abhängig sind. Die Assozierung erfolgt hier bereits kraft des EG-Vertrages, der Abschluß eigener Abkommen ist nicht erforderlich[1046]. Die nach dem Ende der Kolonialphase praktisch bedeutsamere Rechtsgrundlage stellt Art. 310 EG[1047] dar, der eine Möglichkeit der EG begründet, selbständig Assoziierungsverhältnisse einzugehen[1048]. Hinsichtlich des diesbezüglichen Umfangs der Verbandskompetenz der EG ist der Ansicht, Art. 310 EG beinhalte keine eigene Sachkompetenz, sondern ermächtige lediglich zum Abschluß von Handelsabkommen (Art. 133 EG) in der institutionellen Ausgestaltung von Assoziierungen, entgegenzuhalten, daß der wortgleich verwendeten Begriff der Assoziierung gemäß Art. 182 – 187 EG weit über die Regelung von Handelsfragen hinausreicht[1049]. Demgemäß befugt Art. 310 EG als originäre Kompetenz grundsätzlich zum Abschluß von auf Dauer angelegten Abkommen, die zu eigenständiger Willensbildung befähigte Institutionenen vorsehen und in denen in den Grenzen der Vertragsziele Vereinbarungen über sämtliche im EG-Vertrag geregelte Materien im Verhältnis zu Drittstaaten und internationalen Organisationen enthalten sein können. Jedoch werden die den Mitgliedstaaten verbliebenen Materien nicht umfaßt[1050]. Bisher werden die dargestellten Meinungsunterschiede in der Praxis dadurch relativiert, daß alle über bloße Handelsregelungen hinausgehenden Assoziierungsverträge als gemischte Abkommen geschlossen werden[1051]. Das vorstehend dargestellte in der Praxis erfolgte Hinausgehen über die Befugnis zum Abschluß handelspolitischer Vereinbarungen gemäß Art. 133 EG[1052] ermöglicht Assoziierungsabkommen mit unterschiedlichsten Zielsetzungen[1053]. So kann Ziel der Assoziierung ein späterer Beitritt sein, oder aber einen Ersatz für die Vollmitgliedschaft darstellen. Beides stimmt noch mit dem völkerrechtlichen Begriff der Assoziierung überein[1054]. Darüber hinausgehend wurden jedoch auch Assoziierungsabkommen geschlossen, deren Hauptziel die Entwicklungsförderung war und hin-

---

1045 Art. 131 – 136 a. EGV.
1046 Streinz, S. 261; Beutler/Bieber/Pipkorn/Streil, S. 720.
1047 Art. 238 EGV.
1048 Streinz, S. 262; Beutler/Bieber/Pipkorn/Streil, S. 721.
1049 Streinz, S. 262; Mauderer, S. 71.
1050 EuGH Rs. 12/86 (Demirel), Slg. 1987, S. 3719; vgl. Streinz, S. 262; Mauderer, S. 80; vgl. Hilpold, S. 101.
1051 Streinz, S. 262; Hilpold, S. 91.
1052 Art. 113 EGV.
1053 Grabitz, S. 224; Vedder, S. 59 ff.; Beutler/Bieber/Pipkorn/Streil, S. 720.
1054 Beutler/Bieber/Pipkorn/Streil, S. 720; Streinz, S. 262.

sichtlich derer weder eine Mitgliedschaft in Betracht gezogen wurde noch eine Ersatzlösung für eine Vollmitgliedschaft angeboten werden sollte[1055]. Damit ist festzustellen, daß im Unterschied zur völkerrechtlichen Anknüpfung an den Begriff der Mitgliedschaft dies im europäischen Gemeinschaftsrecht nicht entscheidendes Kriterium ist[1056]. Der Assoziierungsbegriff ist daher im europäischen Gemeinschaftsrecht noch weiter als im Völkerrecht. Eine exakte inhaltliche Bestimmung des Begriffes findet sich jedoch auch in den entsprechenden Rechtsgrundlagen des europäischen Gemeinschaftsrechts nicht. Die Formulierung in Art. 310 EG, wonach es sich um ein Verhältnis „mit gegenseitigen Rechten und Pflichten, gemeinsamem Vorgehen und besonderen Verfahren" handelt, erscheint oberflächlich. Zusammenfassend läßt sich die Assoziierung im Europarecht definieren als eine umfassende, dauerhafte und intensive vertragliche Beziehung mit der Gemeinschaft, die feste Einrichtungen und Verfahren zur gemeinsamen Willensbildung vorsieht[1057]. Nach der Rechtsprechung des EuGH ist maßgeblich, ob mit einem Drittstaat privilegierte Beziehungen des Inhaltes geschaffen werden sollen, daß er zumindest teilweise „am Gemeinschaftssystem teilhaben muß"[1058].

b. Beitrittsassoziierung

Tatsächlich sind die Abkommen äußerst verschieden ausgestaltet. So dienten die Abkommen mit Griechenland vom 6. 7. 1961[1059] und der Türkei vom 12. 9. 1963[1060] ausdrücklich der Vorbereitung eines späteren Beitritts[1061].

In dem inhaltlich rudimentär ausgestatteten[1062] Abkommen mit der Türkei wurde als Ziel der Assoziierung die Schaffung einer Zollunion genannt. Dieses Ziel sollte in drei Stufen erreicht werden. Nach einer fünfjährigen Vorbereitungsphase ab Inkrafttreten des Abkommens sollte durch ein neues Abkommen eine Übergangsphase von zwölf Jahren begonnen werden und nach Abschluß der Übergangsphase die Endphase zur endgültigen Erreichung der Zollunion folgen[1063]. Tatsächlich wurde die Beseitigung aller Zölle, mengenmäßigen Beschränkungen und Maßnahmen gleicher Wirkung gegenüber der Türkei mit

---

1055 Streinz, S. 261, S. 262; vgl. Rohde/Kaltenborn, S. 238; vgl. Beutler/Bieber/Pipkorn/Streil, S. 720, S. 724.

1056 vgl. Rohde/Kaltenborn, S. 238; Wehner, S. 211.

1057 Vedder, in: Grabitz/Hilf, Art. 238, Rn. 16; Nicolaysen, S. 517; Beutler/Bieber/Pipkorn/Streil, S. 721.

1058 EuGH Rs. 12/86 (Demirel), Slg. 1987, S. 3749.

1059 ABl. 1963, S. 294.

1060 ABl. 1964, S. 3687.

1061 Vedder, in: Grabitz/Hilf, Art. 238, Rn. 39.

1062 Vedder, in: Grabitz/Hilf, Art. 238, Rn. 40.

1063 Art. 2-5 des Abkommens.

Ausnahme des Agrarsektors durch ein Zusatzabkommen vereinbart[1064]. Schließlich kam es aufgrund Beschlusses des Assoziierungsrates EG-Türkei zur Einleitung der Endphase mit Regelungen hinsichtlich des freien Warenverkehrs, des Zollrechts und der Zollsätze, der Anwendung von Sekundärrecht durch die Organe der Zollunion, des Wettbewerbsrechts sowie des Eigentumsschutzes[1065].

Ebenfalls um Assoziierungsabkommen zur Vorbereitung des Beitritts handelt es sich bei den sogenannten „Europaabkommen"[1066] mit den mittel- und osteuropäischen Staaten[1067]. Kennzeichnend für diese Abkommen ist der äußerst hohe Regelungsumfang. So finden sich neben Bestimmungen zur schrittweisen Liberalisierung des Warenaustauschs mit Ausnahmevorschriften für den Agrarbereich auch solche zur Inländergleichbehandlung, zur Freizügigkeit, zum Niederlassungsrecht sowie zum Wettbewerbsrecht. Ebenfalls vereinbart wurde eine Kooperation auf allen Gebieten der Wirtschaft, Wissenschaft und im Kulturbereich[1068].

c. Freihandelsassoziierung

Eine wirtschaftliche Vorzugsbehandlung als Ersatz für den Beitritt sollten die mit Malta 1971[1069] und Zypern 1973[1070] geschlossenen Abkommen gewähren und können daher - vor ihrer Weiterentwicklung als Beitrittsassoziierung - als Freihandelsassoziierung bezeichnet werden[1071].

d. Entwicklungshilfeassoziierung

Eine weitere Gruppe von Abkommen hatte hauptsächlich den Zweck der Entwicklungshilfe. So wurde etwa die konstitutionelle Assoziierung der unabhängig gewordenen Kolonien in eine vertraglich vereinbarte Assoziierung umgewan-

---

1064 ABl. L 293/1972, S. 3; zum Agrarsektor vgl. Art. 31 des Zusatzprotokolls sowie VO 3590/82 des Rates über die Einführung von Agrarerzeugnissen mit Ursprung in der Türkei, ABl. L 375/1983, S. 1 ff.

1065 Beschluß 1/95 vom 22. 12. 1995, ABl. L 35/1996, S. 1.

1066 Hilpold, EuR 1996, S. 104.

1067 mit Ungarn, ABl. L 347/1993, S. 1; mit Polen, ABl. L 348/1993, S. 1; mit Rumänien, ABl. L 357/1994, S. 1; mit der Slowakischen Republik, ABl. L 359/1994, S. 1; mit der Tschechischen Republik, ABl. L 360/1994, S. 1; vgl. Überblick bei Schweitzer/Hummer, Rn. 698.

1068 vgl. Wehner, S. 217.

1069 ABl. L 61/1971, S. 2.

1070 ABl. L 133/1972, S. 2.

1071 Vedder, in: Grabitz/Hilf, Art. 238, Rn. 39; Beutler/Bieber/Pipkorn/Streil, S. 722; Schön, S. 103.

delt[1072]. Mit knapp 70 Staaten aus Afrika, der Karibik und dem Pazifischen Raum („AKP-Staaten") wurden Assoziierungsabkommen zu einer globalen Entwicklungsförderung[1073] geschlossen (Lomé-Abkommen)[1074]. Die Förderung der Entwicklung soll schwerpunktmäßig im Handelsbereich erfolgen. Einseitig wird die Einfuhr von Waren mit Ursprung in den AKP-Staaten frei von Zöllen, Abgaben gleicher Wirkung und mengenmäßigen Beschränkungen gewährt[1075]. Davon ausgenommen ist lediglich der Agrarbereich[1076]. Die Festlegung von Regelungen, die typisch für eine Freihandelszone sind, jedoch hier nur einseitig gelten, hat zu der Bezeichnung als hinkende Freihandelszone oder Einbahn-Freihandelszone geführt[1077]. Das für eine Assoziierung erforderliche Merkmal der Einräumung von gegenseitigen Rechten und Pflichten[1078] kann hier noch als erfüllt gelten, da eine vollständige Reziprozität nicht gewahrt sein muß[1079].

e. Grundzüge der Assoziierungspraxis

Den Abkommen ist gemeinsam, daß regelmäßig eine Vorzugsbehandlung für den gewerblichen Warenverkehr und teilweise auch für landwirtschaftliche Produkte geschaffen wird. Entweder ist Ziel die Entstehung einer Freihandelszone oder Zollunion zwischen den Partnern des Assoziierungsabkommens wie bei den Beitrittsassoziierungen oder es wird ein freier Marktzugang zum europäischen Markt ohne Verpflichtung zur Gegenseitigkeit gewährt, was zum Zweck der Entwicklungsförderung in den Entwicklungsassoziierungen nach den Lomé-Abkommen erfolgte.

Neben den Regelungen zum freien Warenverkehr sind in der Mehrzahl der Abkommen auch Regelungen über Präferenzbehandlung hinsichtlich der Freizügigkeit, des Dienstleistungs- und des Kapitalverkehrs sowie über wirtschaftliche Zusammenarbeit und finanzielle Hilfe enthalten. Entsprechend den Voraussetzungen des Assoziierungsbegriffes wurden zur Verwirklichung des derart begründeten Systems gegenseitiger Rechte und Pflichten auch gemeinsame Institutionen geschaffen[1080]. Die gemeinsamen Organe dienen jedoch lediglich zur

1072 Streinz, S. 261; Beutler/Bieber/Pipkorn/Streil, S. 722.

1073 vgl. Vedder, in: Grabitz/Hilf, Art. 238, Rn. 39; Rohde/Kaltenborn, S. 243; Beutler/Bieber/Pipkorn/Streil, S. 726.

1074 Lomé I Abkommen ABl. L 25/1976, Lomé II Abkommen ABl. L 347/1980, Lomé III Abkommen ABl. L 86/1986; Überblick bei Schweitzer/Hummer, Rn. 702, 707.

1075 vgl. Art. 130, 131 Lomé III Abkommen; vgl. Streinz, S. 261.

1076 Art. 130 Abs. 2 Lomé III Abkommen.

1077 Nicolaysen, S. 523; vgl. Vedder, in: Grabitz/Hilf, Art. 238, Rn. 32..

1078 Art. 238 EGV.

1079 Vedder, in: Grabitz/Hilf, Art. 238, Rn. 5; Rohde/Kaltenborn, S. 240.

1080 Beutler/Bieber/Pipkorn/Streil, S. 723; Streinz, S. 261; vgl. Vedder, in: Grabitz/Hilf, Art. 238, Rn. 6.

Durchführung und Weiterentwicklung der Assoziierung im Innenverhältnis, weshalb diese keine Internationale Organisation darstellt[1081].

3. Schlußfolgerungen im Hinblick auf die vorgesehene Interregionale Assoziierung

Wie dargestellt sind die bisherigen Assoziierungsabkommen, die nicht im Hinblick auf einen späteren Beitritt geschlossen wurden, von dem Zweck der Entwicklungsförderung geprägt. Eine reziproke Liberalisierung des Handels mit dem Ziel einer echten Freihandelszone ist mit Ausnahme der Abkommen mit den Mittelmeerländern nicht vorgesehen. Die mit mehreren lateinamerikanischen Staaten vor Gründung des Mercosur geschlossenen Abkommen sind lediglich Kooperationsabkommen, die nicht die Qualität der Assoziierung erreichen und dementsprechend nicht auf Art. 310 EG, sondern auf Art. 133 EG und Art. 308 EG[1082] gestützt wurden[1083].

Insofern stellt das Interregionale Rahmenabkommen eine bedeutende Neuerung in zweifacher Hinsicht dar. Einerseits wird von der Europäischen Gemeinschaft eine Assoziierung mit südamerikanischen Nicht-AKP-Staaten angestrebt. Andererseits ist darin ausdrücklich die Rede von einer „auf Gegenseitigkeit beruhenden" Handelsliberalisierung[1084]. Klar ist damit, daß es sich nicht um eine reine Entwicklungsassoziierung handelt und daß nicht lediglich die Schaffung einer „hinkenden Freihandelszone" beabsichtigt ist.

4. Rechtsform – Beispiele

Obwohl eine mehrere Freihandelszonen überwölbende Freihandelszone auf globaler Ebene bisher noch nicht bekannt ist, gibt es doch Beispiele für eine stärkere Integration einzelner Regionen innerhalb einer Freihandelsorganisation. Findet eine solche intensivere Integration lediglich in einem Teilgebiet einer Integrationsorganisation statt, stellt sich die Frage nach dem Verhältnis zwischen den Regelungen in diesem Teilgebiet und den Regelungen des Gesamtorganismus.

1081 Vedder, in: Grabitz/Hilf, Art. 238, Rn. 24.

1082 Art. 235 EGV.

1083 z. B. Kooperationsabkommen mit Brasilien v. 18.9.1980, ABl. L 281/1982, S. 3; Überblick bei Vedder, in: Grabitz/Hilf, Art. 133, Rn. 149 ff.

1084 IRA, Präambel; vgl. auch Vedder, in: Grabitz/Hilf, Art. 133, Rn. 179.

a. Die Benelux-Integration

Ein Beispiel für eine solche Integration auf verschiedenen Ebenen stellen die Belgisch-Luxemburgische Wirtschaftsunion sowie die Benelux-Wirtschaftsunion innerhalb der EG dar.

aa. Die UEBL

Die Belgisch-Luxemburgische Wirtschaftsunion (UEBL) wurde durch Vertrag vom 25.7.1921[1085], der am 6.3.1922 in Kraft trat, gegründet. Ihre jetzige Gestalt erhielt die Union durch das Abkommen vom 29.1.1963[1086], das am 1.8.1965 in Kraft trat. Es beinhaltet eine Zollunion, freien Personen-, Niederlassungs-, Zahlungs- und Kapitalverkehr, eine gemeinsame Außenhandelspolitik, die von Belgien bei interner Zustimmung Luxemburgs geführt wird sowie eine de-facto[1087]-Währungsunion. Die institutionelle Struktur beinhaltet ein Ministerkomitee, die Verwaltungskommission, den Zollrat sowie ein Sekretariat in Brüssel. Desweiteren ist die Möglichkeit zur Durchführung eines Schiedsverfahrens gegeben[1088].

bb. Die Benelux-Wirtschaftsunion

Die Benelux-Wirtschaftsunion zwischen den Niederlanden und der UEBL entstand zunächst als Zollunion durch Vertrag vom 5.9.1944, ergänzt am 14.3.1947 und in Kraft getreten am 1.1.1948[1089]. Durch Vertrag über die Errichtung der Benelux-Wirtschaftsunion vom 2.3.1958[1090], der am 1.11.1960 in Kraft trat, wurden die vorangegangenen über 50 ergänzenden wirtschaftlichen Kooperationsabkommen zusammengefaßt[1091]. Die als Ziele des Vertrages genannten Liberalisierungen, nämlich freier Waren-, Dienstleistungs-, Personen-, Zahlungs- und Kapitalverkehr, Koordinierung der Wirtschafts-, Finanz- und Sozialpolitiken und eine gemeinsame Außenwirtschaftspolitik, wurden nahezu vollständig verwirklicht[1092].

Von Handels- und Wirtschaftsabkommen mit Drittstaaten, die vom Ministerkomitee ausgehandelt und von den Delegierten der Mitgliedstaaten unterzeichnet werden, geht Bindungswirkung für die Benelux-Staaten in ihrer Gesamtheit

---

1085 LNTS Bd. 9, S. 223.

1086 UNTS Bd. 547, S. 39.

1087 Vedder, in: Grabitz/Hilf, Art. 233, Rn. 1.

1088 vgl. Oberesch, S. 37 f.; Pescatore, EPIL 6, S. 30 ff.

1089 European Yearbook Vol. II (1956), S. 282.

1090 UNTS Bd. 381, S. 165.

1091 vgl. Bleckmann, ZaöRV 22 (1962), S. 239 ff.

1092 Petersmann, in: Groeben/Thiesing/Ehlermann, Art. 233, Rn. 3; Kruijtbosch, EPIL 6, S. 36 ff.; Vaulont, RIW 1977, S. 687 ff.

aus[1093]. Die institutionelle Struktur umfaßt den Ministerausschuß, den Unionsrat, Kommissionen und Fachausschüsse, das Generalsekretariat in Brüssel, die Interparlementarische Beratende Versammlung, den Wirtschafts- und Sozialrat und das Schiedskollegium. Weiterhin existiert ein gemeinsamer Benelux-Gerichtshof, der durch Abkommen vom 31.3.1965[1094], in Kraft getreten am 1.1.1974, errichtet wurde. Zweck des Gerichtshofes ist eine einheitliche Auslegung der gemeinsamen Rechtsvorschriften. Dementsprechend trifft der Gerichtshof auf Antrag der nationalen Gerichte verbindliche Vorabentscheidungen oder erstellt auf Antrag einer der Regierungen der Mitgliedstaaten Gutachten jeweils über die Auslegung der Benelux-Normen[1095]. Insgesamt sind die Benelux-Strukturen rein intergouvernementaler Natur[1096]. Im übrigen ist darauf hinzuweisen, daß dem Benelux-Vertrag das Recht der UEBL vorgeht[1097].

cc. Verhältnis der Benelux-Integration zur EG

Angesichts der Existenz der oben beschriebenen Wirtschaftsunionen und der EG nebeneinander und mit sich überschneidenden Mitgliederkreisen erscheint das rechtliche Verhältnis der Wirtschaftszonen zueinander klärungsbedürftig.

Problematisch ist in erster Linie, daß zwar im GATT/WTO-System Freihandelszonen und Zollunionen eine Ausnahme von dem allgemeinen Meistbegünstigungsgrundsatz zugestanden wird[1098], dies jedoch für Freihandelszonen bzw. Zollunionen innerhalb einer solchen Integrationszone nicht ausdrücklich vorgesehen ist.

Aus diesem Grund erfolgte bezüglich der Benelux-Integration eine ausdrückliche Sonderregelung in Art. 306 EG[1099], die als Bestandsgarantie die Fortsetzung der subregionalen Integration ermöglichte, indem eine Befreiung von Nichtdiskrimierungs- und Gleichbehandlungspflichten erfolgte, jedoch lediglich soweit das Integrationsniveau über das der EG hinausgeht[1100]. Art. 306 EG liefert hier die Grundlage des rechtlichen Verhältnisses der beiden subregionalen Zonen zur EG. Danach steht der EG-Vertrag „dem Bestehen und der Durchführung der re-

---

1093 Vedder, in: Grabitz/Hilf, Art. 233, Rn. 3; Bleckmann, ZaöRV 22 (1967), S. 250.
1094 UNTS, Bd. 924, S. 2.
1095 Petersmann, in: Groeben/Thiesing/Ehlermann, Art. 233, Rn. 3; Kruijtbosch, EPIL 6, S. 36 ff.
1096 Vedder, in: Grabitz/Hilf, Art. 233, Rn. 3.
1097 Art. 94 Benelux; Bleckmann, ZaöRV 22 (1967), S. 292.
1098 hierzu unten C. II.
1099 Art. 233 EGV; die Benelux-Union war bereits in der ursprünglichen Fassung des EGV durch Art. 19 Abs.1 als eigenständiges Zollgebiet anerkannt worden.
1100 Vedder, in: Grabitz/Hilf, Art. 233, Rn. 4.

gionalen Zusammenschlüsse zwischen Belgien und Luxemburg sowie zwischen Belgien, Luxemburg und den Niederlanden nicht entgegen, soweit die Ziele dieser Zusammenschlüsse durch Anwendung dieses Vertrages nicht erreicht sind." Eine fast wortgleiche Regelung findet sich in Art. 94 Abs. 1 UV bezüglich des Verhältnisses der Benelux-Union zur UEBL. Mit „Zielen" sind bei dieser Formulierung die Ziele gemeint, deren Erreichung zur Errichtung eines funktionierenden gemeinsamen Marktes erforderlich ist[1101]. Bei der Formulierung von Art. 306 EG wurde davon ausgegangen, daß die Ziele der drei Zonen im wesentlichen identisch sind, obgleich Unterschiede in der Art, wie die Ziele verwirklicht werden sollen, bestehen[1102]. Die Freiheit der Benelux-Union, ihre Ziele festzulegen, ist also dadurch eingeschränkt, daß diese Ziele nun mit denen der EG übereinstimmen müssen[1103]. Dies ergibt sich auch aus Art. 10 EG, wonach die Mitgliedstaaten die Verpflichtung zum Unterlassen aller Maßnahmen, „welche die Verwirklichung der Ziele dieses Vertrages gefährden könnten", haben. Bei der Zielkonkretisierung ist damit also das grundsätzlich bestehende Ermessen der Benelux-Staaten durch die gemeinschaftsrechtlichen Kooperations- und Rücksichtnahmepflichten eingeschränkt[1104].

Insgesamt ist Zweck der Art. 306 EG, 94 Abs. 1 UV also weder, den Benelux-Staaten die Freiheit eines Wechsels der Benelux-Union zu einem anderen Wirtschaftsmodell als desjenigen der EG einzuräumen noch, ihnen die Freiheit zum Zurückbleiben hinter dem Integrationsniveau der EG zu gewähren, sondern lediglich, ihnen eine schnellere und inhaltlich weitergehende Verwirklichung eines im wesentlichen gleichen Modells („Europe à une plus grande vitesse") zu ermöglichen[1105]. Es besteht somit eine Normenhierarchie, die sich wie folgt auswirkt.

Soweit die Integrationsziele der Benelux-Union durch Anwendung der Bestimmungen des EG-Vertrages erreicht werden, verdrängt das Gemeinschaftsrecht Benelux-Recht, das im Widerspruch zu Bestimmungen des Gemeinschaftsrecht steht oder dieselbe Materie abschließend und übereinstimmend regelt. Es ist jedoch zu beachten, daß die Benelux-Bestimmungen dann wieder Vorrang gewinnen, wenn das durch die Bestimmungen des EG-Rechts geschaffene Integrationsniveau hinter die entsprechenden Benelux-Normen zurückfällt [1106]. Jedoch

---

1101 Oberesch, S. 264.

1102 vgl. Oberesch, S. 264.

1103 vgl. Vedder, in: Grabitz/Hilf, Art. 233, Rn. 7.

1104 Petersmann, in: Groeben/Thiesing/Ehlermann, Art. 233, Rn. 5.

1105 vgl. Vedder, in: Grabitz/Hilf, Art. 233, Rn. 7; Petersmann, in: Groeben/Thiesing/Ehlermann, Art. 233, Rn. 5.

1106 vgl. Wortlaut Art. 306 EGV„soweit"; vgl. Vedder, in: Grabitz/Hilf, Art. 233, Rn. 6; Petersmann, in: Groeben/Thiesing/Ehlermann, Art. 233, Rn. 5.

gelten die Grundsätze zu Vorrang und unmittelbarer Anwendbarkeit des EG-Rechts in gleicher Weise im Verhältnis zu dem Normengefüge der Benelux-Union und der UEBL[1107].

Bezüglich unterschiedlicher Zollsätze gilt, daß der Gemeinsame Zolltarif den Benelux-Zolltarif mit Wirkung ab 1.Juli 1968 ersetzt hat[1108], jedoch auch nach Einführung des Gemeinsamen Zolltarifs das Gebiet der Benelux-Union wie das eines einzigen Mitgliedstaates zu behandeln ist[1109].

Im Falle von Normenkollisionen zwischen EG-Recht und Benelux-Recht gilt die ausschließliche Zuständigkeit des EuGH. Zwar enthält der Vertrag über die Errichtung des Benelux-Gerichtshofs keine ausdrückliche Zuständigkeitsabgrenzung, jedoch ist hier die Regelung in Art. 51 Abs. 2 UV zur Abgrenzung der Kompetenzen des EuGH und des Benelux-Schiedsrichterkollegiums analog heranzuziehen[1110]. Dies folgt schon aus der in Art. 306 EG festgelegten Hierarchie zwischen EG- und Benelux-Recht[1111].

Nach Art. 51 Abs. 2 S. 1 UV sind Streitigkeiten, die auch die Interpretation oder Anwendung des EG-Vertrages betreffen, dem EuGH vorzulegen. Wird entgegen dieser Bestimmung das Benelux-Schiedsrichterkollegium angerufen, so hat es sich für unzuständig zu erklären. Die Zuständigkeit des Schiedsrichterkollegiums wird lediglich dann begründet, wenn sich der EuGH seinerseits für unzuständig erklärt[1112].

Für das Gebiet der UEBL existiert ein Schiedsgericht, hinsichtlich dessen in gleicher Weise wie in Bezug auf das Benelux-Schiedsrichterkollegium und den Benelux-Gerichtshof an Probleme der Zuständigkeitsabgrenzung zum EuGH, aber auch zu den genannten rechtsprechenden Institutionen zu denken ist. Eine ausdrückliche Regelung fehlt diesbezüglich, jedoch folgt aus der oben dargestellten Normenhierarchie auch hier die entsprechende Anwendung der für das Benelux-Schiedsrichterkollegium ausdrücklich festgelegten Grundsätze[1113].

Angesichts der Übertragung der Befugnis zur Interpretation von Bestimmungen hinsichtlich Materien, die sowohl im EG-Recht als auch im Benelux-Recht ge-

---

1107 Petersmann, in: Groeben/Thiesing/Ehlermann, Art. 233, Rn. 5; Vedder, in: Grabitz/Hilf, Art. 233, Rn. 7.
1108 EuGH, Rs. 38/75 „Nederlandse Spoorwegen", Slg. 1975, 1439, 1447.
1109 EuGH, Rs. 105/83 „Pakvries BV", Slg. 1984, 2101, 2115.
1110 allg. Ansicht, vgl. Oberesch, S. 267; Demez, CDE 1976, S. 149.
1111 vgl. Oberesch, S. 267.
1112 Art. 51 Abs. 2 S. 2 UV.
1113 Oberesch, S. 268.

regelt sind, auf den Benelux-Gerichtshof in den beiden Zuständigkeitsprotokollen[1114] ist an viele Fälle sich überschneidender Zuständigkeit zu denken. Wie ausgeführt besteht jedoch aufgrund der Norm des Art. 51 Abs. 2 UV eine klare Kompetenzabgrenzung, die ihren Zweck, nämlich sowohl Zweifel über die Zuständigkeit als auch gegensätzliche Entscheidungen von EuGH und Schiedsrichterkollegium zu vermeiden[1115], gerecht wird.

Zusammenfassend läßt sich zu der Integration der Benelux-Staaten feststellen, daß sie bisher ein einmaliges Beispiel für subregionale Integration in Europa geblieben ist und aufgrund des Bestehens lange vor Gründung der EG ein wertvolles Erfahrungsreservoir für diese jedenfalls in der Anfangsphase der EG darstellte[1116]. Die Idee eines „Europa verschiedener Geschwindigkeiten", die ihre Fixierung in Art. 306 EG – dort aber eben nur bezüglich der Benelux-Staaten - fand, wurde in der 90er Jahren wieder aufgegriffen und liegt auch dem Abkommen von Schengen und der Währungsunion, die jeweils nur von einem Teil der Mitgliedstaaten verwirklicht werden, zugrunde. Allerdings stellt die Benelux-Integration kein exaktes Modell der EG dar, da einerseits im Gegensatz zu dieser ein rein zwischenstaatliche Integration erfolgte[1117] und andererseits eine rein wirtschaftliche Zielrichtung verfolgte, während die EG auch eine politische und soziale Dimension beinhaltet.

b. Regionale und subregionale Integration in Lateinamerika

Neben der gesamtsüdamerikanischen Integration im Rahmen der ALADI existieren mehrere subregionale Integrationsorganisationen, für die ebenfalls eine Ausnahme von der Meistbegünstigungspflicht gilt[1118]. Ein Modell für die Zusammenarbeit mehrerer Freihandelszonen unter dem Dach einer überwölbenden Freihandelszone kann die ALADI jedoch kaum bieten, da sie selbst keine tatsächlich verwirklichte Freihandelszone darstellt[1119].

1114 vgl. Oberesch, S. 164 f.

1115 Bleckmann, Benelux, S. 291; Oberesch, S. 266.

1116 vgl. Woyke, S. 48.

1117 Karelle/de Kemmeter, S. 87: der Spezialausschuß der luxemburgischen Abgeordnetenkammer vertrat die Ansicht, die strikte Zwischenstaatlichkeit hätte die Entwicklung der Benelux-Integration stark gebremst: „Malgré les résultats acquis il serait pourtant osé de nier que l'absence d'une autorité supranationale n'aurait pas quand même freiné la réalisation des objectifs visés."

1118 s. o. 1. Teil, B. II.

1119 s.o. 1. Teil, B. I. 2.

II. Die Berücksichtigung der GATT/WTO-Regeln

Um die Interregionale Assoziierung zwischen EU und Mercosur in Übereinstimmung mit den Grundsätzen der Welthandelsordnung zu gestalten, müßte diese den GATT/WTO-Regeln entsprechen.

1. Grundsatz und Ausnahmen

Grundprinzip des GATT ist der Grundsatz der Meistbegünstigung[1120]. Danach sind die Mitgliedstaaten verpflichtet, alle Handelsvorteile, die sie einem oder mehreren Staaten einräumen, unverzüglich und bedingungslos auch allen anderen GATT- Vertragsparteien zu gewähren[1121].

Für Handelszugeständnisse, die lediglich auf einen abgegrenzten Kreis von Staaten oder Staatengruppen beschränkt sind, also auch im Rahmen von Integrationsvereinbarungen oder Assoziierungsabkommen gilt lediglich dann eine Ausnahme von diesem Grundsatz, wenn die Vertragsparteien dieser Abkommen die Schaffung einer Freihandelszone oder einer Zollunion im Sinne des GATT beabsichtigen[1122]. Ausreichend ist unter bestimmten Voraussetzungen auch die Vorstufe hierzu[1123].

2. Zulässigkeit der Interregionalen Assoziierung nach Art. XXIV GATT

Die beabsichtigte Interregionale Assoziierung ist nur dann GATT-konform, wenn die entsprechenden Voraussetzungen des Art. XXIV GATT erfüllt werden[1124].

a. Einordnung des Begriffs der Interregionalen Assoziierung

Zu prüfen ist, ob die Schaffung einer solchen Freihandelszone oder Zollunion zwischen Europäischer Gemeinschaft und Mercosur beabsichtigt ist und ob in diesem Fall die Voraussetzungen des Art. XXIV GATT erfüllt wären.

Angesichts der Formulierung in dem Interregionalen Rahmenabkommen mit der Zielvorgabe einer „interregionalen Assoziierung" und nicht ausdrücklich einer Freihandelszone oder Zollunion stellt sich die Frage, ob dies Inhalt der Assoziie-

---

1120 Art. I GATT.
1121 vgl. Herdegen, Internationales Wirtschaftsrecht, § 7, Rn. 19.
1122 Art. XXIV GATT.
1123 vgl. hierzu Vedder, in: Grabitz/Hilf, Art. 238, Rn. 32.
1124 zu Art. XXIV GATT vgl. o. 1. Teil C. V. 5.

rung ist und damit die Anwendung der Ausnahmeregelung des Art. XXIV GATT überhaupt in Betracht kommt.

In der Regel wird in Assoziierungsabkommen die Schaffung oder Vorbereitung einer Freihandelszone oder Zollunion mit dem Ziel des zollfreien Austauschs eines wesentlichen Teils der Industrieprodukte angestrebt[1125]. Teilweise wird bereits eine Assoziierung selbst mit der Einrichtung oder Vorbereitung einer Freihandelszone gleichgesetzt, jedenfalls im konkreten Fall[1126]. Auch wenn eine Assoziierung ohne die Verwirklichung einer Freihandelszone grundsätzlich denkbar ist[1127], ist im konkreten Fall die Zielsetzung einer Freihandelszone aus den Regelungen des Interregionalen Rahmenabkommens eindeutig abzuleiten. So wird einerseits mehrfach betont, daß eine vollständige und gegenseitige Liberalisierung des Handels zwischen beiden Organisationen erfolgen soll, andererseits dabei jedoch die GATT/WTO-Regeln beachtet werden sollen[1128]. Eine vollständige Liberalisierung zwischen beiden Regionen, die über die allen WTO-Mitgliedern eingeräumte Meistbegünstigung hinausgeht, kann jedoch in Übereinstimmung mit den GATT-Regeln nur über den Weg des Art. XXIV GATT erfolgen. Auch Formulierungen im Interregionalen Rahmenabkommen wie *„Liberalisierung des gesamten Handels“*[1129] oder *„Die wirtschaftliche Zusammenarbeit zwischen den Vertragsparteien wird sich auf breitestmöglicher Grundlage vollziehen, wobei grundsätzlich kein Sektor ausgeschlossen ist“*[1130] weisen auf das „substantially all the trade“-Kriterium des Art. XXIV GATT hin.

b. „Zollgebiete der Vertragsstaaten“

Bezüglich der Anwendbarkeit von Art.XXIV GATT ist zu fragen, ob die EG einerseits und der Mercosur andererseits der Beschreibung *„custom territories of the contracting parties“* [1131] genügen.

Die Rechtsstellung von Zusammenschlüssen im Sinne des Art.XXIV GATT innerhalb der WTO ist problematisch. So erlangt ein Wirtschaftszusammenschluß nicht schon deshalb, weil er nach Art.XXIV GATT zulässig ist oder aufgrund eines waivers etwa nach Art.XXV:5 GATT genehmigt wird, ipso facto mit seiner Bildung eine Parteistellung innerhalb der WTO[1132]. Andererseits wird be-

1125 Schweitzer/Hummer, Rn. 694.
1126 so etwa Ernst, S. 230; Arnaud, S. 140, 150; Niloco, S. 314.
1127 so Wehner, S. 220.
1128 vgl. etwa IRA, Absätze 9 und 10 der Präambel; Art. 4, Art. 5 Abs. 3 IRA.
1129 Abs. 9 Präambel IRA.
1130 Art. 10 Abs. 3 IRA.
1131 Art. XXIV Abs. 1 GATT.
1132 vgl. hierzu schon Steinberger, S. 205.

züglich der Vertragssubjekte des GATT ausdrücklich nicht auf politische Einheiten, Staaten, abgestellt, sondern auf die Eigenschaft als Zollgebiet[1133]. Maßgeblich ist also die Qualität einer autonomen Wirtschaftseinheit. In der Regel fallen diese mit den politischen Einheiten zusammen, dies gilt jedoch nicht ausnahmslos. In Art. XXIVAbs. 1 GATT wird davon gesprochen, daß jedes Zollgebiet als Vertragstaat zu behandeln ist, wobei hier von der Formulierung her an verschiedene Zollgebiete innerhalb eines Staates gedacht wurde. Jedoch muß dies im Umkehrschluß auch gelten, wenn ein einheitliches Zollgebiet zwischen mehreren Vertragstaaten gegeben ist. Die Bestimmungen der Art.XXXII, XXXIII und XXVI Abs. 5 lit.c GATT zeigen, daß das GATT für die Zuerkennung der Parteistellung nicht die Staatsqualität im völkerrechtlichen Sinn, sondern vielmehr die außenhandelspolitische Autonomie für maßgeblich erachtet[1134].

Die EG entspricht jedenfalls diesen Kriterien[1135] und ist im übrigen als einheitliches Zollgebiet zu sehen. Die EG ist nun zudem ausdrücklich auch selbst „*contracting party*“ der WTO[1136].

Der Mercosur stellt zwar mindestens eine Freihandelszone dar[1137], ist allerdings derzeit noch nicht als solcher WTO-Mitglied. Wie dargestellt, entspricht jedoch ein einheitliches Zollgebiet zwischen mehreren Mitgliedstaaten ebenfalls Art. XXIV Abs. 1 GATT. Nach dem Wortlaut und auch nach Sinn und Zweck der Regelung ist maßgeblich allein das wirtschaftliche Merkmal eines einheitlichen Zollgebietes und nicht die politische und rechtliche Zuordnung zu einem Vertragsstaat. Der Mercosur ist zudem Völkerrechtssubjekt und hat eigene außenhandelspolitische Kompetenzen. Somit sind sowohl die EG als auch der Mercosur als *custom territories of the contracting parties* i.S. des Art. XXIV Abs. 1, 2 GATT anzusehen.

c. Art. XXIV Abs. 4 GATT

Wie dargestellt, ist jedenfalls grundsätzlich von der Möglichkeit einer handelsfördernden Wirkung der Schaffung weiterer Freihandelszonen auszugehen[1138].

1133 Art. XXIVAbs. 1 GATT.

1134 Steinberger, S. 209.

1135 hierzu ausführlich: Ott, S. 25; Prieß/Berrisch, S. 134; Berrisch, S. 5 ff.; Tiilikainen, EFAR 6 (2001), S. 228.

1136 Art. XI WTO-Abkommen; hinsichtlich der grundsätzlichen Fähigkeit der EG, sich in internationale Organisationen einzubringen, vgl. Vedder, GS Grabitz, S. 795 ff.

1137 s. o. 1.Teil C. III.2.

1138 Herdegen, § 7 Rz. 23; Serra Puche, S. 126; Prieß/Berrisch, S. 134; vgl. Bail, EuZW 1990, S. 440; Ipsen/Haltern, S. 57.

Dies gilt in gleicher Weise wie für „konventionelle" Freihandelszonen auch für eine überwölbende Freihandelszone bzw. sogar in noch stärkerem Maße, da das Handelsvolumen ja einem größerem Anteil am Welthandel entspricht.

Entscheidendes Kriterium für das Vorliegen einer Freihandelszone im Sinne des Art. XXIV GATT, die ja das Ziel der Interregionalen Assoziierung ist, ist die Liberalisierung annähernd des gesamten Handels. Übergangsvorschriften für die Schaffung einer Zollunion müßten den Voraussetzungen des Art. XXIV Abs. 5 lit. a GATT entsprechen. Entscheidend ist, ob die Handelsliberalisierung sich auf alle Gebiete der Zone in gleicher Weise bezieht[1139] und keine Ausklammerung einzelner Warenbereiche, wie etwa der Landwirtschaft erfolgt[1140].

d. Art. XXIV Abs. 5 GATT

Gemäß Abs.5 lit.a und b. dürfen Zollunionen und Freihandelszonen die Zölle und Handelsvorschriften mit den an der Union oder Zone nicht teilnehmenden Staaten in ihrer Gesamtheit nicht höher oder einschränkender gestalten als vor der Bildung der Zollunion oder Freihandelszone. Somit gilt ein Verbot von restriktiveren Regelungen als vor Gründung der Zollunion bzw. Freihandelszone.

e. Art. XXIV Abs. 12 GATT

Abs.12 des Art. XXIV GATT statuiert die Verpflichtung der Vertragsstaaten zur eigenständigen Überwachung der Einhaltung der GATT-Vorschriften auf ihrem Staatsgebiet. Zurückgehend auf einen Abkommensentwurf[1141] im Rahmen der Verhandlungen der Uruguay-Runde wurden die Bestimmungen zur Kontrolle der GATT-Konformität von Freihandelszonen und Zollunionen verschärft. Im übrigen wurde die Zulässigkeit des GATT-Streitschlichtungsmechanismus zur Durchsetzung der Verpflichtungen aus Art.XXIV Abs.12 GATT festgelegt[1142]. Die Erklärung macht weiter deutlich, daß die Kontrolle der GATT-Konformität der Freihandelszonen nach Art.XXIV GATT verstärkt werden soll.

In der bisherigen GATT-Praxis konnte bezüglich zahlreicher notifizierter Regionalabkommen nicht festgestellt werden, ob diese mit den GATT-Bestimmungen vereinbar sind oder nicht. Obwohl bis 1996 von fast achtzig gemeldeten Regionalabkommen lediglich vier mit Art.XXIV voll vereinbar erklärt

---

1139 vgl. Steinberger, S. 151; Huber, S. 29 f.

1140 vgl. Bratschi, GATT, S. 87; Jaeger, S. 273; Steinberger, S. 152, vgl. Senti, S. 451.

1141 Dok. MTN.TNC/W/35, S. 307-310.

1142 33 ILM36 (1994.)

wurden[1143], erfolgte in Bezug auf die anderen Abkommen weder ein Verbot noch eine andere Art der Regulierung[1144]. Vielmehr kamen die in Auftrag gegebenen Untersuchungen zu keinem endgültigen Ergebnis hinsichtlich der GATT-Konformität der Abkommen[1145]. Dies läßt jedoch die Schlußfolgerung zu, daß selbst jetzt, nach Einführung des WTO-Streitschlichtungssystems mit im Vergleich zu dem GATT-Streitschlichtungssystem wesentlich größeren Sanktionsmöglichkeiten, wegen der rechtlich problematischen Feststellung eines eindeutigen Verstosses gegen die GATT-Bestimmungen mit einer Verhinderung von Zusammenschlüssen der geschilderten Art kaum zu rechnen sein dürfte.

f. WTO-Konformität der Freihandelszone

Vor dem oben beschriebenen Hintergrund wird für die Beantwortung der Frage, wie angesichts der zahlreichen ungeklärten strittigen Aspekte des Art.XXIV GATT die GATT-Konformität der anvisierten überwölbenden Freihandelszone zu beurteilen ist, entscheidend die genaue Ausgestaltung der Freihandelszone sein. Im folgenden wird ein Überblick über den Stand der Verhandlungen sowie eine erste Einschätzung gegeben.

3. Erteilung von Befreiungen (*waivers*)

Sollte eine überwölbende Freihandelszone im Rahmen von Art. XXIV GATT nicht möglich sein, wäre noch an die Erteilung eines Waivers zu denken. Hier käme einerseits die Regelung in Art. XXIV Abs. 10 GATT, andererseits die Regelung in Art. XXV Abs. 5 GATT in Betracht.

Nach Art. XXV Abs. 5 GATT kann bei Vorliegen außergewöhnlicher Umstände („*exceptional circumstances*") eine Partei von einzelnen GATT-Verpflichtungen entbunden werden. Diese Vorschrift ist auch auf regionale Wirtschaftszusammenschlüsse anwendbar und bereits hierauf angewendet worden[1146], wobei angesichts der Regelung in Art. XXIV Abs. 5 lit. c GATT im Gegensatz zu diesem eher an Regionalzusammenschlüsse gedacht ist, die nicht auf die Bildung einer Zollunion oder Freihandelszone im Sinne des Art. XXIV GATT gerichtet sind[1147].

[1143] Ott, S. 37; bis Herbst 1999 stieg diese Zahl auf rund hundert an, Senti, S. 454, WTO, Annual Report 1999, S. 94 f.

[1144] Jackson, The World Trading System, S. 141.

[1145] Benedek, S. 67.

[1146] Steinberger, S. 198; Haller, S. 309; vgl. Mauderer, S. 146.

[1147] vgl. Herdegen, § 7 Rz. 23; Steinberger, S. 199.

Nach der Ausnahmevorschrift des Art. XXIV Abs. 10 GATT können entstehende Zollunionen oder Freihandelszonen mit Zweidrittelmehrheit der Vertragsstaaten genehmigt werden, auch wenn nicht alle Erfordernisse nach Abs. 5-9 erfüllt werden[1148].

Das Verhältnis von Art. XXV Abs. 5 GATT zu Art. XXIV Abs. 10 GATT ist dadurch gekennzeichnet, daß der Anwendungsbereich des Art. XXIV Abs. 10 GATT erheblich enger ist als der des Art. XXV Abs. 5 GATT, weil er nur Zusammenschlüsse betrifft, die als Endziel die Bildung einer Zollunion oder Freihandelszone haben. Demgegenüber ist Art. XXV Abs. 5 GATT seinem Wortlaut nach („*in exceptional circumstances not elsewhere provided for in this Agreement*") subsidiär gegenüber anderen Ausnahmebestimmungen, so daß in erster Linie eine Prüfung dieser anderen Bestimmungen zu erfolgen hat. Obwohl die Ansicht vertreten wird, aus Art. XXIV Abs. 10 GATT könne geschlossen werden, daß Zusammenschlüsse, die nicht auf die Bildung einer Zollunion oder Freihandelszone gerichtet sind, unzulässige Präferenzsysteme darstellen und daher Zweifel an der Zulässigkeit solcher Zusammenschlüsse über Art. XXV Abs. 5 GATT bestehen, wurde in der GATT-Praxis Art. XXV Abs. 5 GATT als umfassende Befreiungsmöglichkeit gesehen, deren Anwendung nicht durch Art. XXIV Abs. 10 GATT ausgeschlossen wird[1149].

Auf den konkreten Fall der Zusammenarbeit von EU und Mercosur übertragen, erscheint jedoch ein Zurückgreifen auf Art. XXV Abs. 5 GATT nicht erforderlich, da die Bildung einer Freihandelszone ausdrücklich beabsichtigt ist. Sollte diese Zusammenarbeit den Vorschriften des Art. XXIV Abs. 4-9 GATT nicht entsprechen, kommt die Erteilung eines waivers nach Art. XXIV Abs. 10 GATT in Betracht.

III. Gang und Stand der Verhandlungen zur konkreten Ausgestaltung der Interregionalen Assoziierung

Die Verhandlungen auf der Grundlage des Interregionalen Rahmenabkommens haben bereits begonnen. Von beiden Seiten wurden bereits erste Vorschläge vorgelegt.

[1148] vgl. hierzu Steinberger, S. 196.
[1149] Steinberger, S. 199f.

1. Beginn und Anfangsphase der Verhandlungen

Die Entscheidung zum Beginn der Verhandlungen wurde auf dem Gipfel von Rio de Janeiro am 28. Juni 1999 bekanntgegeben[1150]. Das Verhandlungsmandat für die Kommission der Europäischen Gemeinschaften wurde durch den Rat am 13. September 1999 erteilt[1151].

Bereits im November 1999 erfolgten im Kooperationsrat erste praktische Verhandlungen, die eine Einigung auf Struktur, Methodik und Zeitplan der weiteren Verhandlungen brachten. Ziel der Interregionalen Assoziierung ist demnach die Schaffung einer interkontinentalen Freihandelszone nicht vor dem Jahr 2003, aber spätestens bis zum Jahr 2005[1152]. Dabei soll es zu einer schrittweisen und gegenseitigen Handelsliberalisierung in Übereinstimmung mit den WTO-Regeln kommen, bei der kein Sektor ausgenommen bleiben soll[1153]. Wichtigstes Forum für die Verhandlungen ist das Biregionale Verhandlungskomitee, dem ein Unterkomitee für Kooperation, verschiedene Untergruppen für spezifische Kooperationsbereiche sowie drei technische Gruppen für Handel zur Seite gestellt wurden[1154].

Die erste Verhandlungsrunde fand am 6. und 7. April 2000 statt. Dabei wurden die allgemeinen Prinzipien und Ziele der Verhandlungen festgelegt. Nochmals wurde betont, daß die Erreichung des Ziels einer schrittweisen und gegenseitigen Handelsliberalisierung in Übereinstimmung mit den WTO-Regeln erfolgen soll[1155] und daß hierbei kein Sektor ausgenommen bleiben soll. Ziel ist weiterhin die Liberalisierung des Handels mit Dienstleistungen, des öffentlichen Beschaffungswesens sowie der Schutz von geistigem Eigentum und Wettbewerb[1156].

Während der zweiten Verhandlungsrunde vom 13. - 16. Juni 2000 lag der Schwerpunkt auf dem Informationsaustausch in den neu geschaffenen Organen

---

1150 Pressemitteilung des Rates der EU, Dok. Nr. 9410/99 (Presse 207).

1151 Bulletin EU 9-1999 Ziff. 1.4.75.

1152 Bodemer, LADD 16 (1999) 41, S. 40.

1153 Bulletin EU 11-1999 Ziff. 1.5.98

1154 Gemeinsame Pressemitteilung des Kooperationsrates EU-Mercosur vom 24.11.1999, Dok. Nr. 13290/99 (Presse 371).

1155 Dies war bereits in der „Erklärung von Rio" enthalten, abgedruckt in: LADD 16 (1999) 41.

1156 Schlußfolgerungen,Punkt 4. 1. 2; im Internet veröffentlicht unter folgender Adresse (Stand 26.03.04): http://europa.eu.int/comm/external_relations /mercosur/ass_neg_text/ concl_bnc1.htm.

und Unterorganen. Es wurde ebenfalls mit der Identifizierung von nichttarifären Handelshemmnissen begonnen[1157].

Die dritte und die vierte Verhandlungsrunde vom 7. – 10. November 2000 und vom 19. – 22. März 2001 dienten hauptsächlich dem Austausch von Informationen und Meinungen sowohl im Bereich des politischen Dialogs als auch in den Bereichen Kooperation und Handel. Ein greifbares Ergebnis wurde jedoch nicht bekanntgegeben[1158].

2. Liberalisierungsangebot der EU

Schließlich legte die EU während der fünften Verhandlungsrunde vom 2. – 6. Juli 2001 einen konkreten Vorschlag vor[1159].

a. Nichttarifäre Handelshemmnisse

Nach dem Vorschlag sollen nach dem Inkrafttreten des Assoziierungsabkommens alle nichttarifären Handelshemmnisse abgeschafft sein[1160].

b. Tarifäre Handelshemmnisse

Hinsichtlich der tarifären Handelshemmnisse wurde ein schrittweiser umfassender Abbau in allen Handelsbereichen ohne Ausnahmen vorgeschlagen[1161].

aa. Warenhandel

Der Warenhandel stellt den mit Abstand wichtigsten Bereich einer zu erzielenden Einigung dar.

1157 Schlußfolgerungen,Punkt 4.; im Internet veröffentlicht unter folgender Adresse (Stand 26.03.04): http://europa.eu.int/comm/external_relations /mercosur/ass_neg_text/concl_bnc2.htm.

1158 vgl. Pressemitteilung, im Internet veröffentlicht unter folgender Adresse (Stand 26.03.04): http://europa.eu.int/comm/external_relations /mercosur/ass_neg_text/press_rel_bras.htm; Schlußfolgerungen; im Internet veröffentlicht unter folgender Adresse (Stand 26.03.04): http://europa.eu.int/comm/ external_relations/mercosur/ass_neg_text/concl_bnc4.htm.

1159 Pressemitteilung der Kommission IP/01/963; im Internet veröffentlicht unter folgender Adresse (Stand 26.03.04): http://europa.eu.int/comm/external _relations/mercosur/intro/ip01_963_es.htm.

1160 Pressemitteilung der Kommission IP/01/963, vor I.; Haller, AW-Prax 2001, S. 384.

1161 Haller, AW-Prax 2001, S. 383.

(1) Agrarbereich

Die differenzierteste Regelung findet sich im umstrittenen Agrarbereich, in dem mit einem Wert von 8,9 Millionen Euro über die Hälfte der Mercosur-Exporte in die EU stattfindet. Zollfreiheit besteht bereits für ungefähr 60 % dieses Wertes. Bezüglich der übrigen Agrarprodukte soll eine Einteilung in sechs Kategorien mit jeweils unterschiedlichem Zeitplan zur schrittweisen Zollsenkung erfolgen[1162].

In der ersten Kategorie, die Frischobst und bestimmte Öle und Fette mit einem Handelsvolumen von 270 Millionen Euro umfaßt, sollen sämtliche Zölle unmittelbar nach Inkrafttreten des Assoziierungsabkommens vollständig entfallen. In der zweiten Kategorie, bei der es sich um Pferdefleisch, Früchte und Gemüse sowie bestimmte Öle und Blumen mit einem Handelsumfang von 600 Millionen Euro handelt, ist eine vollständige Zollfreiheit nach vier Etappen in vier Jahren vorgesehen[1163]. Die erste und die zweite Kategorie, bei der eine schnelle Liberalisierung erfolgen soll, lassen sich zusammenfassend als saisonale Produkte bezeichnen.

Bei der dritten Kategorie, nämlich verarbeitetes Obst und Gemüse und Hühnerfleisch mit einem Umfang von 330 Millionen Euro, betrüge die Zeitspanne der Zolleliminierung sieben Jahre mit sieben Etappen, bei der vierten Kategorie mit Schweinefleisch, Schinken, Honig und weiteren verarbeiteten Waren im Wert von einer Milliarde Euro zehn Jahre und zehn Etappen[1164].

Bezüglich der fünften Kategorie mit Wein und Spirituosen im Wert von 60 Millionen Euro wurde eine vollständige Zolleliminierung angeboten, über den Zeitplan müßte jedoch weiter verhandelt werden. Vom Handelsumfang her finden sich in den genannten fünf Kategorien 80% der bisher noch nicht zollfreien Agrargüter[1165].

Die Güter, hinsichtlich derer der Mercosur die größte Wettbewerbsfähigkeit aufweist und die daher die für die EU sensibelsten Waren darstellen, nämlich Getreide, Olivenöl, Milchprodukte, Rindfleisch, Tabak und Zucker[1166], sind in der sechsten Kategorie zusammengefaßt. Hier wird nicht von einer vollständigen Zollfreiheit gesprochen, sondern lediglich von einer weiteren Liberalisierung, zu

---

1162 Pressemitteilung der Kommission IP/01/963, I.; Haller, AW-Prax 2001, S. 384.
1163 Pressemitteilung der Kommission IP/01/963, I.; Haller, AW-Prax 2001, S. 384.
1164 Pressemitteilung der Kommission IP/01/963, I.; Haller, AW-Prax 2001, S. 384.
1165 Pressemitteilung der Kommission IP/01/963, I.
1166 IRELA Special Report 1999, S. 9.

der grundsätzlich Bereitschaft besteht und über die weiter zu verhandeln wäre[1167].

(2) Industriegüter

Bezüglich der Industriegüter, deren Import aus dem Mercosur in die EU einen Wert von 8,8 Milliarden Euro umfaßt, besteht vollständige Zollfreiheit bereits für 53 %. Der verbleibende Anteil soll nach einem schrittweisen Abbau in vier Etappen in zehn Jahren vollkommen zollfrei importiert werden können[1168].

(3) Fischereiprodukte

Hinsichtlich Fisch und Meeresfrüchten soll eine vollständige Zollfreiheit, die derzeit nur für 1 % in diesem Bereich mit einem Handelsumfang von 5 Millionen Euro gilt, ebenfalls in zehn Jahren mit einer schrittweisen Zollreduzierung erreicht sein[1169].

bb. Dienstleistungen

Eine wesentliche Liberalisierung des Dienstleistungssektors, der nach dem Vorschlag in das Assoziierungsabkommen Eingang finden soll, könnte bereits unmittelbar nach Inkrafttreten stattfinden[1170].

cc. Öffentliches Beschaffungswesen

Auch die staatliche Beschaffung von Gütern und Dienstleistungen auf nationaler und lokaler Ebene soll in die Liberalisierung einbezogen werden[1171].

3. Gegenvorschlag des Mercosur

Während der sechsten Verhandlungsrunde vom 29. – 31. Oktober 2001[1172] unterbreitete die Mercosur-Delegation einen Gegenvorschlag, der eine Liberalisierung eines Drittels des gesamten Handelsvolumens unter Einschluß von Gütern, Dienstleistungen sowie des öffentlichen Beschaffungswesens in drei Etappen innerhalb von 10 Jahren vorsieht. Dabei soll eine Unterteilung in fünf Kate-

---

[1167] Pressemitteilung der Kommission IP/01/963, I.
[1168] Pressemitteilung der Kommission IP/01/963, II.; Haller, AW-Prax 2001, S. 384.
[1169] Pressemitteilung der Kommission IP/01/963, III.; Haller, AW-Prax 2001, S. 384.
[1170] Pressemitteilung der Kommission IP/01/963.
[1171] Pressemitteilung der Kommission IP/01/963; Haller, AW-Prax 2001, S. 385.
[1172] Schlußfolgerungen; im Internet veröffentlicht unter folgender Adresse (Stand 26.03.04): http://europa.eu.int/comm/external_relations/ mercosur/ass_neg_text/concl_bnc6.htm.

gorien erfolgen, wobei hinsichtlich der ersten Kategorie vollständige Zollfreiheit bereits unmittelbar nach Inkrafttreten eines Abkommens herrschen soll. Bei den Positionen in Kategorie A handelt es sich hauptsächlich um Agrarprodukte, zu den Kategorien, in denen eine schrittweise Zollsenkung erfolgen soll, gehören hauptsächlich Industriegüter sowie Dienstleistungen[1173].

Der Vorschlag steht jedoch unter der Bedingung, daß die nichttarifären Handelshemmnisse in der EG abgeschafft werden. Hier wurde hauptsächlich an Exportsubventionen im Agrarbereich gedacht[1174].
Hier zeigt sich die Gegensätzlichkeit der beiden Vorschläge. Beide Verhandlungspartner sind jeweils zu einer schnellen und umfassenden Liberalisierung in den Bereichen bereit, in denen sie eine hohe Wettbewerbsfähigkeit aufweisen und mit einer Exportsteigerung rechnen während in bisher stark geschützten Bereichen lange Übergangsfristen gelten sollen.

Bis 2004 fanden insgesamt zwölf Verhandlungsrunden statt, die letzte vom 8. – 12. März 2004 in Buenos Aires. Eine Einigung über die oben angeführten Diskussionspunkte wurde bisher nicht erreicht, auch wenn nach den offiziellen Verlautbarungen der Kommission Fortschritte erzielt wurden[1175].

4. Einschätzung der Erfolgsaussichten und der WTO-Konformität

Auf der Grundlage der Anforderungen an eine WTO-konforme Ausgestaltung der Assoziierung sowie der Entwicklung der Verhandlungen kann eine Einschätzung der Erfolgsaussichten, auch hinsichtlich der Übereinstimmung mit den WTO-Regeln vorgenommen werden.

a. Liberalisierung aller Handelsbereiche

Bezüglich des Erfordernisses, daß annähernd der gesamte Handel liberalisiert werden muß, kann eine endgültige Aussage zum jetzigen Zeitpunkt, also vor Abschluß der Verhandlungen nicht getroffen werden. Derzeit steht noch nicht fest, welche Bereiche genau von der Liberalisierung durch die Schaffung einer EG-Mercosur-Freihandelszone erfaßt werden. Wie gezeigt, besteht insbesondere im Agrarbereich eine erhebliche Divergenz in den Verhandlungspositionen. Es bestünde die Möglichkeit, daß dieser Bereich zunächst von der Liberalisierung

---

1173 La Nación v. 30.10. 2001, S. 4.
1174 So die argentinische Handelsstaatssekretärin Débora Giorgi, in: La Nación v. 4. November 2001, S. 4.
1175 Eine Zusammenfassung der Ergebnisse sowie der Zeitplan für die Fortsetzung der Verhandlungen ist im Internet unter folgender Adresse abrufbar (Stand 26.03.04): http://europa.eu.int/comm/external_relations/ mercosur/intro/ip03_1544.htm.

ausgeklammert wird. Dies könnte jedoch der „*substantially all the trade*-Regel", nach der ein Herausnehmen ganzer Teilbereiche des gegenseitigen Handels aus dem Zusammenschluß nicht mit Art. XXIV Abs. 8 GATT zu vereinbaren ist, widersprechen.

In der GATT-Praxis wurden angesichts der Sonderstellung, die nahezu alle GATT-Staaten und Wirtschaftszusammenschlüsse der Landwirtschaft einräumen[1176], für diesen Bereich großzügig waiver nach Art. XXV Abs. 5 GATT erteilt[1177]. Auch die Unterzeichnung des WTO-Agrarabkommens als GATT-Zusatzabkommen zeigt, daß sich die WTO-Mitgliedstaaten der Sonderstellung der Landwirtschaft bewußt sind und daß die „Schaffung eines fairen und marktorientierten Handelssystems"[1178] lediglich schrittweise zunächst über eine graduelle Senkung der landwirtschaftlichen Stützungs- und Schutzmaßnahmen möglich ist[1179]. Im übrigen ist zu verweisen auf die Ausnahmevorschriften der Art. XI Abs. 2 lit. c sowie Art. XVI Abs. 3 GATT[1180]. Möglich wären auch Übergangsregeln für den Bereich der Landwirtschaft nach Art. XXIV Abs. 5 GATT, so daß eine generelle Ausklammerung dieses Bereichs und damit ein potentieller Verstoß gegen Art. XXIV Abs. 8 GATT nicht zu erkennen wäre. Obwohl rechtlich eine solche Ausklammerung also wohl möglich wäre, ist in der Praxis nicht damit zu rechnen, daß der Mercosur eine Ausklammerung des Sektors, in dem er die größte Wettbewerbsfähigkeit aufweist und eine gleichzeitige Öffnung seines Marktes für Industriegüter, Dienstleistungen und öffentliche Beschaffung akzeptiert. So wurde auch während der Verhandlungen deutlich gemacht, daß nur eine einheitliche und unteilbare Lösung in Betracht käme[1181].

b. Verlagerung von Handelsströmen

Auch ein eventueller handelsumlenkender Effekt kann derzeit schwer vorhergesagt werden. Jedoch sei verwiesen auf die bisher erfolgten Notifizierungen und das Ergebnis der diesbezüglich durchgeführten Prüfungen der GATT-Konformität[1182]. Mit einem Verbot der geplanten Freihandelszone durch den

---

1176 Hierzu ausführlich: Prieß/Berrisch, S. 170ff.; Steinberger, S. 111f.; Nach Dam, S. 257, hat das GATT im Agrarbereich versagt. Von Senti, S. 488, wird gar die Ansicht vertreten, daß der Landwirtschaftsbereich außerhalb der Welthandelsordnung stehe und erst noch integriert werden müsse.

1177 z.B. 3S/32 (USA); 4S/22 (Belgien); 4S/27 (Luxemburg); 8S/31 (Bundesrepublik Deutschland).

1178 WTO-Agrarabkommen, Präambel; Prieß/Berrisch, S. 171.

1179 Senti, S.470; Prieß/Berrisch, S. 172.

1180 vgl. hierzu Ipsen/Haltern, S. 70 f.

1181 So die argentinische Handelsstaatssekretärin Débora Giorgi, in: La Nación v. 4. November 2001, S. 4.

1182 Prieß/Berrisch, S. 134; WTO, Regionalism and the World Trading System, 1995;

prüfenden ständigen WTO-Ausschuß ist kaum zu rechnen, auch angesichts der faktischen Wichtigkeit beider beteiligten Organisationen[1183]. Zwar sollten durch die Vereinbarung zur Auslegung des Art. XXIV GATT von 1994 die Voraussetzungen für Ausnahmen präzisiert und die Überwachung über die Einhaltung der Voraussetzungen verstärkt werden. An dem Erfolg dieses Ziels wird jedoch gezweifelt, insbesondere wegen des in der Vergangenheit kaum spürbaren Einflusses des GATT sowie wegen der nach wie vor vorhandenen Unbestimmtheit der Kriterien des Art. XXIV GATT[1184]. Eine Rolle dürfte zudem die wohlwollende Haltung der GATT-Mitglieder gegenüber regionaler Integration sein. Im übrigen sei nochmals hingewiesen auf das Ergebnis der WTO-Studie von 1995 mit einer positiven Einschätzung von regionaler Integration hinsichtlich der Förderung der weltweiten Handelsliberalisierung[1185]. Eine eindeutige GATT-Widrigkeit der geplanten Freihandelszone ist jedenfalls derzeit nicht zu erkennen. Angesichts der erklärten GATT-Treue beider Organisationen findet eine negative Prognose diesbezüglich keine Grundlage und ist daher kaum zu erwarten.

D. Die Interregionale Assoziierung als Modell im Rahmen der Welthandelsordnung

Die Interregionale Assoziierung und ihre Ausformung als überwölbende Freihandelszone stellt zwar eine Neuerung im Welthandelssystem dar, bezüglich ihrer rechtlichen Ausgestaltung bestehen jedoch wie gezeigt Orientierungspunkte im völkerrechtlichen und im europarechtlichen Verständnis der Assoziierung. Hinsichtlich einer gleichzeitigen Mitgliedschaft in verschiedenen sich überschneidenden Integrationsräumen mit verschiedenen Integrationsstufen und hinsichtlich des Verhältnisses der verschiedenen Ebenen zueinander kann die Benelux-Integration und ihr Verhältnis zur EG wertvolle Anregungen bieten. Hinsichtlich der gewichtigen Interessen sowohl der EU als auch des Mercosur auf Schaffung der Interregionalen Assoziierung kann eine Verwirklichung als wahrscheinlich gelten. Die Ausgestaltung wird unter Einhaltung der WTO-Regeln erfolgen.

Die Interregionale Assoziierung von Europäischer Union und Mercosur hat angesichts der eingangs dargestellten Tendenzen zur Schaffung regionaler Integrationsorganisationen sowie der bisherigen Ergebnisse der Zusammenarbeit mit einer deutlichen bereits erfolgten und noch zu erwartenden Handelssteigerung eine erhebliche Modellfunktion für die zukünftige Ausgestaltung der Beziehun-

---

Serra Puche, S.126; Gibb, in: Gibb/Michalak, S. 29.

1183 Prieß/Berrisch, S. 136; vgl. hierzu Berrisch, S. 204 ff.

1184 Meng, S. 55; Prieß/Berrisch, S. 135.

1185 WTO, Regionalism and the World Trading System, 1995; s. o. 1. Teil C. III. 5.b.

gen zwischen den verschiedenen regionalen und subregionalen Integrationsorganisationen. Als Beleg hierfür kann der Abschluß des Rahmenabkommens über die Gründung einer Freihandelszone zwischen dem Mercosur und der Andengemeinschaft (1998)[1186] gelten, das zeitlich nach dem Interregionalen Rahmenabkommen und nach Inhalt und Zielen ähnlich gestaltet ist.

[1186] abgedr. in: Rechtsquellen des Mercosur, Teilband I, S. 205.

Kapitel 3:

Ausblick: Freihandelszone von Feuerland bis Alaska und Möglichkeit eines Brückenschlags NAFTA – MERCOSUR – EU

Angesichts der beabsichtigten Gründung der FTAA erscheint die Möglichkeit der Schaffung eines "Freihandelsdreiecks" zwischen Nordamerika, Südamerika und Europa denkbar[1187]. Eine Freihandelszone zwischen Nordamerika und Südamerika einerseits und zwischen Südamerika und Europa andererseits würde zu beträchtlichen Überschneidungen führen. Langfristig könnte es so zu einer gesamtamerikanisch-europäischen Freihandelszone kommen.

A. Die Interregionale Assoziierung Mercosur-EU

Erster Schritt des Brückenschlages wäre eine interkontinentale europäisch- südamerikanische Freihandelszone zwischen zwischen Mercosur und Europäischer Gemeinschaft. Wie gezeigt, ist die Schaffung einer solchen interkontinentalen Freihandelszone bis zum Jahr 2005 Ziel der Interregionalen Assoziierung zwischen den genannten Organisationen. Wie ebenfalls gezeigt, erscheint dieses Ziel nicht unrealistisch[1188]. Dies wäre ein erster Schritt zu einer Triangulisierung des Freihandels zwischen Nordamerika, Südamerika und Europa.

B. Die Gesamtamerikanische Freihandelszone FTAA/ALCA

Neben der Verwirklichung einer Freihandelszone zwischen EU und Mercosur wäre für eine Triangulisierung des Freihandels zwischen Nordamerika, Südamerika und Europa die ebenfalls bis spätestens 2005 geplante Verwirklichung der gesamtamerikanischen Freihandelszone FTAA[1189] erforderlich. Die Aussichten hierzu sollen im folgenden einer zusammenfassenden Betrachtung unterworfen werden.

[1187] vgl. Agenda Transatlántica, die kurz vor Unterzeichnung des IRA unterzeichnet wurde, vgl. hierzu: García Menéndez, Boletín Asturiano sobre la Unión Europea Nr.64-65(1996), S. 12.

[1188] s. Kapitel 2 D.

[1189] engl. Abkürzung FTAA, spanische Abkürzung ALCA.

I. Hintergrund und Entwicklung der FTAA

Die Ursprünge der von den USA ausgehenden Idee, eine Freihandelszone, die den gesamten amerikanischen Kontinent umfaßt, zu schaffen, finden sich schon in der sog. „Monroe-Doktrin“ aus dem 19. Jahrhundert, die eine stärkere Anbindung der mittel- und südamerikanischen Staaten an die USA zum Ziel hatte[1190]. Schließlich entwickelten sich die USA in der Folgezeit zum größten Investor in Lateinamerika und haben diese Position bis heute inne. Die Initiative für eine gesamtlateinamerikanische Freihandelszone von Alaska bis Feuerland ging 1990 von den USA aus[1191], konkretisierte sich erstmals 1994 auf dem Gipfel von Miami und wurde 1998 auf dem Gipfel von Santiago bekräfigt[1192]. In Miami verpflichteten sich 34 Staats- und Regierungschefs zu Verhandlungen mit dem Ziel des Abbaus von Zollschranken für Waren und Dienstleistungen und nichttarifäre Handelshemmnisse unter Berücksichtigung der WTO-Normen sowie der bestehenden regionalen Handelsabkommen. In gleicher Weise wurden Regelungen bezüglich Handels- und Umweltpolitik sowie Arbeitnehmerschutz getroffen[1193]. Während des Gipfels von Santiago erfolgte die Beauftragung der Handelsminister mit dem Beginn der Verhandlungen zur Schaffung einer Freihandelszone, die bis zum Jahr 2005 abgeschlossen sein sollen[1194]. Eines der Grundprinzipien der Verhandlungen, die in den neun Verhandlungsgruppen Marktzugang, Investitionen, Dienstleistungen, Staatsinvestitionen, Konfliktbeilegung, Landwirtschaft, geistiges Eigentum, Subventionen/Anti-Dumping und Wettbewerbspolitik stattfinden, ist das Aushandeln eines Gesamtpakets ohne Möglichkeit von Teilabkommen[1195].

II. Bewertung des bisherigen Verlaufs und Ausblick

Das Neue an dem FTAA-Projekt ist, daß die traditionelle Ungleichheit der Beziehungen, die sich darin ausdrückte, daß sich die Zusammenarbeit hauptsächlich auf Wirtschaftshilfeprojekte beschränkte, überwunden werden und die la-

---

1190 ausführlich: Magariños, S. 151 ff.

1191 Im Rahmen der von Präsident Bush verkündeten „Enterprise for the Americas Initative“, abgedruckt in: 29 ILM (1990), S. 1567 ff., wurde als Ziel die Schaffung einer „hemispherewide free trade zone“ in Betracht gezogen. Zu deren Hintergrund aus lateinamerikanischer Sicht ausführlich: Magariños, S. 151 ff.; Frohmann, in: LADD 16 (1999) 41, S. 27; Loschky, S. 123; Haller, S. 224.

1192 Diaz Labrano, S. 410; EP-Vergleichsstudie, S. 35; zum Gang der Verhandlungen ausführlich: da Motta Veiga, Integración & Comercio 1997, S. 7 ff.

1193 EP-Vergleichsstudie, S. 36.

1194 vgl. Niess, in: LADD 16 (1999) 41, S. 15.

1195 Frohmann, in: LADD 16 (1999) 41, S. 29; da Motta Veiga, Integración & Comercio 1997, S. 7.

teinamerikanischen Staaten als gleichwertige Partner angesehen werden sollen. Die Basis hierfür ist die erfolgreiche Öffnung der Volkswirtschaften der lateinamerikanischen Staaten als Gegensatz zu dem früher in der Region herrschenden Protektionismus. Das allgemein in der Region bestehende Wirtschaftswachstum bewirkt ein verstärktes Interesse sowohl Nordamerikas als auch Europas[1196]. Jedoch wird gegen die FTAA eingewendet, daß für dieses Vorhaben keine gemeinsame historische, soziale und kulturelle Basis gegeben sei und dies ein ernsthaftes Hindernis für die weitere Integration darstelle[1197]. Falls die Schaffung einer solchen Freihandelszone dennoch gelingen sollte, wäre dies die größte weltweit mit 34 Mitgliedern, einer Fläche von 39 Millionen Quadratkilometern, einer Bevölkerung von 765 Millionen sowie einem Bruttosozialprodukt von mehr als 10 Billionen US-Dollar. Der Anteil der NAFTA daran beträgt 88%, der des Mercosur immerhin 8%, der der anderen Staaten jedoch lediglich 4%, so daß deren Verhandlungsposition ungleich schwächer erscheint[1198].

Erst Ende 1998, also vier Jahre nach dem Grundsatzbeschluß von Miami, begannen die ernsthaften Verhandlungen über die Schaffung der Freihandelszone. Trotz des anfänglich langsamen Voranschreitens der Verhandlungen[1199], wobei dies teilweise auf die fehlende speziell darauf ausgerichtete Verhandlungsinfrastruktur zurückzuführen war[1200], liegt seit Anfang Juli 2001 ein konkreter Entwurf für ein Abkommen vor, in dem einzelne Bereiche ausführlich behandelt werden[1201].

Teilweise werden die Aussichten auf Verwirklichung der FTAA äußerst negativ eingeschätzt. So wird eine langfristig erfolgende Teilung Amerikas in eine Nordregion mit der Karibik und Zentralamerika und eine Südregion mit den Andenstaaten durch Erweiterung der „harten Kerne“ NAFTA und Mercosur prognostiziert, wobei der Norden sich in Richtung USA, der Süden in Richtung Europa orientiere[1202].

Tatsächlich besteht eine unterschiedliche Ausgangsbasis und Konzeption des Mercosur und der NAFTA. Während das nordamerikanische Freihandelsabkommen auf bereits bestehenden intensiven wirtschaftlichen und gesellschaftli-

---

1196 vgl. Niess, in: LADD 16 (1999) 41, S. 18.

1197 vgl. Magariños, S. 183; Niloco, S. 308; Diaz Labrano, S. 410; da Motta Veiga, Integración & Comercio 1997, S. 4.

1198 EP-Vergleichsstudie, S. 36; IRELA Dossier 1997, S. 3.

1199 zum Ablauf der Verhandlungen ausführlich: Frohmann, in: LADD 16 (1999) 41, S. 29 ff.

1200 IRELA Special Report 1999, S. 21; EP-Vergleichsstudie, S. 38.

1201 vgl. Haller, AW-Prax 2001, S. 385.

1202 vgl. Eßer, S. 43; Aldecoa Luzarraga, RIE 1995, S. 772; Bodemer, LADD 16 (1999) 41, S. 50.

chen Verflechtungen aufbaut und lediglich eine politische und rechtliche Regelung der Beziehungen geschaffen hat, markiert die Gründung des Mercosur erst den Beginn von intensiver Verflechtung wirtschaftlicher, gesellschaftlicher und sozialer Art zwischen den Mitgliedstaaten, insbesondere Brasilien und Argentinien, die zuvor stets als Rivalen die wirtschaftliche Vormachtstellung in der Region beansprucht hatten. Andererseits gehen jedoch die Ziele des Mercosur weit über die rein wirtschaftliche Ausrichtung der NAFTA hinaus. Angestrebt wurde nicht nur eine reine Freihandelszone, sondern die Bildung eines gemeinsamen Marktes zwischen den Mitgliedstaaten mit einem gemeinsamen Außenzoll, einheitlichen Normen und Standards sowie harmonisierter Wirtschaftspolitik und Rechtsangleichung[1203].

In Teilen Lateinamerikas wird die FTAA als Instrument der USA zur Erreichung bzw. Aufrechterhaltung ihrer wirtschaftlichen Hegemonie auf dem Kontinent gesehen und dementsprechend mißtrauisch bewertet[1204]. Priorität wird auf die Verwirklichung der subregionalen Integration gesetzt, die notwendigerweise einer hemisphärischen Freihandelszone vorausgehen müsse[1205]. Gleichzeitig werden die Verhandlungen mit der Europäischen Gemeinschaft als ausgeglichener und als Option zur Verhinderung eines zu großen nordamerikanischen Einflusses auf Südamerika gesehen[1206].

Die Verhandlungen über die Schaffung der FTAA gestalten sich schwierig, da ein Ausgleich zwischen den industrialisierten Staaten in Nordamerika und den weniger entwickelten Staaten in Lateinamerika gefunden werden muß. Problempunkt ist hierbei die Frage des Marktzuganges von Agrarprodukten aus Lateinamerika[1207]. Auch wird die Vereinbarkeit der FTAA mit den subregionalen Integrationsorganisationen als problematisch angesehen[1208]. Ein weiteres Problem ist die Harmonisierung der Ursprungsregeln[1209]. So wurde vorgeschlagen, als erster Schritt auf dem Weg zu einer Freihandelszone müßten zunächst Gemeinsamkeiten und Unterschiede sowie Möglichkeiten einer Harmonisierung identifiziert werden[1210].

1203 Schirm, S. 82; Giambiagi, Integración & Comercio 1999, S. 66.

1204 vgl. Eßer, S. 45; Diaz Labrano, S. 411; Magariños, S. 151, 193 f.; de la Reza, RDM 11-1998, S. 7.

1205 Magariños, S. 183; Niloco, S. 308; Diaz Labrano, S. 410.

1206 vgl. Müller-Brandeck-Bouquet, EFAR 5 (2000), S. 578; Pose, Geosur XXI (2000), Nr. 243/244, S. 37.

1207 Diaz Labrano, S. 412, 419; da Motta Veiga, Integración & Comercio 1997, S. 21; Sequeira, RDM 11-1998, S. 18.

1208 Jaguaribe, KAS-AI 3/01, S. 44; Eßer, S. 42; Diaz Labrano, S. 416; de Almeida, Integración & Comercio 1998, S. 68.

1209 Diaz Labrano, S. 417.

1210 Diaz Labrano, S. 422.

Nichtsdestotrotz liegt seit Anfang Juli 2001 ein konkreter Entwurf für ein Abkommen vor, in dem einzelne Bereiche ausführlich behandelt werden. So ist angesichts des allseitigen Interesses an einer Handelsliberalisierung und dem politischen Willen zu einer solchen Liberalisierung auf dem amerikanischen Kontinent mit einem grundsätzlichen Erfolg der Verhandlungen zu rechnen. Möglich erscheinen jedoch Ausnahme- und Übergangsregelungen für einzelne Bereiche oder Produkte[1211].

[1211] de la Reza, RDM 11-1998, S. 11.

Zusammenfassung und Schlußbetrachtung

Beabsichtigt der Mercosur eine weiter- und tiefergehende Integration zur Schaffung eines echten Binnenmarktes mit einer einheitlichen Währung und die Gewährleistung der elementaren Grundfreiheiten, wobei hier die Freizügigkeit des Personenverkehrs und die Niederlassungsfreiheit am ehesten den Widerstand der Mitgliedstaaten hervorrufen dürften, so erscheint auch eine weitere Intensivierung des institutionellen Systems in Richtung auf die Schaffung echter Gemeinschaftsorgane sowie hinsichtlich des Systems der Beschlußfassung die Einführung einer Stimmengewichtung und von Mehrheitsentscheidungen erforderlich[1212].
Stagniert die Integration auf dem derzeitigen Stand, der immer noch durch die Merkmale einer zwischenstaatlichen völkerrechtlichen Organisation charakterisiert ist, so kann nach den bisherigen Erfahrungen das institutionelle System sowie das System der Beschlußfassung als angemessen und ausreichend bezeichnet werden. Im Hinblick auf die in Quebec beschlossene Schaffung einer gesamtamerikanischen Freihandelszone erscheint die Versuchung groß, alle Anstrengungen auf diese zu richten und den Mercosur lediglich als Zwischenschritt oder Übergangslösung zu sehen. In der Präambel des Vertrages von Asunción findet dies auch eine ausdrückliche Stütze, die subregionale Integration wird lediglich als neuer Ansatz („nuevo avance") im Bemühen um regionale Integration bezeichnet[1213].
Gleichzeitig wird jedoch deutlich gemacht, daß der Mercosur über den Freihandel hinaus eine „immer enger werdende Union" („una unión cada vez más estrecha") zwischen den Völkern der Mitgliedstaaten mit gemeinsamen Grundsätzen wie Demokratie, Rechtsstaat, Respektierung der Menschen- und Bürgerrechte, darstellen soll.

Die Verwirklichung der Interregionalen Assoziierung unter Einschluß einer Freihandelszone zwischen der Europäischen Gemeinschaft und dem Mercosur liegt im beiderseitigen Interesse und ist daher auch angesichts des aktuellen Stands der Verhandlungen als im Bereich des Möglichen liegend zu beurteilen. Angesichts dieser Aussichten sowie der Neuartigkeit einer solchen überwölbenden Freihandelszone besitzt diese eine erhebliche Modellfunktion im Rahmen des Welthandelssystems.

Die WTO-Konformität des Mercosur wird überwiegend nicht mehr bezweifelt. Ähnliches ist für eine überwölbende Freihandelszone zwischen Mercosur und

---

[1212] So auch Jaguaribe, KAS-AI 3/01, S. 47 f.

[1213] vgl. auch die Fragestellung von Sangmeister, LADD 16 (1999) 40, S. 78: „Der Mercosul – eine Zwischenstufe der Globalisierung?"; vgl. Haller, S. 401.

Europäischer Union zu erwarten. Angesichts der bevorstehenden Schaffung der FTAA und der damit einhergehenden Entstehung eines Freihandelsdreiecks zwischen den beiden Amerikas und Europa einerseits und einer ebenfalls zu beobachtenden immer stärker werdenden pazifischen Verflechtung zwischen Asien und den Amerikas über die APEC andererseits ist auch angesichts der faktischen Bedeutung der Beteiligten nicht ernsthaft damit zu rechnen, daß die Neugestaltung des Welthandels an den GATT-Regeln scheitern wird.

Es könnte ein Welthandel mit verschiedenen Geschwindigkeiten entstehen, in dem die WTO-Regeln das Mindestniveau des Freihandels vorgeben, jedoch eine schnellere Integration einzelner Wirtschaftsräume ermöglicht wird, wobei im Unterschied zum Leitbild von Art. XXIV GATT unter Zollgebieten nicht mehr nur einzelne Staaten zu verstehen sind, sondern auch Freihandelszonen und Zollunionen. Hierdurch würden von der Privilegierung durch Ausnahme vom Meistbegünstigungsgrundsatz nicht nur Freihandelszonen und Zollunionen profitieren, sondern auch aus solchen bestehende überwölbende Organisationen bzw. Integrationsräume. Dies stünde jedenfalls in Übereinstimmung mit dem Grundgedanken der Privilegierung, nämlich daß Integration „im Kleinen" auch die Liberalisierung des Welthandels als Ganzes fördert.
Folge einer solchen Entwicklung wäre, daß nicht mehr lediglich zwei Ebenen von Integrationsräumen, nämlich einerseits die WTO-Ebene und andererseits die Ebene der Freihandelszone oder Zollunion zur Verfügung stünden, sondern als echte Neugestaltung des Welthandelssystems eine äußerst differenzierte Integration in einem freien „Welthandel mit verschiedenen Geschwindigkeiten" entstehen würde.

Literaturverzeichnis

Mittlerweile sind die wichtigsten Rechtsquellen des Mercosur in *ILM*, in *Galeano Perrone, Ordenamiento Jurídico del Mercosur* (bis 1994) oder in *Basedow/Samtleben, Rechtsquellen des Mercosur*, veröffentlicht. Jedoch mußte etwa zur Auswertung der neueren Rechtsakte der Organe des Mercosur sowie der Schiedssprüche des Mercosur-Schiedsgerichts weitgehend auf die Veröffentlichung im Internet zurückgegriffen werden. In der Arbeit wurde dann auf die entsprechende Fundstelle, aber auch auf die zugrundeliegende Fundstelle im *Boletín Oficial del Mercosur (BOM)* hingewiesen. Diese Angabe beschränkt sich allerdings auf die entsprechende Ausgabe des *BOM*, die Ermittlung der Seitenangabe war nicht möglich.
Auch die von der Europäischen Kommission bereitgestellten Informationen über Gang und Stand der Verhandlungen über die Interregionale Assoziierung sind derzeit primär über das Internet zugänglich.

Abreu Bonilla, Sergio, Mercosur e Integración, Montevideo 1994

Aldecoa Luzarraga, Francisco, El acuerdo entre la Unión Europea y el Mercosur en el marco de la intensificación de relaciones entre Europa y América Latina, Revista de Instituciones Europeas (jetzt: Revista de Derecho Comunitario Europeo), Bd. 22 Nr. 3 (1995), S. 761 ff.

Almeida, Paulo Roberto de, Brasil y el futuro del Mercosur: dilemas y opciones, Integración & Comercio 1998, S. 65 ff.

Alves Soares, Flavio, Integración Latinoamericana: ayer, hoy y quizás mañana, Revista CIDOB d'Affers Internacionals 1992, S. 255 ff.

Anacoreta Correia, Miguel, Mercosur y Unión Europea. Un acuerdo para un futuro conjunto, in: Molina del Pozo, Carlos Francisco, Integración Eurolatinoamericana, Buenos Aires 1996, S. 737 ff.

Aninat Del Solar, Augusto,	Las modalidades de complementación industrial en la integración económica regional: experiencias y proposiciones, Integración Latinoamericana 1986, S. 7-21
Arbuet-Vignali, Heber,	Reflexiones políticas, jurídicas y epistemológicas sobre el Mercosur, in: Lattuca, Ada/Ciuro Caldani, Miguel Angel, (Hrsg.), Economía globalizada y Mercosur, Buenos Aires 1998, S. 15 ff.
Arnaud, Vicente Guillermo,	Mercosur, Unión Europea, Nafta y los procesos de integración regional, Buenos Aires 1996
Bail, Christoph,	Das Profil der neuen Welthandelsordnung: Was bringt die Uruguay Runde?, EuZW 1990, S. 433 ff.; S. 465 ff.
Barbosa, Rubens Antonio/ César, Luís Fernando Panelli,	A Integracao Sub-Regional, Regional e Hemisphérica: O Esforco Brasileiro, in Fonseca Júnior, Gélson/Castro, Sérgio H.Nabuco de, Temas de Pólitica Externa Brasileira II, IPRI, Sao Paulo 1994, S. 285 ff.
Barón Knoll de Bertolotti, Silvina,	Administración y Gobierno del Mercosur, Buenos Aires 1997
Barrios, Harald,	Mercosur: Ein Versuch koordinierten Regierens als Antwort auf externe Herausforderungen, Ibero-Amerikanisches Archiv 24 (1998), S. 165 ff.
Basedow, Jürgen/ Samtleben, Jürgen (Hrsg.),	Rechtsquellen des Mercosur, Teilband I: Wirtschaftsverfassung und Rechtssystem, Baden-Baden 2000
Basedow, Jürgen/ Samtleben, Jürgen (Hrsg.),	Rechtsquellen des Mercosur, Teilband II: Handel und Verkehr, Baden-Baden 2000
Beise, Marc,	Die Welthandelsorganisation (WTO), Baden-Baden 2001

Benedek, Wolfgang,	Rechtsordnung des GATT aus völkerrechtlicher Sicht, Berlin 1990
Benítez, Maria Angeles,	Relaciones entre la Unión Europea y el Mercosur, in: Ciuro Caldani, Miguel Angel (Hrsg.), Del Mercosur, Buenos Aires 1996, S. 49 ff.
Berrisch, Georg Matthias,	Der völkerrechtliche Status der Europäischen Wirtschaftsgemeinschaft im GATT: eine Untersuchung der Sukzession der EWG in die Stellung ihrer Mitgliedstaaten als Vertragspartei einer inter-nationalen Organisation am Beispiel des GATT, München 1992
Beutler, Bengt/Bieber, Roland/ Pipkorn, Jörg/ Streil, Jochen,	Die Europäische Union, Rechtsordnung und Politik, 5. Auflage, Baden-Baden 2001
BID,	Mercosur Report Nr.1 (Juli –Dezember 1996), Washington D. C. 1996
Bidart Campos, Germán,	Algunas reflexiones sobre temas vinculados al Mercosur, Temas del Mercosur Nr. 3 (1997), S. 122 ff.
Bhagwati, Jagdish,	Fifty Years: Looking Back, Looking Forward, in: From GATT to the WTO: The Multilateral Trading System in the new millenium, Den Haag 2000, S. 60 ff.
Bhagwati, Jagdish,	The Threats to the World Trading System, The World Economy, Vol. 20 (1997), Nr. 3, S. 259 ff.
Bleckmann, Albert,	Die Benelux-Wirtschaftsunion, ZaöRV 22 (1962), S. 239 ff.
Bodemer, Klaus,	Von Rio nach Seattle, Ist der Traum von einer europäisch-lateinamerikanischen strategischen Partnerschaft bereits ausgeträumt?, LADD 16 (1999) 41, S. 35 ff.

Borba Casella, Paulo,	From Dispute Settlement to Jurisdiction? Perspektives for the Mercosur, in: International Trade Law and the GATT/WTO Dispute Settlement System, Hrsg. Ernst Ulrich Petersmann, London 1997, S. 545 ff.
Borrmann, Axel,	Regionalismustendenzen im Welthandel, Hamburg 1993
Bratschi, Peter,	Allgemeines Zoll- und Handelsabkommen (GATT), Handbuch für den Praktiker, Zürich 1973
Castro Escudero, Alfredo,	El Mercosur, contra viento y marea, Comercio Exterior 1994, S. 990 ff.
Chatterjee, Charles,	The Treaty of Asunción: an analysis, JWTL 26 (1992), S. 63 ff.
Costa de Lara, Antonio Rubens,	Justiça supranacional no Mercosul, in: Lattuca, Ada/Ciuro Caldani, Miguel Angel, (Hrsg.), Economía globalizada y Mercosur, Buenos Aires 1998, S. 201 ff.
Czar de Zalduendo, Susana,	El procedimiento de reclamaciones y el mecanismo de consultas ante la Comisión de Comercio del Mercosur, Temas del Mercosur Nr. 3 (1997), S. 141 ff.
Dam, Kenneth W.,	The GATT, Law and International Economic Organization, Chicago 1970
Dandeker, Rebecca,	The Rose Garden Agreement: is Mercosur the next step to a hemispheric free trade zone?, Law and Policy in International Business Vol. 24 Nr. 1 (1992), S. 157 ff.
Dashwood, Alan	External Relations Provisions of the Amsterdam Treaty, CMLR 35 (1998), S. 1019 ff.
Daverede, Álvaro,	El sistema de solución de controversias en el Mercosur, La Ley 1992, Teil B, S. 1048 ff.

Demez, Gilbert, La Cour de Justice Benelux, CDE 1976, S. 149 ff.

Deringer, Arved, Kommentar zum Wettbewerbsrecht der Europäischen Wirtschaftsgemeinschaft, Loseblatt-Ausgabe, Düsseldorf 1962

Diaz Porta, Elena/Hebler, Martin/ Kösters, Wim, Mercosur: Probleme auf dem Weg zu einer Zollunion, Bochum 2000

Díez de Velasco, Manuel, Las Organizaciones Internacionales, 10. Aufl., Madrid 1996

Drago, Tito, La moneda única, desafío de la hora y apuesta del futuro, RDM 7-1998, S. 11

Dromi San Martino, Laura, El Mercosur y el derecho internacional del comercio, in: Lattuca, Ada/Ciuro Caldani, Miguel Angel, (Hrsg.), Economía globalizada y Mercosur, Buenos Aires 1998, S. 137 ff

Dromi, Roberto, Código del Mercosur, Bd. 1-7, Buenos Aires 1996; Bd. 8, Buenos Aires 1997

Dromi, Roberto, Mercosur Hoy, Realidad y Perspectivas, Madrid 1999 (zitiert: Dromi, Mercosur Hoy)

Dromi, Roberto/ Molina del Pozo, Carlos, Acuerdo Mercosur-Union Europea, Buenos Aires 1996

Dromi, Roberto/ Ekmekdjian, Miguel/ Rivera, Julio, Derecho Comunitario. Régimen del Mercosur, Buenos Aires 1995

Edwards, Sebastian, Latin American Economic Integration: A New Perspective on an Old Dream, The World Economy 1993, S. 317 ff.

Eichengreen, Barry, Does Mercosur need a single currency?, Cambridge (Mass.) 1998

Ernst, Christoph, Le Mercosur et l'Union Européenne: Un rapprochement prometteur?, Regensburg 1997

Eßer, Klaus,	Globalisierung, Regionalisierung und interregionale Beziehungen, Bonn 2000
Etcheverry, Raúl Aníbal,	Derecho de la Competencia y Mercosur, in: Velasco San Pedro, Luis Antonio (Hrsg.), Mercosur y la Unión Europea: Dos modelos de integración ecomómica, Valladolid 1998, S. 192 ff.
Etcheverry, Raúl Aníbal,	Settlement of Disputes in the South American Common Market (Mercosur), in: International Trade Law and the GATT/WTO Dispute Settlement System, Hrsg. Ernst Ulrich Petersmann, London 1997, S. 545 ff.
Europäisches Parlament,	Vergleichsstudie über die EU, die NAFTA, den Mercosur und die ALCA (CCEE.XI.M.24), Luxemburg 1999
Faria, Werter,	A estrutura organica do Mercosul, in: Lattuca, Ada/Ciuro Caldani, Miguel Angel, (Hrsg.), Economía globalizada y Mercosur, Buenos Aires 1998, S. 39 ff.
Ferrere, Daniel,	The Uruguayan-Argentinian Trade Cooperation Agreement, Journal of World Trade Law 1984, S. 320 ff.
Fischer, Bernhard,	Regionalisierungstendenzen in Amerika – Erscheinungsformen, Ursachen und Bewertung, Außenwirtschaft 1994, S. 527 ff.
Folz, Hans-Peter,	Demokratie und Integration, Berlin 1999
Frohmann, Alicia,	Das Freihandelsabkommen ALCA als Herzstück der Summits of the Americas, Lateinamerika. Analysen-Daten-Dokumentation 16 (1999) 41, S. 27 ff.
Galeano Perrone, Carlos,	Ordenamiento Jurídico del Mercosur, Asunción 1995

García Menéndez, José Ramón, El acuerdo de cooperación Unión Europea-Mercosur: problemas y perspectivas, Boletín Asturiano sobre la Unión Europea Nr. 64-65 (1996), S. 8 ff.

Garré Copello, Belter, Solución de controversias en el Mercado Común del Sur - El Protocolo de Brasilia al Tratado de Asunción, in: Vázquez, Cristina/Benítez Gómez, Juan (Hrsg.), Estudios Multidisciplinarios sobre el Mercosur, Montevideo 1995, S. 193 ff.

Garré Copello, Belter, El nuevo orden economico internacional, Bd.II, Montevideo 1994

Gassner, Carolin/ Wolf, Fernando, Der Mercosur – Beispiel für eine erfolgreiche Integration?, IFO-Schnelldienst 16/95, S. 25 ff.

Giambiagi, Fabio, Uma proposta de unificacão monetaria dos paises do Mercosul, Revista de Economia Politica 17 (1997), S. 5 ff.

Giambiagi, Fabio, Mercosur: ¿Porqué la unificación monetaria tiene sentido a largo plazo?, Integración & Comercio 1999, S. 63 ff.

Gibb, Richard/ Michalak, Wieslaw (Hrsg.), Continental Trading Blocs – The Growth of Regionalism in the World Economy, Chichester u.a. 1994

González Bianchi, Pablo, Breve reseña de los acuerdos subscritos durante la XIII Cumbre Presidencial del Mercosur, celebrada en Montevideo, Revista de Derecho del Mercosur 2/1998, S. 143 ff.

González-Oldekop, Florencia, La integración y sus instituciones – Los casos de la Comunidad Europea y el Mercosur, Buenos Aires 1997

Grabitz, Eberhard, | Die Stellung der Gemeinschaft und ihrer Organe in internationalen Organisationen, in: Die Außenbeziehungen der Europäischen Gemeinschaften, Kölner Schriften zum Europarecht 1975, S. 47 ff.

Grabitz, Eberhard/ Hilf, Meinhard (Hrsg.), | Kommentar zum Recht der Europäischen Union, Loseblattsammlung, München, Stand August 2003

Grandi, Jorge, | Le Mercosur en période de transition: évaluation et perspectives, Problèmes d'Amérique latine 1995, S. 86 ff.

Grigera Naón, Horacio, | Latin American Economic Cooperation, in: Bernhardt, Rudolf (Hrsg.), Encyclopedia of Public International Law (EPIL), Bd. 6, Heidelberg 1983, S. 242 ff.

Groeben, Hans von der/ Thiesing, Jochen/ Ehlermann, Claus-Dieter (Hrsg.), | Kommentar zum EU-/EG-Vertrag, 5. Aufl., Baden-Baden 1997

Gutiérrez, Mario A., | Is Small „Beautiful" for Economic Integration?, JWT 30 (1996), S. 173 ff.

Gwynne, Robert, | Regional Integration in Latin America: the revival of a concept?, in: Gibb, Richard/Michalak, Wieslaw (Hrsg.), Continental Trading Blocs – The Growth of Regionalism in the World Economy, Chichester u.a. 1994

Haight, F.A., | Customs Unions and Free-Trade Area under GATT, JWTL 1972, S. 391 ff.

Hailbronner, Kay/ Bierwagen, Rainer, | Das GATT – Die Magna Charta des Welthandels, JA 1988, S. 318 ff.

Haines-Ferrari, Marta, | Mercosur: A new model of Latin American Economic Integration?, Case Western Reserve Journal of International Law 1993, S. 413 ff.

Haller, Arnd,	Mercosur: Rechtliche Würdigung der außenwirtschaftlichen Beziehungen und Vereinbarkeit mit dem Welthandelssystem, Münster und Köln 2001
Haller, Arnd,	Verhandlungen EU-Mercosur kommen in die entscheidende Phase, Außenwirtschaftliche Praxis 2001, S. 382 ff.
Hauser, Heinz/ Schanz, Kai-Uwe,	Das neue GATT – Die Welthandelsordnung nach Abschluß der Uruguay-Runde, München u.a. 1995
Hefermehl, Wolfgang/ Baumbach, Adolf,	Wettbewerbsrecht, 22. Aufl., München 2001
Herdegen, Matthias,	Internationales Wirtschaftsrecht, 4. Aufl., München 2003
Hilpold, Peter,	Die EU im GATT/WTO-System: Aspekte einer Beziehung „sui generis“, Frankfurt am Main u.a. 1999
Hilpold, Peter,	Regionale Integrationszonen und GATT, RIW 1993, S. 657 ff.
Hilpold, Peter,	Das neue allgemeine Präferenzschema der EU, EuR 1996, S. 98 ff.
Hirst, Mónica,	Avances y desafíos en la formación del Mercosur, Buenos Aires 1992
Hoda, Anwarul,	Tariff Negotiations and Renegotiations under the GATT and the WTO, Cambridge 2001
Huber, Jürgen Gerhard,	Die Präferenziellen Abkommen der EG mit dritten Staaten und die Frage ihrer Vereinbarkeit mit dem GATT, München u.a. 1981

Hummer, Waldemar, | Die Lateinamerikanische Integrationsorganisation (ALADI) als Rechtsnachfolger der Lateinamerikanischen Freihandelsassoziation (ALALC), Verfassung und Recht in Übersee 1980, S. 361 ff.

Hummer, Waldemar/ Weiss, Friedl, | Vom GATT '47 zur WTO '94, Dokumente zur alten und zur neuen Welthandelsordnung, Baden-Baden 1997, S.609ff (deutsche Fassung); WTO, The Legal Texts, S.197ff. (englische Fassung)

Imhoof, Rudolphe, | Le GATT et les zones de libre-échange, Genf 1979

Ipsen, Knut, | Völkerrecht, 4. Aufl., München 1999

Ipsen, Knut/ Haltern, Ulrich R., | Reform des Welthandelssystems?, Perspektiven zum GATT und zur Uruguay-Runde, Frankfurt a. M. 1991

IRELA (Hrsg.), | La Uniòn Europea y el Mercosur: Hacia una nueva relación económica?, Documento de Base, Madrid 1996

IRELA(Hrsg.), | El Mercosur: perspectivas de un bloque emergente, Dossier, Madrid 1997

IRELA(Hrsg.), | Preparing the EU-Mercosur Association: Benefits and Obstacles, Briefing, Madrid 1998

IRELA(Hrsg.), | Mercosur- Uniòn Europea: Dinámicas y prospectivas de una asociación creciente, Informe, Madrid 1999

IRELA(Hrsg.), | Special Report, Prospects for an EU-Mercosur Free Trade Agreement and US Policy Options, Madrid 1999

Jackson, John H., | The World Trading System, Law and Policy of International Economic Relations, 2.A., Cambridge (Mass.) 1997

Jackson, John H., World Trade and the Law of GATT, Indianapolis 1969

Jaeger, Franz, Die Vereinbarkeit von EWG und EFTA-Recht mit dem GATT-Statut, Bern 1969

Jaguaribe, Helio, Mercosur: faktische und institutionelle Probleme, KAS-AI 3/01, S. 29 ff.

Jardel, Silvia/ Barraza, Alejandro, Mercosur: Aspectos jurídicos y económicos, Buenos Aires 1998

Johnson, William, The Montevideo Treaty for a Latin American Free Trade Area, International Trade and Investment 1965, S. 718 ff.

Karelle, Jacques/ de Kemmeter, Fritz, Le Benelux commenté, Brüssel 1961

Kaufmann, Donatus Bernhard, Ursprungsregeln, Baden-Baden 1996

Kennedy, Dennis, Regional Trade Blocs, Multilateralism and the GATT, London und New York 1996

Klein, Wolfram, Der Mercosur, Wirtschaftliche Integration, Unternehmer und Gewerkschaften, Freiburg i.Br. 1996

Krämer, Hans-R., Formen und Methoden der internationalen wirtschaftlichen Integration, Tübingen 1969

Kruijtbosch, Egbert, Benelux Economic Union, in: Bernhardt, Rudolf (Hrsg.), Encyclopedia of Public International Law (EPIL), Bd. 6, Heidelberg 1983, S. 36 ff.

Lavopa, Jorge Horacio, La dimensión jurídica de la integración, Contribuciones 4/1996, S. 178 ff.

Lehmann, Julia, Neues von der Schiedsgerichtsbarkeit des Mercosur – ein Integrationsmotor à la Luxemburg?, EuZW 2001, S. 622 ff.

Leu, Hans-Joachim, Andean Common Market, in: Bernhardt, Rudolf (Hrsg.), Encyclopedia of Public International Law (EPIL), Bd. 6, Heidelberg 1983, S. 13 ff.

Levy, Eduardo/ Sturzenegger, Federico, Is EMU a blueprint for Mercosur?, CE 37 Nr. 110 (2000), S. 63 ff.

Lizano, Eduardo, Integración económica y cooperación monetaria en el Mercado Común Centroamericano, in: Integración Latinoamericana 181 (1994), S. 23 ff.

Loschky, Alexander, MERCOSUR und EU: eine vergleichende Betrachtung des institutionellen und materiellen Rechts, Frankfurt (Oder) 1998

Magariños, Gustavo, Comercio e integración: mundo, continente, región, Bd. I, Montevideo 1994

Manzetti, Luigi, The Political Economy of Mercosur, Journal of Interamerican Studies and World Affairs 1993, S. 101 ff.

Marin, Manuel, Acuerdos de liberalización comercial entre la UE y Mercosur. Perspectivas para el 2005, Economía Exterior 1998, S. 7 ff.

Mármora, Leonardo/ Messner, Diego, La integración de Argentina, Brasil, Paraguay y Uruguay, Nueva Sociedad 1991, S. 130 ff.

Martins, Renata, Mercosur: Der Südamerikanische Gemeinsame Markt im Überblick, RIW 1999, S. 851 ff.

Marwege, Renata, Der Andengerichtshof: Das Rechtsschutzsystem des Andenpaktes mit vergleichenden Bezügen zum Recht der Europäischen Gemeinschaft, Berlin 1995

Mauderer, Sabine Der Wandel vom GATT zur WTO und die Auswirkungen auf die Europäische Gemeinschaft, Osnabrück 2001

Mayor Zaragoza, Federico, La importancia estratégica del Mercosur para América Latina, RDM 7-1998, S. 10

Mayr, Jelka Liselotte, Die Rolle des Mercosur im multidimensionalen Integrationsschema Lateinamerikas, in: VRÜ 1993, S. 258 ff.

Meng, Werner, in : Klein, Martin/Meng, Werner/Rode, Reinhard, Die Neue Welthandelsordnung der WTO, Amsterdam 1998, S. 55 ff.

Menem, Carlos Saúl, ¿Qué es el Mercosur?, Buenos Aires 1996

Menem, Carlos Saúl, Hacia la moneda única, RDM 9-1998, S. 6 ff.

Mestmäcker, Ernst-Joachim, Europäisches Wettbewerbsrecht, München 1996

Mols, Manfred, The Integration Agenda: A Framework for Comparison, in: Smith, Peter, The Challenge of Integration: Europe and the Americas, Miami 1993, S. 62 ff.

Molsberger, Josef, Die Zukunft des GATT, Tübingen 1995

Morelli de Bracali, Silvia, Mercosur - Union Europea: Perspectivas de una relación multidimensional, in: Stahringer de Caramuti, Ofelia, El Mercosur en un nuevo ordén mundial, Buenos Aires 1996, S. 191 ff.

Motta Veiga, Pedro da, El Mercosur y el procesode construcción del ALCA, Integración & Comercio 1997, S. 3 ff.

Muela, Mariano, Brasil: un mercado por descubrir, Economía Exterior 1998, S. 123 ff.

Müller-Brandeck-Bouquet, Gisela, Perspectives for a New Regionalism: Relations between the EU and Mercosur, EFAR 5 (2000), S. 561 ff.

Neuwahl, N.A.E.M., A Partner with a Troubled Personality: EU-Treaty Making in Matters of CFSP and JHA after Amsterdam, EFAR 3 (1998), S. 177 ff.

Nguyen Quoc, Dinh/ Dailler, Patrick/Pellet, Alain, Droit International Public, 4. Aufl., Paris 1992

Nicolaysen, Gert, Europarecht I – Die europäische Integrationsverfassung, 2. Aufl., Baden-Baden 2002

Nicolaysen, Gert, Europarecht II – Das Wirtschaftsrecht im Binnenmarkt, Baden-Baden 1996

Niess, Frank, Der Glamour der Gipfel und die Mühen der Ebenen, Die Dreiecksbeziehung USA-Lateinamerika-Europa, LADD 16 (1999) 41, S. 13 ff.

Niloco, Vittorino, Las relaciones entre la Unión Europea y el Mercosur, in: Lattuca, Ada/Ciuro Caldani, Miguel Angel, (Hrsg.), Economía globalizada y Mercosur, Buenos Aires 1998, S. 307 ff

Nunnenkamp, Peter, Nach der Uruguay-Runde: Triebkräfte und Sprengsätze für die Weltwirtschaft, Zeitschrift für Wirtschaftspolitik 43 (1994), S. 251

Oberesch, Dieter, Die wirtschaftliche Integration der Benelux-Staaten, Köln u.a. 1983

Ott, Andrea, GATT und WTO im Gemeinschaftsrecht – Die Integration des Völkervertragsrechts in die Europäische Gemeinschaftsrechtsordnung am Beispiel des GATT-Vertrags und der WTO-Übereinkünfte, Köln u.a. 1997

Paciello, Oscar, La Justicia en el Mercosur, RDM 7-1998, S. 8 ff.

Pallarés, Beatriz, La incorporación de las normas Mercosur a los derechos internos y la seguridad jurídica, in: Lattuca, Ada/Ciuro Caldani, Miguel Angel, (Hrsg.), Economía globalizada y Mercosur, Buenos Aires 1998, S. 55 ff.

Palma, Luiz Maria, Solución de contoversias en el Mercosur: actualidad y futuro. La necesidad de crear un tribunal de justicia, Temas del Mercosur Nr. 3 (1997), S. 99 ff.

Pastori, Alejandro, Marché Commun du Sud - Mercosur, RMC 1993, S. 778 ff.

Pechstein, Matthias, Rechtssubjektivität für die Europäische Union?, EuR 1996, S. 137 ff.

Pechstein, Matthias/ Koenig, Christian, Rechtspersönlichkeit für die Europäische Union?, EuZW 1997, S. 225

Pérez Otermin, Jorge, El Mercado Común del Sur - Desde Asunción a Ouro Preto – Aspectos Jurídico-Institucionales, Montevideo 1995

Pescatore, Pierre, Belgium-Luxembourg Economic Union, in: Bernhardt, Rudolf (Hrsg.), Encyclopedia of Public International Law (EPIL), Bd. 6, Heidelberg 1983, S. 30 ff.

Pisonero, Elena, Mercosur, una apuesta de futuro, Economía Exterior 1998, S. 19 ff.

Pose, Maria Victoria, La actual encrucijada del Mercosur, Geosur XXI (2000), Nr. 243/244, S. 22 ff.

Prieß, Hans-Joachim/ Berrisch, Georg M. WTO-Handbuch, München 2003

Ramos, Dante Marcelo, Das Wettbewerbsschutz-Protokoll des Mercosur: eine Darstellung anhand der Wettbewerbsordnungen Argentiniens und Brasiliens und im Vergleich mit der Europäischen Gemeinschaft, Frankfurt a.M. 2000

de la Reza, Germán, Las negociaciones desiguales del ALCA, RDM 11- 1998, S. 7

Rimoldi de Ladmann, Eve I.,	La estructura institucional a partir del Protocolo de Ouro Preto, in: Rimoldi de Ladmann, Eve I. (Hrsg.), Mercosur y Comunidad Europea, Buenos Aires 1995, S. 205 ff.
Rodríguez Inciarte, Matías,	La expansión de la banca en Iberoamérica, Economía Exterior 1998, S. 28 ff.
Rohde, Bettina/ Kaltenborn, Markus,	Neuere Entwicklungen im Assoziierungsrecht der EG, in: Coen, Martin (Hrsg.), Europa'93 – auf dem Weg zur Europäischen Union: Festschrift für Albert Bleckmann, Berlin 1993
Roselieb, Gerhard,	Die rechtliche Stellung der europäischen Wirtschaftszusammenschlüsse (Montan-Union, EWG, EFTA) zum GATT, ÖZöRV 11 (1961), S. 27 ff.
Ruiz Díaz Labrano, Roberto,	Mercosur - Integración y derecho, Buenos Aires 1998
Ruiz Díaz Labrano, Roberto,	Relaciones entre el Mercosur y el ALCA, in: Lattuca, Ada/Ciuro Caldani, Miguel Angel, (Hrsg.), Economía globalizada y Mercosur, Buenos Aires 1998, S. 407 ff.
Salomão Filho, Calixto/ Samtleben, Jürgen,	Der Südamerikanische Gemeinsame Markt, Eine rechtliche Analyse des Mercosur, WM 1992, S.1345 ff. und 1385 ff.
Samtleben, Jürgen,	Der Südamerikanische Gemeinsame Markt und seine neue Verfassung, WM 1996, S. 1997 ff.
Samtleben, Jürgen,	Das Recht des Mercosur" – wichtig für Europa?, EuZW 1998, S. 65
Samtleben, Jürgen,	Erster Schiedsspruch im Mercosur – wirtschaftliche Krise als rechtliche Herausforderung?, EuZW 2000, S. 77 ff.

Sanchez Bajo, Claudia, Mercosur's Open Regionalism and Regulation: The Role of Business Actors, Nordic Journal of Latin American and Caribbean Studies 1999, S. 67 ff.

Sangmeister, Hartmut, Auf dem Weg in den Weltmarkt. Regionale Wirtschaftsintegration im Cono Sur, in: Junker, Detlef/Nohlen, Dieter/Sangmeister, Hartmut, Lateinamerika am Ende des 20. Jahrhunderts, München 1994, S.191 ff.

Sangmeister, Harmut, Der Mercosul – eine Zwischenstufe der Globalisierung?, LADD 16 (1999) 40, S. 78 - 92

Sanguinetti, Julio Luis, Mercosur: las alternativas del diseño institucional definitivo, Integración Latinoamericana Nr. 201 (1994), S. 3 ff.

Schirm, Stefan A., Kooperation in den Amerikas, NAFTA, MERCOSUR und die neue Dynamik regionaler Zusammenarbeit, Baden-Baden 1997

Schön, Cordula, Der rechtliche Rahmen für Assoziierungen der Europäischen Gemeinschaft: vor dem aktuellen Hintergrund der Annäherungs- und Mitgliedschaftswünsche der mittel- und osteuropäischen Staaten, Frankfurt a.M. 1994

Schvarzer, Jorge, Le Mercosur. Du succès à la crise: le poids du Brésil, Problèmes d'Amérique Latine Nr. 33 (1999), S. 79 ff.

Schwarzenberger, Georg, Economic World Order? A basic problem of international economic law, Manchester 1970

Schweitzer, Michael/ Hummer, Waldemar, Europarecht, 5. Aufl., Neuwied u.a. 1996

Seidl-Hohenveldern, Ignaz/ Stein, Torsten, Völkerrecht, 10. Aufl., Köln u.a. 2000

Seidl-Hohenveldern, Ignaz/ Loibl, Gerhard, — Das Recht der Internationalen Organisationen einschließlich der Supranationalen Gemeinschaften, 7. Aufl., Köln 2000

Senti, Richard, — WTO, System und Funktionsweise der Welthandelsordnung, Zürich 2000

Senti, Richard, — WTO, Die Welthandelsordnung nach der Uruguay-Runde, 4. Aufl., Zürich 2003

Senti, Richard, — Handelsverhandlungen mit der EU aus der Sicht eines Drittstaats, Integration 23 (2000), S. 208 ff.

Serra Puche, Jaime, — Regionalism and the WTO, in: From GATT to the WTO: The Multilateral Trading System in the new millenium, Den Haag 2000, S. 126 ff.

Siebert, Horst, — Weltwirtschaft, Stuttgart 1997

Stahringer de Caramuti, Ofelia, El Mercosur en el marco del regionalismo abierto, in: Ciuro Caldani, Miguel Angel (Hrsg.), Del Mercosur, Buenos Aires 1996, S. 37 ff.

Stein, Klaus D., — Der gemischte Vertrag im Recht der Außenbeziehungen der Europäischen Wirtschaftsgemeinschaft, Berlin 1986

Steinberger, Helmut, — GATT und regionale Wirtschaftszusammenschlüsse, Köln 1963

Streinz, Rudolf, — Europarecht, 6. Aufl., Heidelberg 2003

Tabaré, Vera/ Bizzózero, Lincoln, — La construcción del Mercosur: Díagnostico y evaluación de lo acordado, Buenos Aires 1993

Tiilikainen, Teija, — To Be or Not to Be?: An Analysis of the Legal and Political Elements of Statehood in the EUs External Identitiy, EFAR 6 (2001), S. 223 ff.

Vaulont, Nikolaus, — Der Abbau der Zoll- und Steuergrenzen im Warenverkehr innerhalb der Benelux-Union, RIW/AWD 1977, S. 687 ff.

Vedder, Christoph Wilhelm,	Die auswärtige Gewalt des Europa der Neun, Göttingen 1980
Vedder, Christoph Wilhelm,	Die „verfassungsrechtliche Dimension“ – die bisher unbekannte Grenze für Gemeinschaftshandeln?, EuR 1996, S. 309 ff.
Vedder, Christoph Wilhelm,	Die Integrationskompetenz der EG in der Rechtsprechung des EuGH, in: GS Grabitz, 1995, S. 795 ff.
Vedder, Christoph Wilhelm,	Die Unterscheidung von Unionsrecht und Gemeinschaftsrecht nach dem Vertrag von Amsterdam, in: Müller-Graff, Peter-Christian (Hrsg.), Rechtsschutz und Rechtskontrolle nach Amsterdam, EuR-Beiheft 1/1999, S. 1 ff.
Vedder, Christoph Wilhelm/ Folz, Hans-Peter,	Anmerkung zum Urteil des EuGH vom 19.4.1993, Rs. 182/91, Forafrique Burkinahe S.A ./. Kommission, CMLR 31 (1994), S. 413 ff.
Vedder, Christoph Wilhelm/ Folz, Hans-Peter,	Anmerkung zum Urteil des EuGH vom 14.1.1997, Rs. 124/95, The Queen ./. HM Treasury and the Bank of England ex parte Centro-Com Srl und zum Urteil des EuGH vom 27.2.1997, Rs. 177/95, Ebury u.a. ./. Prefetto di Brindisi u.a., CMLR 35 (1998), S. 209 ff.
Velasco San Pedro,	Luis Antonio, La Defensa de la Competencia en la Unión Europea y en Mercosur, in: Velasco San Pedro, Luis Antonio (Hrsg.), Mercosur y la Unión Europea: Dos modelos de integración ecomómica, Valladolid 1998, S. 171-191
Viner, Jacob,	The Costums Union Issue, New York 1950
Wehner, Ulrich,	Der Mercosur: Rechtsfragen und Funktionsfähig-keit eines neuartigen Integrationsprojektes und die Erfolgsaussichten der Interregionalen Kooperation mit der Europäischen Union, Baden-Baden 1999

Wessel, Ramses A.,	Revistiting the International Legal Status of the EU, EFAR 5 (2000), S. 507 ff.
Woolcock, Stephen,	Regional Integration and the Multilateral Trading System, in: Regional Trade Blocs, Multilateralism and the GATT, London und New York 1996, S. 119 ff.
Woyke, Wichard,	Erfolg durch Integration, Bochum 1985
WTO,	Regionalism and the World Trading System, 1995
WTO,	Annual Report 1999, Genf
Zamora, José Antonio,	Tendencias de la Industria y el Comercio Mundial: ¿Librecambio o Proteccionismo?, ICE Nr. 725, Madrid 1994
Zapatero Vicente, Antonio,	Cultura y Procesos de Integración Regional: Unión Europea, Mercosur, Nafta, Brüssel 1999
Zelada Castedo, Ramón	Competencias legales y toma de decisiones en la integración en América Latina, Integración Latinoamericana 186 (1993), S. 57 ff.

FSC
www.fsc.org
MIX
Papier | Fördert
gute Waldnutzung
FSC® C083411

Kolibri 360 GmbH
Ferdinand-Jühlke-Straße 7
99095 Erfurt, Deutschland
produktsicherheit@kolibri360.de

Druck:
CPI Druckdienstleistungen GmbH
im Auftrag der
Kolibri 360 GmbH
Ferdinand-Jühlke-Str. 7
99095 Erfurt